乡村振兴背景下的

新型城镇化问题研究

◎ 康建林 / 著

中国原子能出版社

图书在版编目(CIP)数据

乡村振兴背景下的新型城镇化问题研究 /康建林著.
—北京 ：中国原子能出版社，2018.11（2021.9 重印）

ISBN 978-7-5022-9527-1

Ⅰ．①乡…　Ⅱ．①康…　Ⅲ．①城市化－研究－中国
Ⅳ．①F299.21

中国版本图书馆 CIP 数据核字（2018）第 284729 号

乡村振兴背景下的新型城镇化问题研究

出版发行	中国原子能出版社(北京市海淀区阜成路 43 号　100048)	
责任编辑	徐明	
封面设计	王茜	
印　　刷	三河市南阳印刷有限公司	
经　　销	全国新华书店	
开　　本	787mm×1092mm　1/16	
印　　张	13　　**字　　数**　240 千字	
版　　次	2018 年 11 月第 1 版　2021 年 9 月第 2 次印刷	
书　　号	ISBN 978-7-5022-9527-1	
定　　价	68.00 元	

网址：http//www.aep.com.cn　　E-mail:atompe123@126.com
发行电话:010-68452845　　　　版权所有　翻印必究

前　言

　　"三农"问题是关系国计民生的根本性问题,要实现全面建成小康社会和社会主义现代化的宏伟目标,重点在农村,关键在农村。正因为如此,党的十九大报告当中提出了乡村振兴战略,明确要"坚持农业农村优先发展,按照产业兴旺、生态宜居、乡风文明、治理有效、生活富裕的总要求,建立健全城乡融合发展体制机制和政策体系,加快推进农业农村现代化"。

　　要全面实施乡村振兴战略,必须积极推进新型城镇化。新型城镇化战略以促进人的城镇化为核心、以提高质量为导向,不仅是新时代中国特色社会主义发展的重要实践,也是实施乡村振兴战略的有力支撑与助推器。就我国而言,衡量城镇化是否成功的一个重要标志,就是它是否带动了乡村发展,是否成功就地吸纳农业剩余劳动力等农业转移人口,并成功实现农业转移人口市民化。

　　本书内容详实,结构合理,条理清晰,共分为六章。第一章是对乡村振兴与新型城镇化的总体论述,着重阐释了乡村振兴的内涵、新型城镇化的界定、乡村振兴与新型城镇化的互动;第二章基于中国城镇化的发展历程、新型城镇化的发展现状与前景展望对于乡村振兴背景下新型城镇化的现实境遇进行了系统分析;第三章研究的是乡村振兴背景下新型城镇化的着力点,内容涉及新型城镇化的产业支撑、新型城镇化的金融支持、新型城镇化的土地集约利用;第四章与第五章选取了农民工市民化与生态文明建设两个热点问题为切入点,探寻了其与乡村振兴背景下新型城镇化的内在联系,并对其优化策略进行了重点阐释;第六章是乡村振兴背景下新型城镇化的道路选择,主要涵盖了推进城乡一体化发展、完善新型城镇化的体制机制、提升城乡治理水平、构建新型城镇化的评价指标体系四方面内容。

　　本书在撰写过程中,参考和引用了大量学术著作和学术论文,从中汲取了许多有益的成果,在此向相关学者表示诚挚的谢意。由于作者水平有限以及客观条件限制,书中难免存在疏漏之处,真诚地希望广大读者能够予以批评指正,以待进一步完善。

作者

2018 年 8 月

目　　录

第一章　乡村振兴与新型城镇化综述

实施乡村振兴战略,是党的十九大作出的重大决策部署,是决胜全面建成小康社会、全面建设社会主义现代化国家的重大历史任务,是新时代"三农"工作的总抓手。新型城镇化和乡村振兴从根本上讲是相辅相成、互动联动的关系,应从更深层次理解两者的内在联系,从而为乡村振兴的有效实施和新型城镇化的高质量健康发展奠定基础。本章是对乡村振兴与新型城镇化的总体论述,内容包括乡村振兴的内涵,新型城镇化的界定以及乡村振兴与新型城镇化的互动。

第一节　乡村振兴的内涵

一、乡村振兴的理论解析

党的十九大报告首提乡村振兴战略,并将其作为建设社会主义现代化强国的七大战略之一写入党章,2017 年中央农村工作会议和 2018 年中央一号文件进一步提出了实施乡村振兴战略的顶层设计,为如何实施乡村振兴战略规划时间表和路线图。2018 年全国两会期间,习近平总书记六下团组,心系三农,连提乡村振兴。显然,中国特色社会主义进入新时代,而在新时代做好"三农"工作的总抓手就是实施乡村振兴战略,这是适应中国国情农情和新时代新要求的战略考量。

(一)乡村振兴的内容

当前进入中国特色社会主义新时代,党的十九大报告用"产业兴旺、生态宜居、乡风文明、治理有效、生活富裕"新二十字概括了乡村振兴的总要求。这是"五位一体"总布局从城市到乡村的全面展开,是对新农村建设目标的超越和升华,体现了中央对农业农村定位的再思考。

1.产业兴旺是重点

产业兴则乡村兴。产业是推进农业农村现代化的原动力,产业兴旺是乡村振兴的重点。无论是新农村建设还是乡村振兴,首要任务都是发展生产力、夯实经济基础。但在不同发展阶段,发展生产力的着力点是不同的。在相当长的一段时间,我国面临的主要矛盾是农业供给不足、农业综合生产能力低下,发展农业生产、提高农产品供给水平因而成为当时的主要任务,相应的要求便是"生产发展"。进入新时代,我国农业综合生产能力有了很大提高,农业的主要矛盾已经由总量不足转变为结构性矛盾,主要表现为阶段性的供过于求和供给不足并存。相应要求也随之从"生产发展"转为"产业兴旺"。因此,面向未来,在继续提高农业综合效益、竞争力和全要素生产率的基础上,要进一步拓展发展乡村生产力的视野,全面振兴乡村二三产业,防止乡村产业空心化。国内外发展的实践表明,乡村如果只有农业,农业仅局限于发展种养,要实现经济全面振兴是十分困难的。现代化的乡村,不仅要有发达的农业,而且要有发达的非农产业体系。特别是在现代化进程中农业生产占国民经济比重不断下降的趋势下,要瞄准城乡居民消费需求的新变化,以休闲农业、乡村旅游、农村电商、现代食品产业等新产业新业态为引领,着力构建现代农业产业体系、生产体系和经营体系①,转换农业发展动能,支持农民创业就业,促进乡村一二三产业融合发展,促进产镇融合和产村融合②,全面激发乡村经济的旺盛活力,推动乡村经济全面繁荣发展。

2.生态宜居是关键

乡村振兴必须留住青山绿水,记住乡愁乡情,实现生态宜居,以绿色发展引领生态振兴。从"村容整洁"到"生态宜居",要求促进农业农村可持续发展,建设人与自然和谐共生的现代化乡村。良好生态环境是乡村最大优势和宝贵财富。必须尊重自然、顺应自然、保护自然,推动乡村自然资本加快增值,实现百姓富、生态美的统一。统筹山水林田湖草系统治理。加强农村突出环境问题综合治理。建立市场化多元化生态补偿机制。增加农业生态产品和服务供给。生态宜居的环境不仅可

---

① 习近平.决胜全面建成小康社会夺取新时代中国特色社会主义伟大胜利——在中国共产党第十九次全国代表大会上的报告[M].北京:人民出版社,2017.

② 赵晖."三产融合"是乡村振兴战略的主要抓手[N].学习时报,2017-12-18.

以满足农民对美好生活追求的需要,而且能够带来多重效益。前些年,我国农业农村发展对生态环境保护不够,农业资源过度利用、农业面源污染问题突出,农民生活垃圾没有得到有效处理,不少乡村人居环境整治滞后,农村脏乱差、环境污染等问题突出,基础设施建设滞后。近年来,国家加大农村环境整治力度,不仅使人居环境明显改善,而且使乡村风貌大为改观,有的还成为美丽乡村示范点,成为乡村旅游的热门景点,取得了明显的生态、经济和社会效益。因此,要尊重自然,实现人与自然和谐共生,践行绿色发展理念,以绿色发展引领生态振兴,以绿色发展回应美好生活。

3. 乡风文明是保障

尽管"乡风文明"保留了字面的一致,但内涵也在发生着变化。必须坚持物质文明和精神文明一起抓,提升农民精神风貌,培育文明乡风、良好家风、淳朴民风,不断提高乡村社会文明程度。要将扶正与压邪相结合,既要培育文明乡风、良好家风、淳朴民风,弘扬农耕文明和优秀传统文化,也要抵制歪风邪气、摒弃陈规陋俗。乡村是中华文化的发源地和承载地,体现天人合一等生态智慧观的农耕文明、浩如烟海的优美田园诗画、传颂至今的家风古训等,都源自乡村兴于乡村。在振兴乡村过程中,要深入挖掘乡村优秀传统文化蕴含的思想观念、人文精神、道德规范,结合时代要求继承创新,让乡村文化展现出永久魅力和时代风采[①]。同时,也要坚决摒弃和抵制不文明的陈规陋俗、歪风邪气,如赌博盛行、攀比成风、天价彩礼、高额人情往来、宗族恶势力横行等等,不仅让个人和家庭背上沉重的经济包袱,甚至严重破坏当地经济社会和谐。有些地方文化保护和建设滞后,传统建筑、传统村落、民族村寨等缺乏保护,有新房没特色、有新屋无新村。乡村衰败、文化断流的现象令人心痛。要注重人的现代化,提高农民的思想觉悟、道德水准、文明素养,普及科学知识,抵制腐朽落后文化侵蚀。积极应对农村人口老龄化,构建养老、孝老、敬老政策体系和社会环境。要加强农村思想道德建设,促进农村文化教育、医疗卫生等事业发展,推进移风易俗、文明进步,使农民综合素质进一步提升、农村文明程度进一步提高。弘扬优秀传统文化文明风尚和农耕文明精华,依托村规民约,教育惩戒等褒扬善行义举,贬斥失德失范,唱响主旋律,育成新风尚。促进乡风文明不仅是提高乡村生活质量的需要,也有利于改善乡村营商环境、促进乡村生产力发展,为乡

---

① 习近平.决胜全面建成小康社会夺取新时代中国特色社会主义伟大胜利——在中国共产党第十九次全国代表大会上的报告[M].北京:人民出版社,2017.

村振兴提供动力支撑。

4. 治理有效是基础

乡村善治是国家治理体系和治理能力现代化的基础。乡村振兴必须健全乡村治理体系，要求治理有效。必须把夯实基层基础作为固本之策，建立健全党委领导、政府负责、社会协同、公众参与、法治保障的现代乡村社会治理体制，坚持自治、法治、德治相结合，确保乡村社会充满活力、和谐有序。与"管理民主"重在"管"不同，"治理有效"重在"治"，一字之差，突出了乡村基层治理过程中多元主体的主动性和综合施策的兼容性。治理有效，强调治理体制与结构的改革与完善，强调治理效率和基层农民群众的主动参与。就是要加强和创新农村社会治理，加强基层民主和法治建设，使农村更加和谐、安定有序。村民自治已经实施多年，对于保障农民民主权利具有积极意义，但也存在诸如妇女权益和村内少数宗姓人权益得不到有效保护等弊端。随着乡村人口结构、社区公共事务的深刻调整，以及利益主体、组织资源的日趋多元，仅仅依靠村民自治原则规范村干部与群众的关系是不够的。城乡人口双向流动的增多、外来资本的进入、产权关系的复杂化，需要靠法治来规范和调节农村社区各类关系。但自治和法治都是有成本的，如果能够以德化人、以德服人，形成共识，促进全社会遵守共同行为准则，就可以大幅降低农村社会运行的摩擦成本。为此，需要在完善村党组织领导的村民自治制度基础上，进一步加强农村基层基础工作，根据农村社会结构的新变化、实现治理体系和治理能力现代化的新要求，健全自治、法治、德治"三治结合"的乡村治理机制。

5. 生活富裕是根本

乡村振兴必须让农民能够以更高水准公平分享改革发展成果。因此，建立农民持续增收和消费能力提升的长效机制，使农民在共建共享中拥有更多获得感和幸福感。实现生活富裕，是乡村振兴的出发点和落脚点。提出新农村建设目标时，我国农村居民生活水平刚刚从温饱转向小康，总体上刚刚温饱有余。当时，全国农村贫困人口比重高达 30.2%，把"生活宽裕"作为未来新农村的一种愿景是恰当的。近年来，特别是十八大以来，我国城乡居民收入差距总体呈缩小态势，农民在新时代有了更多的获得感。农民就业和收入来源的多元化，农村教育、医疗、养老、低保制度的完善，农民收入水平和生活质量有了很大提高。2016 年全国农村居民消费支出的恩格尔系数为 32.2%，即将跨越联合国划分的 30%～40% 的相对富裕标准，进入 20%～30% 的富足标准。2017 年末全国农村贫困人口仅剩下 3046 万人,仅占农村人口的 3.8%。这表明,即便按国际标准,把"生活富裕"作为未来乡村振兴的一种愿景,同样是可望可及的。实现"生活富裕",必须注重提高农民的就业质量和收入水平,把农民作为就业优先战略和积极就业政策的扶持重点,加强职业技能培训,提供全方位公共就业服务,多渠道促进农民工就业创业;推动城乡义务教育一体化发展,努力让每个农村孩子都能享有公平而有质量的教育,使绝大多数农村新增劳动力接受高中阶段教育、更多接受高等教育;完善城乡居民基本养老保险制度,完善统一的城乡居民基本医疗保险制度和大病保险制度,统筹城乡社会救助体系、完善最低生活保障制度。探索建立农民增收长效机制[①],让农民有持续稳定的收入来源,经济宽裕,衣食无忧,生活便利,共同富裕。正如习近平总书记强调的,实施乡村振兴战略不能光看农民口袋里票子有多少,更要看农民精神风貌怎么样。乡村振兴,不仅是经济社会层面的丰裕,更是精神文化层面的富足,这是非常高的要求,也是乡村振兴的出发点和落脚点。

(二)乡村振兴的特征

作为一项关乎中国农业农村发展前景和国民经济发展方向的重大战略,乡村振兴具有系统性、长期性、融合性、差异性等特征。

1. 系统性

乡村振兴战略是针对乡村全面发展和城乡关系重构提出的总体规划,是农业农村发展全领域的总体部署和中国特色社会主义现代化经济体系的重要战略,在战略目标、战略内容和战略实施主体等方面均具有显著的系统性。乡村振兴战略是多元目标的系统集成,不仅要实现农业农村的经济发展、社会进步,还要实现乡村产业之间、经济与环境之间、生产与生活之间的融合,还包括城镇化工业化发展目标与农业农村现代化发展目标的系统融合;乡村振兴战略不仅仅是现代农业发展、新农村建设等内容,而是农村经济、社会、文化、生态等多个领域发展内容的系统集成。乡村振兴战略的实施主体不仅是政府和农民,还包括城市资本、金融、农业企业、外来企业、返乡人员、集体经济组织、专业合作组织等多元实施主体,要求这此主体在利益关系上实现有机整合。

---

① 魏后凯.如何走好新时代乡村振兴之路[J].人民论坛·学术前沿,2018(3):14-18.

2.长期性

乡村振兴战略是我国社会主义现代化建设战略安排的有机组成部分,不只是在决胜全面建成小康社会阶段、只存在于几年时段才有效实施的战略,更是贯穿于基本实现社会主义现代化进而建成社会主义现代化强国战略目标的整个过程。因而实施乡村振兴战略具有长期目标、中期目标、近期目标,实施乡村振兴战略要秉持长期发展理念,避免急功近利、揠苗助长的短期化行为,要有步骤、有次序地推进,避免以短期项目建设的思路实施乡村振兴战略。

3.融合性

乡村振兴战略不是就农村谈农村、就农业谈农业,而是城市与乡村、农业与非农业、农民与工商资本实现共同发展的战略,具有较强的融合性特征,既包括城乡规划布局、产业发展、基础设施、公共服务、生态环境等领域发展的融合,又包括政府、农民、各类新型经营主体、社会组织等乡村振兴主体,市场机制与政府动力,本地居民与外来居民之间、农民与农民之间、农民与集体经济组织之间、农民与各类新型经营主体之间利益联结关系的融合。

4.差异性

我国沿海与内地、平原与山区、城市近郊与远郊之间均存在较大差异,我国地区发展不均衡、农业农村发展基础差异较大的客观事实,决定了乡村振兴战略没有统一模板,需要根据不同地区发展阶段、区位条件、要素禀赋等,针对不同类型、不同区域、不同村庄的特点,科学部署符合区域实际的乡村振兴战略规划,探索形成各具特色的乡村振兴道路。

二、乡村振兴的意义

实施乡村振兴战略是决胜全面建成小康社会、建设社会主义现代化强国的一项重大战略任务,具有重大的理论意义和现实意义。

(一)化解新时代主要矛盾的必然选择

新时代我国社会发展的主要矛盾是人民日益增长的美好生活需要和不平衡不充分的发展之间的矛盾。城乡发展的不平衡,农村和农业发展不充分显得十分突出。我国是世界上农业人口最多的国家,按照 2010 年全国第六次人口普查的数据,全国农村户籍人口为 9.11 亿,约有 6.74 亿农村户籍人口在农村生活。我国的城镇化率的峰值在 65% 左右,这就意味着将有大量的人口继续生活在农村。即使城市化率达到 90%,仍有 1.3 亿多人生活在农村。2016 年城乡收入比是 2.72:1,城乡收入差距仍然较大。农民的生活还不富裕,农村的基础设施和城市还有巨大的差距。乡村发展的不充分、不平衡严重影响了农村居民生活的幸福感和获得感。广大农民也有追求美好生活的向往,也有追求自由发展的内在需求。理论和实践经验都表明,城市的发展只能解决部分农村人口的发展问题,要让农民过上美好生活,必须强化农村的内生发展[①]。

(二)建设社会主义现代化强国的必然要求

"中国要强,农业必须强;中国要美,农村必须美;中国要富,农民必须富。"社会主义现代化是整体的现代化。如果农村、农业、农民不能实现现代化,那么建设社会主义现代化强国就只能是一句空话。过去的"四化"同步发展,农业现代化是工业化和城镇化进程中的农业现代化,是满足工业化和城镇化需要的农业现代化。农业现代化的目标是为了更好地促进工业化和城镇化。而这也造成了在四个现代化布局中,农业现代化成了短板;与城市现代化相比,乡村现代化成了短板[②]。乡村振兴战略明确提出要坚持农村农业优先发展,意味着农业和农村不再属于从属地位,意味着农业和农村的发展不再只是为其他发展创造条件。意味着未来的发展过程中,城镇化、工业化、信息化等要更多地着眼于农村和农业,让农业和农村现代化的短板逐渐补齐,实现建设中国特色社会主义现代化强国的战略目标。

(三)助力脱贫攻坚的关键环节

小康不小康,关键看老乡。乡村振兴战略是脱贫攻坚的关键环节。中国改革开放以来在减贫方面取得的卓越绩效举世公认。按照世界银行的数据,中国 1981—2010 年间减少的绝对贫困人口数占全球贫困人口减少量的 95%。特别是党的十八大以来,我国创造了减贫史上的最好成绩,农村贫困人口累计减少 6853 万人,年均减少贫困人口 1300 万以上,贫困发生率从 2012 年的 10.2% 下降至 3.1%。中国政府已经向世人作出郑重承诺:到 2020 年全面实现小康,在现行标准

---

① 郭剑雄.人口生产转型与内生农业发展[M].北京:科学出版社,2015.
② 陈龙,方兰.试论新常态下的农业供给侧结构性改革[J].西北农林科技大学学报(社会科学版),2017(6):25-31.

下使剩下的 3000 多万农村贫困人口整体脱贫,贫困县全部摘帽,解决区域性整体贫困。特别要注重提高脱贫质量,使贫困人口脱贫之后不返贫,建立脱贫的可持续性长效机制。在中央高位推动、地方各级党委政府高度重视下,在较短时期内集中大量资源,可以实现收入、生活水平维度的脱贫目标。但人的观念改变、能力提高是一个渐进的过程,贫困地区基础设施和营商环境的改善也需要一个较长过程。因此,实施乡村振兴战略是助力脱贫攻坚的关键环节,要通过在以上方面取得实质性进展,通过加快发展现代高效农业、促进农村一二三产业融合和激活农村资源等多元化措施,建立农业农村导向型的农民持续增收长效机制。注重扶贫同扶志、扶智相结合,培养内生发展动力。

(四)破解城乡二元格局的主要抓手

城镇化初期,农业农村为全国人民解决温饱问题提供了充足丰富的农产品,输送了大量青壮劳动力,农民为国家工业化积累了必不可少的资本,为城镇化让出稀缺的土地资源。这保障了工业化和城镇化的快速发展,但也造成了乡村的衰败。21 世纪以来,我国开始重视对乡村的补偿和回馈,逐步探索出一条中国特色的城乡发展道路。乡村振兴战略是对新农村建设、美丽乡村建设的第三次飞跃,乡村建设发展要求的城乡融合发展又是对城乡统筹发展、城乡一体化发展的第三次飞跃。这体现了我国对城乡发展规律认知的深化。只有实施乡村振兴战略,实现城乡融合发展,才能够一方面促进城镇化的健康发展,同时又推动乡村的发展。城市与乡村是一个有机体,只有两者都可持续发展,才能相互支撑。否则日益衰退的乡村,必将成为城市发展的负担和隐患,成为社会可持续发展的不稳定因素。

(五)确保国计民生的根本要求

十九大报告指出,农业农村农民问题是关系国计民生的根本性问题,必须始终把解决好"三农"问题作为全党工作重中之重。这充分体现了党中央一以贯之的重农固本、惠农安民的治国智慧。中国自古以来就是一个农业大国,"三农"问题,不仅仅是农民的问题,更是关乎整个中国经济社会发展的根本性问题。农业强不强、农村美不美、农民富不富,决定着亿万农民的获得感和幸福感,决定着我国全面建成小康社会的成色和社会主义现代化的质量。乡村是我国现代化进程中的"稳定器"和"蓄水池"。作为世界上最大的发展中国家,农业农村农民问题是关系国计民生的根本性问题,是影响中国未来发展的关键性议题。通过牢固树立创新、协调、绿色、开放、共享"五大"发展理念,达到生产、生活、生态的"三生"协调,促进农业、加工业、现代服务业的"三业"融合发展,真正实现农业发展、农村变样、农民受惠,最终建成"看得见山、望得见水、记得住乡愁"、留得住人的美丽乡村、美丽中国。

(六)基于全面小康之后的战略考量

从未来发展来看,全面小康之后优先发展农业农村,实施乡村振兴战略将为中国经济持续健康发展提供新增长点和广阔增长空间。伴随人均 GDP 进入中高收入阶段,消费升级将是一大趋势。从需求增长的几个关键驱动因素来看,中国的人口规模、消费结构、城镇化水平都还没达到峰值。未来在全面建设社会主义现代化强国进程中,中国仍处在食物消费结构持续转变升级的过程中,除口粮消费会继续下降外,其他农产品消费都还有较大增长空间。新时代我国社会主要矛盾在农业上反映为人们对食物的消费不仅局限于吃饱,而且要满足人们不断增长的对吃得丰富、安全和健康的需要,还要满足人们不断增长的对农业的生态价值和文化价值追求的新需要[①],这些都为乡村振兴提供了广阔空间和可能。因此,从总体上看,实施乡村振兴战略是基于全面小康之后的战略考量,要契合党的十九大提出的决胜全面建成小康社会、分两个阶段实现第二个百年奋斗目标的总体战略安排,按照实施乡村振兴战略的目标任务,走中国特色社会主义乡村振兴道路,让农业成为有奔头的产业,让农民成为有吸引力的职业,让农村成为安居乐业的美丽家园[②]。

第二节　新型城镇化的界定

一、新型城镇化的含义与特征

进入 21 世纪,中国经济社会发生了翻天覆地的变化,城镇化发展进入新的快速发展时期,成为推动我国未来经济增长的新动力。

---

① 李国祥.产业融合发展是乡村振兴的重要路径[N].上海证券报,2017-11-28.
② 危旭芳.乡村振兴:新时代适应国情农情的战略考量[N].南方日报,2018-02-10.

（一）新型城镇化的含义

1. 城镇化

城镇化是一个包含经济、社会、文化、政治等在内的全面的、复合的变迁过程。城镇化是人类生产和生活活动在区域空间上的聚集，是现代化过程的主要内容和表现形式[①]，是城市先进的生产方式和生活方式向农村的扩散、城市的物质文明和精神文明向农村普及、城乡差别和工农差别逐步消失的过程。城镇化作为一个复杂的经济社会变化过程，它既有人口和非农业活动向城镇的转型、集中、强化和分异，以及城镇景观的地域推进等人们看得见的实体变化过程，也包括了城市的经济、社会、技术变革、文化、生活方式、价值观念等在城镇等级体系中逐步扩散并进入乡村地区的较为抽象的精神变化过程。因此，推进城镇化是一个包括政治、经济、文化、社会等诸多方面统筹协调推进的系统工程，城镇化水平的测度不仅包括城镇人口增加、地域扩大、数量增加等"量"的内容，还包括城镇功能的完善、居民生产生活方式的文明程度、农民工市民化进程、城镇化与工业化、信息化和农村现代化的协调、城乡公共服务的均等化等"质"的内容，城镇化发展是"量的增加"和"质的提升"的统一，在理论研究和实践中不能片面地理解。

2. 新型城镇化

所谓新型城镇化，是指以马克思主义人本思想和城乡关系理论为理论指导，坚持人的城镇化为核心，坚持"四化"同步协调发展为原则，坚持以大中小城市和小城镇共同推进为重点，走以突出城镇文化为特色的集约、智能、绿色、低碳的农村城镇化道路。新型城镇化的"新"主要体现在由过去片面进行"摊大饼"式的地域扩张改变为注重公共服务、城市文化等内涵发展和质量提高，让进城农民进得来、住得下、留得住，过上真正有尊严的城里人生活。

新型城镇化的内涵非常丰富，概括起来主要有人的城镇化、物的城镇化和生态环境良好发展。

---

① 国务院发展研究中心课题组. 中国城镇化：前景、战略与政策[M]. 北京：中国发展出版社，2010.

（二）新型城镇化的特征

1.以人为本

以人为本是新型城镇化的主体定位。马克思对于"现代性"的概念虽然没有明确阐释和提出,但是在其对资本主义社会现代性的研究过程中,依旧显示出了其现代性的思想。在这一思想中始终贯穿着一个价值取向——人的自由全面发展,即以人为本的现代化发展思想。作为当前我国现代化进程中的重大战略,城镇化是服务于农村的现代化建设,数亿农民是城镇化的主体,是城镇化必须依托的重要力量。过去的城镇化道路倡导"以物为本",盲目追求经济效益和城镇规模的扩建,为了"城镇化"而"城镇化",不曾考虑广大群众作为城镇化主体的发展需求,从而造成了许多传统城镇化中的弊病。而新型城镇化的提出就是要改变过去的发展理念,把农民群众作为城镇化的主体,让数亿农民享受到发展的成果,提倡以人为本的城镇,有序实现农业人口市民化,保障农业人口的自由全面发展。就正如亚里士多德所言:"人民来到城市是为了生活。人民居住在城市是为生活得更好"。新型城镇化不仅要让广大农民"住进来",还要"留得住,生活好",享受到其在城镇化中应有的权利,并充分发挥农民在城镇中的主体作用,调动其积极性,发挥其创造力量。

2.优化布局

优化布局是新型城镇化的空间战略。大量农民进城问题依旧是新型城镇化建设的核心所在。过去城镇化中,大片农村地区建设成城镇、城市,涉及到的空间利用并不合理,全国甚至出现一刀切的情况,城镇布局严重缺乏可行性。我国国土面积幅员广大,各地区经济、政治、文化发展程度各有不同,城镇化的布局本应当呈多元化发展趋势。因此,为将这一问题的处理区别于过去,2013年中央城镇会议对全国主体功能区进行了规划,提出了当前新型城镇化优化布局的空间发展战略应当朝"两横三纵"的模式发展。这种布局从我国城镇发展规模和发展速度的实际情况出发,合理引导城镇化节奏,协调促进大小城市和城镇的发展。通过优化布局,为广大人民群众提供科学合理的生产空间、环境宜居的生活空间和功能完善的生态空间。

3.协调发展

协调发展是新型城镇化的科学方法。新型城镇化的协调发展体现在社会、经济以及生态环境的协调统一上，这区别于传统城镇化中把经济发展作为主要目标，以政府和土地为主大力提倡工业化的发展模式。这在党的十八大报告中尤为体现，强调了"坚持促进工业化、信息化、城镇化、农业现代化四条道路的互动和协调关系，推进四者同步发展"[①]，而促进"四化"的同步协调也是新型城镇化在经济和社会方面的表现，同时要把生态文明理念和原则全面融入这种协调发展的过程中。当前中国城镇的生态环境功能呈下降趋势，传统城镇化导致的生态问题大量涌现，必须正确处理"金山银山"和"绿水青山"之间的关系，注重城镇化中经济、社会与生态环境的协调发展，将城镇化向低碳绿色的生态城镇建设方向引导。同时，新型城镇化的协调性还表现在城镇产业结构、城镇规模和城镇人口等方面的协调。它呈现出一种动态、多元化发展状态，注重产业、空间、人口之间的协调，将避免传统城镇化中经济发展、人口比例、空间规模失衡等一系列不良问题。

4.传承文化

传承文化是新型城镇化的重要使命。"文化是民族的血脉"，是一种符号象征，代表着人类生存的足迹。城镇化作为人类进步发展的重大成果，文化在其中起着不可磨灭的作用。它代表着一个城镇的精髓，代表着同其他城镇的不同之处，彰显了其独有的魅力，能够保证城镇软实力的提升。在西方发达国家，城镇化建设中就比较注重对文化的保护和传承，无论是英国的小镇还是德国的小镇，都建得富有特色而又文化韵味十足。而在我国，过去我们盲目地追求千篇一律的城镇建设，在规划的地区强拆广建、大兴土木，雷同的楼房、大广场、道路随处可见，甚至掀起了一阵"大树进城"的热浪，更有随意毁弃历史文化古迹的现象。这是城镇建设中的一场文化灾难，使一些地区丢掉了本身所具有的文化传统和文化风格，也导致了诸多城镇出现了相同的城市病，如一遇洪水就看海，一遇堵车就交通瘫痪等等。针对这些情况，新型城镇化明确提出了传承文化和传统的要求，强调"发展能够记忆历史、彰显地域特色、呈现民族特点的美丽城镇"[②]，城镇物质文化与非物质文化两手一起抓，防止一些地方为追求物质经济的发展而破环传统文化和历史古迹。

---

① 胡锦涛.沿着中国特色社会主义道路继续前进为全面建设小康社会而奋斗[N].人民日报，2012-11-16.

② 2013 中央城镇化会议公报[N].人民日报.2013-12-16.

二、新型城镇化的目标与原则

（一）新型城镇化的目标

事物的发展目标决定着该事物的发展方向，也反应着事物的发展效果。通过对新型城镇化内涵和基本特征的探究发现，当前我国城镇化的发展目标可从两个方面来讲。一方面从宏观的角度，是国家针对新型城镇化所作的宏伟发展战略；另一方面从微观的角度，是涉及新型城镇化方方面面的具体目标和发展要求。

1. 新型城镇化的宏观目标

党和国家从顶层设计的角度出发，主要将人的城镇化作为目标，在十八大报告中强调了"完善一体化的城乡发展，着力推进城乡规划、公共服务、基层设施等方面的建设，均衡配置公共资源、平等交换城乡要素，形成城乡一体、工农互惠、以工促农的新型城乡中国"①的宏伟目标。城镇化率完成三个阶段的突破发展：到 2020 年，完成 1 亿左右的农业人口转移到城镇落户生活，以实现 60％的城镇化率目标；到 2030 年，完成 1.5 亿左右的农业人口转移到城镇落户生活，以实现 70％的城镇化率目标；到 2040 年，完成 2.5 亿左右的农业人口转移到城镇落户生活，以实现 75％的城镇化率目标。通过健康科学的发展速度和发展模式，有序合理地完成农业人口的市民化，推进我国城镇化进程。

2. 新型城镇化的具体目标

新型城镇化的具体目标可从经济、社会、政治、人文和生态五个角度进行概况，要求这五个方面的协调发展：

一是从经济的角度，提高城镇经济水平仍旧是新型城镇化的首要目标。但当前的城镇化不再是单纯的 GDP 增长，不再是仅仅追求规模和数量，更多的是从产业结构的合理调整出发，以工业化带动信息化和农业现代化，促进三者之间的协调，发展技术含量高的产业和服务业，持续为城镇化注入物质力量。同时以智慧城镇的建设来提升当前城镇的发展质量，城市经济的产出以绿色为主要特征，积极提高可再回收利用产品、低能耗产品和绿色节能建筑的比例，推动生态工业、生态农业和生态服务业的发展。

---

① 十八大报告辅导读本[M].北京：人民出版社，2012.

二是从社会的角度,完善城镇发展体制是新型城镇化的社会目标。户籍管理、社会保障、金融财税、城镇监管等社会体制必须得到重要进展。通过对义务教育、就业服务与指导、基本医疗卫生与社会保险、居民保障性住房与居住环境等方面的完善,提高城镇化中基本公共服务的覆盖面,从而实现城乡统筹,促进社会的公平与和谐。

三是从政治的角度,发展城镇的民主政治是新型城镇化的政治目标。民主政治在新型城镇化中主要体现为民主参与。新型城镇化涉及人口、资源、环境等多方面的协调发展,要合理解决这些问题,必须广泛地听取各方面的意见,而民主参与正好可以及时反应城镇社会中人们的各种发展诉求,使政府更加科学地作出城镇发展的决策,不断适应当前城镇发展的民主需求。

四是从人文的角度,发展城市文明是新型城镇化的人文目标。城市文明是城市精神的外在表现形式,代表的是一种文明、健康、幸福的生活方式。"城市文明一般表现为城市居民外在的道德行为,城市居民的道德行为折射出城市文明的核心与灵魂"[①]。因此,在新型城镇化中,必须重视对城镇居民素质的提高,通过价值观念、消费观念、法治观念的革新,使城镇居民养成良好的人文素养。

五是从生态的角度,实现城镇的绿色和谐发展是新型城镇化的生态目标。城镇的生态目标就是要"通过发展方式的生态化来提高城镇居民的生产、生活质量,并维护城镇生态系统的安全性"[②],在保护自然生态系统的前提下,建立起人工生态系统,改善城镇生态环境,使空气质量得到好转,饮用水安全得到保障,真正实现"城市让生活更加美好"。

(二)新型城镇化的原则

1. 集约化原则

集约与粗放是社会、经济发展中存在的两种方式。集约化和粗放式发展有着相同的愿望,都是通过一定的投入,谋求更大的收益。所不同的是,粗放式的发展单纯依靠投入数量的简单扩大来获取更大的收益;而集约化发展则非常强调有限的投入,通过提高有限投入的使用效率来最大程度地获取收益。我国经过 20 多年

---

① 方立,薛恒新.略论城市文明与市民道德素质[J].道德与文明,2009(1):68-71.

② 吴季松.新型城镇化的顶层设计、路线图和时间表——百国城镇化实地考察[M].北京:北京航空航天大学出版社,2013.

的改革开放,经济发展的成果显而易见。但我们的这种经济发展是一种粗放式的,是建立在高投入、高消耗基础上的。传统的城镇化,单纯追求城镇在数量上、规模上的扩展,粗放征用和使用土地、能源消耗高、环境污染重,城镇化质量不高。在新的历史时期,我们将面临着来自人口、资源、环境等方面的巨大压力,粗放式的发展方式难以维系。所以,要求我们在加快发展城镇化的过程中,总结和汲取过去发展的经验教训,坚持集约化发展的原则,强调资源的优化配置和有效利用,使城镇化在水平和质量上得到更大的提升。

2.经济原则

新型城镇化的发展必须坚持成本—收益原则,即经济原则,来确定发展方案的实施。注重城市的梯度成长,将小城镇中一部分发展成为小城市,小城市中的一部分发展为中等城市,中等城市中的一部分培育成大城市。一般来讲,大城市的投入产出率高于中等城市,而中等城市的投入产出率则要高于小城市和小城镇。因此,从收益上看,发展大中城市是最好的选择。但发展大中城市存在投入成本高、风险大等问题,目前还受到资金方面的约束,我们应该强调,大中小城市协调发展。同时要分阶段、分区域确定我国不同时期、不同地区的城镇化推进方式。

3.可持续发展原则

用可持续发展原则指导和推进城镇化进程,使城市对人口、就业的吸纳能力、城市基础设施和环境的承载能力、城市的管理能力保持动态平衡,使城市在数量、规模、结构、等级和功能等方面持续扩大与优化,实现城市人口、经济、社会、资源、环境的协调发展,是现代城镇化的必然选择。

4.效率与公平兼顾原则

公平和效率是市场经济的两大基本原则,它们相互统一、相互促进。片面地强调公平或效率都会引致两者的失衡,对经济社会发展产生消极影响。新时期的城镇化,不能用损害农民利益的办法来推进,必须坚持效率与公平兼顾的原则,不能顾此失彼。目前,现代企业制度和社会保障制度是维护这两大原则的核心制度,也是市场经济体制的两大核心制度。这两大制度共同构成了一个保障经济社会持续快速健康发展的制度平台,缺一不可。目前,我国城镇现代企业制度和社会保障制度的基本框架已经初步建立。但农村除社会救济和传统的土地保障外,体现公平原则的农村社会保障制度则基本没有建立起来,这在一定程度上阻碍了我国城镇化进程。新型城镇化的发展必须汲取教训,坚持效益与公平兼顾的原则。

三、新型城镇化的历史必然性

中国是世界上最大的发展中国家,也是一个社会主义大国。推进新型城镇化发展,既是我国实现现代化的关键之举,深化改革的内在要求,解决"三农"问题的重要途径,实现全面建设小康社会的历史选择,也是当前我国扩大内需重塑经济增长的主要方式,体现了历史发展的必然性。

(一)新型城镇化是实现现代化的关键之举

从 18 世纪以来,特别是工业革命出现以后,世界上许多国家的城镇化就进入加速推进阶段。当前,西方发达国家的城市化率已经达到 80% 以上,世界城镇化平均水平也已超过 50%,全球有一半以上的人生活在城镇。随着城镇化的不断向前推进,二、三产业也相应不断向城镇聚集。随着人口向大中小城镇转移,城镇数量上不断增加,城镇规模不断扩大,"这不是主观推进过程,而是随着一个国家或地区社会生产力的发展、科学技术的进步以及产业结构的调整,使得农村人口居住地点向城镇的不断迁移和农村劳动力从从事农业生产职业向城镇二、三产业的转移"。

近年来,城市化成为衡量一个国家现代化程度的重要标志。这是因为城镇化引起人口、产业在城市快速聚集,集聚的结果就是市场效应的规模化,极大地为社会大生产提供市场交换场所。同时,由于集聚效应引起生产资源的相对集中,导致交易成本下降,可以极大地提高第二、三产业的生产效率。城镇化提高了社会生产力,优化了社会结构,社会学家往往喜欢用城市化率衡量现代化进程。同时,产业的演进和城镇化的发展是相互促进的,西方发达国家经济能够持续快速发展,产业结构不断优化,并在一定程度上具有先发优势,主要一个原因就是西方发达国家的城市化进程比我国推进得早。西方发达国家通过城市化,使社会分工效应、集约化效应、规模经济效应与产业集聚效应得到充分体现,城市化的巨大能量得到了释放和传播。

改革开放 40 年来,中国的社会经济发展取得了举世瞩目的成就,国际竞争力和综合国力不断提高,人民生活水平也不断提高。经济在迅猛发展的同时,社会虽然发生了深刻的变革,但是也出现了一些问题。这就是经济的发展快于社会的发展,进而出现了一些社会结构与经济结构不相适应,甚至阻碍经济发展的情况。下一步要全面建成小康社会,就需要首先从社会结构变革开始,也就是要从推进新型

城镇化入手,通过破除社会领域的二元结构,进一步激活经济发展潜力。这是因为:

首先,新型城镇化是整合综合资源并提高资源配置效率的重大战略平台。当前中国经济发展存在的一个重大问题就是资源配置效率较低。推进城镇化可以促进农民变为产业工人,农村分散土地整合为规模化的土地资源。同时通过身份的转变,产业的升级,带动收入水平不断上升,进而促进消费需求不断增加。大量的人口进入城镇会导致对基础设施、公共服务设施以及房地产等投资需求相应增加。城镇化进程整合了土地、劳动力、资本的要素资源,同时也通过规模化、集约化提高了要素资源的配置效率,进而提高整个社会的资源承载力、环境承载力、经济承载力和社会承载力。

其次,新型城镇化是推进打造中国经济升级版的重大战略平台。城镇化将通过要素升级,实现产业升级,进而促进区域升级。城镇化可以促进经济结构转型,提升第三产业比重,可以消化部分过剩产能,带动整个产业进行结构性升级。同时城镇化是破解城乡二元结构,促进区域协调发展,实现现代化的必须之路。城镇化将把大量的农村人口变为城市居民,既可以转变生产生活方式,提高收入水平,享受现代城市文明,也可以使留在农村的人口提高资源占有水平,实现规模化和集约化经营,从而提高农业的劳动生产率,提高农民生活水平。

最后,新型城镇化是承载中国未来发展红利的重大战略平台。改革开放前面30年可以认为是由于中国的人口红利和改革红利的释放,现在中国的人口红利已经在2009年出现拐点,改革红利也已经随着前期改革的推进,经济的向前运行,改革红利也在逐渐减少。因此未来中国的红利在哪里?斯蒂格利茨曾经说过,城镇化和美国的高科技是未来世界经济增长的主要红利。我国正处于城镇化快速发展阶段,未来还有近20%～30%的增长空间。据专家测算,我国城镇化率每提高1个百分点,将带动1%的农业人口向城镇转移,新增消费2万亿,新增投资6.6万亿元,拉动GDP增长1.5个百分点。未来的中国经济增长必将由工业化单引擎,发展到工业化与城镇化的双引擎发展之路。

体现中国社会主义优势的城镇化新路,正在由中国开创。中国经济增长已开始由工业化单引擎,发展到工业化与城镇化的双引擎。未来中国的工业化、城镇化、信息化、农业现代化协调同步发展,必将为我们实现国家的两大目标:2020年全面建成小康社会,21世纪中叶建成社会主义现代化国家,奠定决定性的基础。

（二）新型城镇化是全面深化改革的必然之路

新型城镇化不仅仅是增长和发展战略，实际上是一个系统改革战略。加快新型城镇化的发展转型，是我国实现公平可持续发展的大战略。因为新型城镇化不是简单的人口比例增加和城市面积的扩张，更重要的是实现产业结构、就业方式、人居环境、社会保障等由"乡"到"城"的重要转变。新型城镇化在逐步改变传统的增长导向型城镇化模式转换过程中会遇到诸多难题，如产业支撑、农业发展、市政基础设施和公共服务设施、村庄拆迁合并、就业等问题。而每一个难题的解决都涉及一系列的改革措施，如何通过改革实现各方利益提升，是决定城镇化进程能否顺利推进的关键。只有实施系统的经济体制和社会制度的改革，才能健康推进新型城镇化的发展。

要实现有质量的新型城镇化，必须通过若干体制机制的改革和政策措施的创新。当前城镇化过程的二元经济和社会制度问题，是推进新型城镇化需要破解的主要问题。大力推进新型城镇化，必须大胆先行先试，破除体制机制障碍，为新型城镇化提供制度保障。就改革的具体内容看，可以概括为八大方面：土地制度、户籍制度、农民工市民化政策、人口政策、现行行政区划体制、行政体制、财税体制、农村组织管理体制等。具体而言就是：首先，要树立经营城市的理念，推动农村产权制度改革，引入市场机制，盘活土地资源，实现以城建城、以城养城、以城兴城。其次，要改革城市建设管理体制，健全和完善与城镇化相适应的户籍、社保、财税、用地、行政管理和公共服务等管理制度，完善和落实城镇化的各项政策保障机制、工作运行机制和协调机制，推动城镇化健康发展。再次，要加快政府职能转变。各级政府要加快建设服务型政府，切实把着力点放在积极服务、主动服务上来，避免用走政府主导型"造城运动"道路，而应该走一条"政府调控＋市场机制"相结合的新型城镇化建设之路。

（三）新型城镇化是解决"三农"问题的根本路径

"三农"问题是事关国民经济大局的大问题。解决"三农"的根本路径就在于走中国特色的新型城镇化道路，统筹城乡社会经济协调发展。新型城镇化不仅是物质文明进步的体现，也伴有精神文明的进步。它起源于工业化，促进着现代化，带动着农村自然经济转化为城镇社会化大生产。

"三农"问题主要是指，农业的基础地位不够稳固，产业的结构不尽合理，农产品的结构性过剩，农业的综合效益不高；农村剩余人口过多，大量劳动力闲置；农村人均占有资源偏低,农民收入增长缓慢,城乡差距逐步拉大。要解决这些问题,必须跳出传统的就农业论农业、就农村论农村的局限,统筹城乡社会经济发展,打破城乡分割的二元格局,实现工业与农业、城市与农村发展的良性互动,协调发展。

推进新型城镇化战略对于解决"三农"问题的意义在于:

一是新型城镇化是加速农业人口非农化,解决剩余劳动力闲置问题的必然选择。我国农村现有富余劳动力非常庞大。由于我国农业人地关系矛盾日益尖锐,造成我国农业的装备水平、劳动生产率和农产品商品率都很低。同时由于农业劳动力不能够被转移出去,农村劳动力成本较低,造成农村劳动力长期固化在农业生产过程中,农业机械化不能够得到广泛和有效推广,进而严重影响了农业的现代化和农业经济效益的提高。据有关专家测算,现在我国劳动力人均耕地面积非常少,如果提高农业机械化水平,人均耕地提高到人均 30 亩,按照我国耕地 18 亿亩红线测算,就可以转移大约数亿的农村剩余劳动力。因此,可以认为新型城镇化是吸纳农村剩余劳动力的最大"蓄水池"。

二是新型城镇化是促进农业增产、农民增收,缩小城乡差距的关键选择。通过有步骤地将一部分农村人口转移到城镇,促进农业的规模化和集约化经营,发挥农业机械化和现代化规模种植方式的作用,就可以实现农业规模效益和农民收入增加。

三是新型城镇化是促进农业产业升级的现实选择。通过新型城镇化可以发挥大中小城镇对农村的辐射作用,促进人向城镇流动,促进产业与城镇相衔接,促进城镇市场与农村市场相衔接,从而可以促进农业产业升级进程。同时,通过农业产业升级可以改善农村的环境面貌。

(四)新型城镇化是全面建成小康社会的强力支撑

党的十八大明确提出了全面建成小康社会的奋斗目标,就是把我国由目前较低水平的小康社会建设成一个惠及十几亿人口的,经济、政治、文化、社会、生态文明等"五大文明"全面发展的,为实现中华民族伟大复兴的"中国梦"奠定了坚实基础的小康社会。

推进新型城镇化战略是全面建成小康社会的重要途径和强力支撑,也是全面建成小康社会的一项重要目标和任务。新型城镇化的核心问题是经济发展,以经济发展带动社会的全面发展。当前,我国发展不平衡的最大表现在城乡差距拉大,小康水平整体较低。此外,当前由于欧洲和美国等发达国家改变过去依靠高福利的负债消费发展模式,导致我国出口下降,进而引起我国经济发展中出现的内需不足等问题。同时,由于城镇化滞后、城镇化质量不高,造成我国产业结构不合理、第三产业发展滞后,以及劳动生产率偏低、环境污染、发展难以持续等诸多问题,因此,这些问题也必须依靠推进城镇化才能解决。

城镇化发展水平和质量是衡量一个国家经济发展水平的重要标志,这一点从我国城镇化率与人均 GDP 的关系中可以看出。在城镇化率小于 30% 的情况下,城镇化率与人均 GDP 的关系呈现非相关关系,但是在城镇化率大于 30% 以后,城镇化率与人均 GDP 呈现正相关关系。城镇化率每提高一个百分点,会导致人均 GDP 增加呈上升趋势。也即城镇化每提高 1 个百分点,人均 GDP 从提高 400 元到提高 4000 元以上。

在目前低水平、不全面、发展不平衡的小康的基础上,建成未来更高水平的、更全面的、发展相对比较平衡的小康社会,必须把农村经济社会等问题摆在解决我国经济社会协调发展的突出地位。而再次启动农村经济全面快速发展的根本出路就是要积极稳妥推进新型城镇化建设。实践证明,积极稳妥推进新型城镇化建设是保证社会稳定、经济繁荣、农民增收的重要途径,是加快国民经济战略性调整步伐的内在需要,也是实现新的农村新的经济增长点、加快建成小康社会进程的根本出路,更是实现全面建成小康社会目标,避免中等收入陷阱的必然选择。

第三节　乡村振兴与新型城镇化的互动

一、乡村振兴与新型城镇化的关系

乡村振兴战略与新型城镇化都是建设现代化经济体系及至推进现代化建设的必由之路,两者不仅目标是相同的,推进手段也是一致的和互补的。高度城镇化是经济社会现代化的一个综合体现,因此也是各国现代化过程中都要追求的结果。但是,达到这个结果的过程本身,却因国情的不同应该有差异性。换句话说,就城镇化而言,可以有且必然有推进过程中的中国特色,却没有且不应该有最终目标上的中国例外。而实施乡村振兴战略,就是为了保证这个有中国特色的城镇化过程与必然走向高度城镇化结果之间的一致性。

（一）新型城镇化为乡村振兴创造条件

1.新型城镇化是乡村振兴的助推器

目前我国仍处在城镇化发展阶段,我国城镇化继续推进,是由城乡之间、农业与非农产业之间的巨大差距决定的。我国城乡居民人均收入差距还有 2.7∶1 的倍差,如果把城乡居民之间公共服务差距考虑进去,城乡差距比收入表现出来的差距更大。从农业和非农产业劳动生产率的差距看,非农产业劳动生产率是农业劳动生产率的 4 倍多。这一明显的差距,决定了农业劳动力还会继续向劳动生产率更高和收入水平更高的非农产业和城镇转移。目前我国农业人口占全部从业人口的比重高达 27.7%,发达国家一般低于 10%。我国农村户均 8.9 亩地,目前达到 50 亩以上的农户,全国只有 350 万。如果我们要达到 100 亩的适度规模,还有相当的农户要转型。从某种意义上讲,农业发展就是农业的工业化、产业化、规模化。这一过程是大量的农业劳动力可以被解放出来从事其他行业,新型城镇化归根到底是人的城镇化,要让城市中的农业转移人口真正成为市民,就需要通过发展小城镇来实现农业转移人口的就地市民化。因此衡量我国城镇化是否成功的一个重要标志,就是它是否带动了乡村发展,是否成功就地吸纳农业剩余劳动力,并成功实现农业转移人口市民化。分散的村落不适宜规模生产,农业的现代化会使得农村地区土地利用现状发生改变,会带来大规模的农村土地整理,使土地更集中,生活更集中。农村土地整理改变了农村原来土地和村落分散分布的状况。这就为农村大量增添公共基础设施提供了条件。也为城镇化的发展腾出了土地的空间。农业转移人口市民化,一方面可以使那些符合条件并具有意愿的农业转移人口获得城镇户籍并享受与城镇居民同等的公共服务;另一方面那些不愿意在大城市落户的农业转移人口,也可以在小城镇获得均等化的基本公共服务,可以使他们更加稳定地在就业所在地就业、居住、生活。这样的结果可以使我国经济的空间分布与人口的空间分布更加均衡,这恰恰是本质意义上的区域协调发展。

2.新型城镇化是城乡产业振兴的催化剂

乡村振兴的核心是产业振兴,新型城镇化可以将产业发展与城镇建设有机结合起来,引导一二三产业深度融合,有力推动乡村产业发展,实现大中小城市和乡村产业资源要素的流动和融合,实现城镇发展和乡村振兴的协同共进。推进农业现代化、提高农民收入，离不开城镇化的支撑。要提高农业劳动生产率并缩小与非农产业劳动生产率之间的巨大差距，必须依靠工业化和城镇化的发展。从农民收入构成看，我国农民收入的 60% 以上已经来源于非农产业的工资性收入，主要来源于城镇地区的非农产业就业机会。农民要提高收入，农业的空间不大，必须靠非农产业来拓展增收渠道。农业现代化所需要的科技服务和支撑，也主要来源于城镇地区的科技产业。因此，要促进农业现代化和提高农民收入，必须通过进一步实施城镇化战略来带动和支撑。纵观全球农业，发达国家都有一批大型农业企业引领。我国农业企业是现代农业产业体系中最具活力和创新力的主体。目前全国有 35 万家农业化产业企业，其中有 13 万家龙头企业年销售收入 9.7 万亿元，提供的农产品及加工制品占国内农产品市场供应量的三分之一，占主要城市菜篮子产品供给的三分之二以上；20 强奶业企业的市场份额已超过 50%。以龙头企业为主的各类产业化辐射带动农户 1.27 亿，农户从事产业化经营年户均增收 3493 元。在城镇化和乡村振兴双轮驱动下，农业企业将迎来更好的成长空间和发展机遇。在发展新技术、新产业、新业态、新模式中发挥示范作用，形成加快推进农业农村现代化的新动能；在实施专业化、标准化、集约化生产中，组建农业产业化联合体，在引领小农户共享发展成果中发挥带动作用。农业企业成了产业兴旺的重要推动力量，能够激活一片区域，壮大一个产业，带动一方农民致富；能够吸引和集聚生产要素，形成产业高地，解决乡村产业空心化问题；能够进一步强化农村软硬件支撑，优化创新创业环境，促进城镇和乡村的发展。

3. 新型城镇化是乡村振兴的融合剂

实现乡村振兴，建立健全城乡融合发展的体制机制和政策体系是个系统工程，实施乡村振兴战略需要城乡融合发展的新体制。新型城镇化最根本的作用就是促进城乡产业融合，实现城乡产业要素自由流动，实现城镇化与农业现代化同步发展。党的十九大报告首次提出要实施乡村振兴战略和区域协调发展战略，这是针对我国社会主要矛盾发生变化后做出的新的战略决策。以城市群为主体构建大中小城市和小城镇协调发展的城镇格局，有利于促进区域协调发展。我国有 20 个左右的大小不等的城市群，城市群内部通过现代基础设施网络的引领和支撑，形成大中小城市和小城镇合理分工、相互支撑、协调发展的城镇格局，这是由城市群的规模经济和范围经济效应决定的。目前，我国城市群已经聚集了全国 75% 左右的城镇常住人口，生产了占全国 88% 左右的地区生产总值。不仅如此，我国城市群常住人口的数量还在持续上升，预计我国今后 85% 左右的城镇人口，将分布在这些城市群地区。因此,只要城市群地区不同城市和城镇之间协调了,全国区域协调发展的主体格局也就相应形成了。十九大报告关于城镇化的内容主要是两句话,一句是"以城市群为主体构建大中小城市和小城镇协调发展的城镇格局",另一句是"加快农业转移人口市民化",两句话都放在实施区域协调发展战略部分来阐述。体现了党中央对区域协调发展规律和城乡发展规律的深刻而准确的把握。说明城镇化战略的重要性,对乡村振兴战略和区域协调发展战略具有牵一发而动全身的特殊作用。城镇化战略不仅不能忽视,而且必须按照新型城镇化的要求,坚持以人为核心的城镇化,坚持"四化"同步发展,坚持优化城镇化战略格局,坚持提高城镇化质量,更好发挥新型城镇化对乡村振兴和区域协调发展的促进作用,更好发挥城镇化对促进中国发展的"牛鼻子"作用。

(二)乡村振兴是新型城镇化的必然结果与推动力

1.乡村振兴是新型城镇化的必然结果与重要标志

新型城镇化一方面是人的城镇化,让城市中的农业转移人口真正成为市民,或者通过大力发展小城镇,实现农业转移人口的就地市民化。另一方面,城镇化的结果是城乡产业融合化,实现城镇化与农业现代化同步发展。

我国的城镇化是不同于欧洲和美国等先行城市化国家的新型城镇化,这个"新型"最突出的体现是我国人口多,推进城镇化速度快,根本的路径是就地就近城镇化。因此,带动乡村发展是我国城镇化的重要任务,衡量我国城镇化是否成功的一个重要标志,就是它是否带动了乡村发展,是否成功就地吸纳农业剩余劳动力等农业转移人口,并成功实现农业转移人口市民化。

2.乡村振兴是新型城镇化的推动力

乡村振兴战略与新型城镇化发展战略的目标是一致的,只是发展主体和关注区域有区别而已。城镇化的关注点更多在城市,但同时强调兼顾农村;乡村振兴的关注点在农村,但要同时推动城镇化的实现。乡村振兴战略从根本上来讲,主要是要补齐我国社会现代化发展中的短板,既为城镇化解决后顾之忧,又形成城乡融合发展机制。因此,乡村振兴战略对城镇化而言,其推动作用也是显而易见的。

(1)解决当前大城市发展中的城市病问题的推动力。

城市病,是指在城市在发展过程中出现人口膨胀、交通拥堵、环境恶化、住房紧张、就业困难等社会问题,将会加剧城市负担、制约城市化发展以及引发市民身心疾病等。从国际社会发展经验来看,城市病是社会发展进程中不可避免的产物。如何应对,就成为当前一个重要的课题。"乡村振兴战略"中"优先发展农业农村"的提出无疑对解决这一问题有积极的影响。

首先,乡村振兴有助于促进进城务工人口的回流。农业人口进城的最初动因是经济压力,一旦实现农业农村现代化,农业经济呈现出活力,农村与城市呈现均衡发展,农村社会的乡土引力就会发挥作用,吸引进城务工人员回乡创业或择业。

其次,乡村振兴有助于推动资本下乡。资本下乡就是把城镇工商业所积累的庞大的科技、人力、物力、财力等资源吸引到农村去,以解决农村面临的困境。资本下不下乡,并不是政府能够掌控的。资本的运作是一个市场行为,遵循"趋利避害"的经济理性规则。乡村振兴可以为资本的运行创造一个良好的环境,创造出乡村更大的吸引力,从而吸引"资本下乡"。

最后,乡村振兴倡导工业进村,有助于农村现代化的实现。乡村振兴的一个典型特点是产业兴旺,在除了传统农村社会的支柱产业——农业实现现代化外,源于城镇发展的现代工业体系必须进驻农村,这一体系是一种兼具信息化系统的现代产业,能够与现代化农业形成一套完整的产业发展闭环,形成"产村融合"的良性循环,从而推动农村现代化的实现。

(2)解决新型城镇化中的就地城镇化问题的推动力。

城镇化是新型城镇化的一种,是指农村人口不向城市迁移,而是在原有的居住地,通过发展生产和增加收入,完善基础设施,发展社会事业,提高自身素质,改变生活方式,过上和城市人一样的生活。

国务院总理李克强在 2014 年《政府工作报告》中曾就新型城镇化提出"三个一亿人"的论断,即促进一亿农业转移人口落户城镇;改造约一亿人居住的城镇棚户区和城中村;引导约一亿人在中西部地区就近城镇化。第三个一亿人就是指现在还在农村的人口,通过就地城镇化来彻底解决城镇化的均衡发展问题。

乡村振兴,在推动农村现代化的过程中,建立了与城镇化发展一致的目标。从城镇化的发展历史来看,大规模的人口进城和人为推动的造城,并不符合中国的实际,即便中国城镇化率达到 75% 以上,仍有近 4 亿人生活在农村,也还需要解决农村的现代化发展问题。乡村振兴战略本身就是看到社会发展的短板,为真正实现最终的社会现代化而尽早谋划。随着农业农村现代化的发展,原本流向城市的生产要素将向农村回流,从根本上解决农村"空心化"问题,在此基础上,以产业兴村,实现产村融合。同时,优先发展农业农村,从政策体制上改变城乡二元结构,使农民和市民享受同等对待,城乡融合态势形成。从这一点来看,在主观发展农村的同时,客观上为农村就地城镇化做了铺垫,甚至直接推动农民实现就地城镇化。

(3)推动形成城乡融合有助于城镇化健康发展。

城乡融合,是指相对发达的城市和相对落后的农村,打破相互分割的壁空,逐步实现生产要素的合理流动和优化组合,促使生产力在城市和乡村之间合理分布,城乡经济和社会生活紧密结合与协调发展,逐步缩小直至消灭城乡之间的基本差别,从而使城市和乡村融为一体。

"乡村振兴战略"顺应人们日益增长的美好生活需要,推动"城乡一体化"发展成为更高阶段的"城乡融合"。将农村一二三产业整体融合起来进行发展,形成一个立体化的产业发展模式,对于形成"产业兴旺"的现代化农村具有非常重要的推动作用。

同时,乡村振兴要构建农村的生态文明系统,要在保持农村自然的生态下,塑造起后工业社会下的新农村景观,青山绿水将变成新的资产,特色旅游将创造新的产业,农村将彻底摆脱过去那种高污染、高能耗的生产生活方式,在一定程度上推动农村发展朝着更合理更健康的方向迈进。这对城镇化而言,具有重要的意义。

因此,乡村振兴战略和城镇化两者不是非此即彼关系,乡村振兴战略也不是要否定城镇化,不是要抑制城镇化。现在城镇化率接近60%,今后城镇化发展可能不会像过去那么快速。虽然农村人口向外转移趋势还会继续,但会放缓。回到县乡一级农村的人会越来越多。现在乡村人口如果过度流失,乡村会出现衰败现象。所以我们一方面不能等城镇化进入成熟阶段后再来建设乡村;另一方面我们也要看到现在乡村常驻人口还有6亿,这些人的收入、居住都需要改善,只有坚持正确的新型城镇化发展方向,坚持正确的乡村振兴发展战略,使两者在相互渗透,相互促进,相互提升中健康发展,我国的发展质量才能真正提高。

二、乡村振兴与新型城镇化协调发展

(一)乡村振兴与新型城镇化协调发展的内涵

乡村振兴与新型城镇化协调发展体现的是新的发展理念,实现的是绿色、均衡、可持续的协调共赢。

1.城乡之间产业的合理布局

传统观念认为,城市和农村之间是"中心—外围"的关系,农村被动地为城市输送低成本的劳动力、资金和城镇化建设用地,同时在产业布局上也处于城市的附属地位,城市主导工业、先进制造业、服务业,农村主要发展农业,为城市提供食物来源和工业原料。而在城乡融合发展新理念下,城乡之间的产业布局将更为均衡。城市需要调整产业结构,提高工业制造业的技术装备水平和产业附加值,扩大服务业比重,提高公共服务覆盖面和服务水平,从而使更多农业转移人口在城市实现就业。城乡之间应进行整体协同的产业布局和规划。例如,在中心城市布局金融、信息咨询、研发、品牌设计等现代服务业,在大中城市布局光电器材、高新材料、纳米技术、智能产业等现代中高端制造业,在外围城市可根据当地资源享赋和优势条件,适当布局劳动密集型产业。随着城镇化的不断推进,动态调整城乡产业协同和产业升级。

2.城乡之间要素资源的双向流动

乡村振兴与城镇化协调发展的最终目标是实现城乡融合发展,其中"融合"包含要素、资源价格及市场流动的无差别化。目前"逆城市化"的萌芽已经在部分城市出现,下一步应考虑引导城市要素向小城镇、郊区、乡村转移,而在此过程中,其配套的城乡协调机制显得尤为重要。

3.城乡生态文明的共建共赢

乡村振兴与城镇化协调发展也包含生态环境的共建共赢。城市的主要污染来自工业污染,这需要城市淘汰落后产能和落后产业,不断提高资源集约型产业、绿色节能产业和服务业比重;农村的污染主要是农业生产资料滥用、城市低端制造业转移、可循环产业不健全以及社会治理环境的无序化所致。

对于大城市来讲,可在距离中心城市一定距离的农业区建立新城,并把城市人口和非核心产业迁移到新城,以改善城市过度蔓延所带来的弊端。而对于农村来说,可通过加强基层党组织建设,引导社会化服务组织、合作经济组织以及村民自治组织发展循环产业和再生资源回收利用,加强社会治理和生态保护。

4.城乡文化的传承与发扬

我国的城市文化和乡村文化各具特色,都历史悠久而又独具魅力。但单一的工业化使我国在城镇化推进过程中非但没有保护好传统文化,反而存在国际化、洋化倾向,丧失了各城市特有的历史文化标签,在环境污染、治理失效、土地荒芜的同时,淳朴的乡村文明也逐渐被遗弃。2018 年中央一号文件明确提出"乡风文明"的指导思想,旨在通过社会建设、政治建设、文化建设,全面复兴乡村文明。而城乡文明与中国传统文化是一脉相承的,在大力推进城镇化建设过程中既要吸纳国际化的元素,更不能丢失传承了几千年的中华传统文化,这是城镇化建设的灵魂,也是乡村振兴的原有之义。

(二)乡村振兴与新型城镇化协调发展的重要意义

乡村振兴与新型城镇化协调发展是补齐"四化"短板的根本要求,是推进城乡一体化、实现区域协调发展的必然选择,符合我国经济发展由增量向提质转变的政策导向,从而更好满足人民对美好生活的向往。

1. 乡村振兴与新型城镇化协调发展是提高新型城镇化发展水平和质量的重要要求

回顾国际城镇化演进过程,一般会经历"城市化—逆城市化—形成都市圈—再城市化—城乡一体化"的发展阶段。产业的集中会带来人口、资本的聚集,进而带动交通、商贸、服务业发展,吸引大量农村人口迁入城市,从而进一步推动城市发展。但随着城市化的演进,住房、交通、治安、污染、社会保障压力日益增大,城市化进程趋缓,20 世纪七八十年代欧美发达国家普遍经历了"逆城市化"或"城市的郊区化",城市人口和产业迁出带动周边中小城市和小城镇作为卫星城市迅速发展。"再城市化"出现在 20 世纪八九十年代,发达国家城市人口出现了"U 形回流",城市功能被分散到一个个次中心,传统意义上的城市和农村、"中心"和"边缘"的概念变得模糊,最终逐渐形成了城乡一体化格局。

如下图所示,从 1996 年开始,中国进入了城镇化快速发展阶段,至 2017 年中国的城镇化率已达 58.52%。根据诺瑟姆城市化发展,"S 形曲线"理论和发达国家的城市化经验,目前我国处在城市化加速阶段的中后期,但近几年城镇化提升速度有所放缓,2008—2012 年城镇化年均提升速度为 2.72%,2013—2017 年为 2.17%,城市发展面临类似于国外发达国家从"城市化"向"逆城市化"阶段过渡前的瓶颈问题。如何进一步激发内生动力,促进城镇化发展、提升城镇化发展质量和水平,成为当前的重要问题。

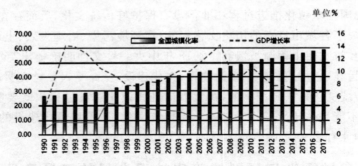

图　我国 GDP 增长率及新型城镇化提升速度比较

新型城镇化的推进既需要加快农业转移人口的市民化,同时也需要大量农业转移人口为城市产业发展提供劳动力支持。2016 年末,我国城市数量为 657 个、其中直辖市 4 个、副省级城市 15 个、地级市 278 个、县级市 360 个,市辖区户籍人口超过 100 万的城市为 147 个。2016 年常住人口城镇化率比 2012 年提高了 4.78 个百分点,但城镇化发展总体质量和水平仍有待提高。目前中国按常住人口计算的城镇化率与全球平均水平大致相当,但低于美国 82.9%、德国 74.2%、日本 92.3%、俄罗斯 74.2%、巴西 85.1%、南非 62.9% 的水平,目前仅相当于欧美及日本上世纪 60 年代的水平。

我国城镇化的统计对象是 657 个城市的常住人口以及 2 万个镇的 2 亿多镇民人口,如果不包含这 2 亿多镇民,我国城镇化率仅为 42%。另外,目前纳入统计的 7.93 亿城镇常住人口也包括了 2.2 亿户口在农村、但在城镇工作生活超过半年的人口,若不包括这 2.2 亿人口,我国户籍人口城镇化率仅为 41.4%。我国目前城市发展方式粗放问题比较突出,一些大城市已经出现了污染、交通拥堵、住房、社会保障、公共服务不配套等"大城市病"。而提高我国城镇化发展质量,关键在于提高 2 万多个小城镇的城市化水平,以及 2.2 亿农村流动人口的就业水平和市民化水平,说到底还是需要补上农业现代化这块短板,需要与乡村振兴协调发展。

2. 乡村振兴与新型城镇化协调发展是实现农业现代化的根本出路

新型城镇化是在农业农村发展的基础上产生的,发展到一定程度后又会促进农业现代化。长期以来我国城乡发展以城市、工业为主导,要素单向向城市流动,导致农村农业发展长期落后。目前我国的农业现代化水平、农业生产率仍较低,2016 年全国粮食单位面积产量 363.5 公斤/亩,仅有世界先进水平的 60%。大量分散的小规模经营户不利于开展科学化、现代化的田间管理,从而影响产能的进一步提高。

先从劳动力要素来看,目前我国农业从业人口占比为 27.7%,远高于发达国家的 10% 以下,而我国户均耕地仅为 8.9 亩,户均 50 亩以上的适度规模化经营户占比仅为 5%。引导农业人口有序流出,有利于涉农主体进行适度集约化经营,从而提高农业生产率。据预测,2030 年前后我国城镇化率将达 70%,届时仍有约 4.5 亿农村人口,要提高农业生产率,意味着要将其中约 2 亿农民转移到非农部门,这是一项浩大的系统工程。在人口红利逐渐减退的今天,如何匹配好体量巨大的农村劳动力要素,尤其需要城乡间的协调和相应政策的倾斜。

其次就资金要素来看,由于农村的生产效率、利润率都较城市、工业低,而资本的逐利天性致使资金流向仍体现为从农村到城市的单向流动。据统计,在一万平方公里内,新型农业经营主体可获取服务的金融机构数量仅为 89.61 个,远低于全国平均水平 659.65 个;另一方面农业保险机构数在县域以下地区呈收缩态势,险种和覆盖范围不能满足广大农业农村地区需要。

最后从土地要素来看,多年来大量农用地通过征用方式为各地城镇化、工业化的快速推进作出了巨大贡献,而在现行的制度框架下,我国农村土地要素对城市的开放是有限的。2018 年中央一号文件明确第二轮土地承包到期后再延长 30 年,同时鼓励适度放活宅基地和农民房屋使用权。深入推进农村集体产权制度改革,进一步为城市资本进入农村土地承包经营权、宅基地使用权流转市场,激活农村土地资源、赋能农民提供了政策指引。

3. 乡村振兴与新型城镇化协调发展是实现城乡一体化和区域协调发展的必然选择

整体来看,我国城市尤其是大城市已经进入后工业化阶段,但广大农村和县域还比较落后,发展差距依然巨大。

长期以来,工业化的导向、剪刀差的城乡二元结构支持了我国工业体系的快速建立,但也造成了城乡之间、区域之间发展的不平衡和产业布局的失衡,优势资源集中到少数大城市,大量中小城镇的产业带动能力和资源集聚能力不足,城乡之间非但没有形成如发达国家的"绿色长廊",反而形成了阻碍要素流动的"堰塞湖"。

目前我国城乡之间居民收入差距依然较大。2016 年,我国城镇居民人均可支配收入 33616 元,是农村居民的 2.7 倍。据统计,我国农户粮食收入仅占家庭收入的 10%～20%,种粮收入逐渐边缘化,后果是小规模农户已不把粮食生产作为家庭收入的主业,农村地区老龄化、空心化现象以及土地撂荒、种地收入少的现象较为普遍，农业式微、农村凋敝问题较严重。

近几年在大城市集中发展过程中出现了交通拥挤、雾霾污染、住房紧缺、社会治安隐患等种种"大城市病"；与此同时，大量中小城镇和农村基础设施落后、产业发展水平低下，劳动力净流出，生态环境恶化，难以实现可持续发展。两种现象的并存表明，我国需要重新定位城乡格局，以实现城乡协调互促、融合发展。

第二章 乡村振兴背景下新型城镇化的现实境遇

新型城镇化是我们党在我国社会主义事业深入发展过程中提出的一个新命题和新战略。推进新型城镇化发展,无疑是我们党立足全局、着眼长远、与时俱进的重大战略决策,也是在中国现代化建设发展到一定阶段,对现阶段突出矛盾的一次求解。本章分析了乡村振兴背景下新型城镇化的现实境遇,在对中国城镇化的发展历程进行研究的基础上,探讨了新型城镇化的发展现状以及前景展望。

第一节 中国城镇化的发展历程

一、中国城镇化的两个时期

根据中国社会经济体制的不同,我们将中国的城镇化发展以 1978 年为界分为前后两个时期。

(一)改革开放前中国城镇化的历程

1.新中国城镇化起步阶段(1949—1957 年)

新中国成立时,我国国民经济基础十分薄弱,城镇数量少,规模小。1949 年,中国城镇人口 5765 万人,城镇化率为 10.64%,城镇化的起点很低的。经过 3 年的经济恢复,1953 年进入"一五"建设时期,开始集中主要力量进行以 156 个重点项目为中心、由限额以上的 694 个建设单位组成的工业化建设,中国工业化开始起步。1953 年 9 月,中央作出指示:重要的工业城市规划工作必须加紧进行,对于工业建设比较重大的城市,更应迅速组织力量,加强城市规划建设工作。中国城镇规划与建设开始起步发展,大批新建的工业企业完成了厂址选择、工程设计与城镇工业区的建设。这些建设项目集中布局在全国130多个大中小城市中,不仅使一些老城得到了扩张,也诞生了一批新兴工业城市。工业化的起步形成了对劳动力的需求,大量农村劳动力涌入城市和工矿区,城镇人口迅速增加,中国城镇化快速发展。1955年,国务院颁布《关于设置市镇建制的决定和标准》和《关于城乡划分标准的决定》,对城镇设置进行了规范。到1957年,我国城镇人口达到9949万人,城镇化率为15.39%。这一时期城镇化发展相对健康有序,但也要看到,优先发展重工业是以牺牲农业和轻工业发展为代价,通过工农业"剪刀差"实现的工业积累,最终导致了我国二元经济社会结构的形成,为城镇化与工业化的失衡埋下了伏笔。

2. 城镇化起伏发展阶段(1958—1965年)

这一时期中国城镇化发展经历了大起大落的过程。根据当时的形势发展和城镇化的起伏波动又可以把这一过程进一步划分为两个阶段。

第一阶段是1958—1960年期间,由于"一五"期间经济建设工作进展比较顺利,产生了骄傲情绪,加上建设社会主义经验不足,急于过渡,于是制定了过高的计划指标,工业和基本建设急剧膨胀,农业劳动力向非农产业和城镇大规模转移,城镇数量和城镇人口增加,城镇化率迅速提高,由1957年的15.39%提高到1960年的19.75%,三年时间提高了4.6个百分点。应当指出的是,这期间农业劳动力向非农产业和城镇的转移并不是建立在农业劳动生产率提高和剩余劳动力供给增加的基础上,而是在"大跃进"中,由于工业冒进造成非常规增长产生的对劳动力的"虚假需求",农村的"浮夸风"对农业生产量的过高估计又形成农村劳动力"虚假剩余"。再加上三年困难时期发生大规模饥荒,全国总人口数急剧减少,仅1960年就比1959年净减1000多万人,而同年城镇人口净增700多万人,致使1960年成为这一阶段中城镇化率最高的一年。可以说,这一阶段中国城镇化是一种脱离经济发展实际的"过度城镇化"。

第二阶段是1961—1965年,国民经济由"大跃进"转入全面整顿时期。由于"大跃进"和自然灾害影响,农村劳动力锐减,农业生产遭受严重损失,而城镇人口增加过快,城市基础设施严重不足,农副产品短缺,供应紧张,难以满足快速增长的城镇人口生活需求。为应对这种局面,中共中央、国务院发出通知,要求各级政府限制农民进城就业,城乡间的劳动力不能自由流动,要有计划地进行。1961年开始对国民经济进行调整,精简大批城市职工返回农村,劳动力开始了向农村回流的

"逆向转移"。1961 年中央工作会议通过《关于减少城镇人口和压缩城镇粮食销量的九条办法》,提出三年内减少城镇人口 3000 万人。1962 年 10 月,中共中央、国务院做出调整市镇建制的决定:凡是人口在 10 万以下的城市都应撤销市的建制。1963 年又颁布了新的市镇设置标准,提高镇设置标准,对不合标准的建制镇一律撤销。这些措施使城镇数量和城镇人口减少,城镇化率下降。1963 年底,城镇人口比 1960 年净减 1400 多万人,城镇化率也由 1960 年的 19.75% 降到 16.84%,1964 年城镇人口又有增加,城镇化率又提高到 18.37%。之后城镇人口数量维持稳定或小幅增长,但由于我国人口总量增长较快,城镇化率则呈下降趋势,到 1965 年城镇化率为 17.98%,比 1960 年的 19.75% 下降了 1.77 个百分点。

在这一时期,国家开始实行严格的户籍管理制度,限制城乡人口流动,除因特殊情况和计划招工外,农民被束缚在农村既有土地和社区内,不能向城市自由流动,因此,城镇人口的增长基本都是自然增长,而非农村人口迁移导致的机械增长。可以看出,这一阶段我国城镇化的起伏波动是与国民经济尤其是工业化的大起大落、党和国家的政策走向及相关制度安排息息相关的。

3. 城镇化停滞发展阶段(1966—1978 年)

这一阶段处在"文革"及其后的整顿时期。在这一时期,以阶级斗争为纲,政治运动成为社会生活的重心,工农业生产停滞,国民经济严重受损。城镇人口增长依靠自然增长,速度缓慢,增量较小,一批城市干部被下放到农村接受思想改造,大批知识青年接受贫下中农再教育,到农村插队落户,导致城镇人口迁出大于迁入,机械增长为负值。加上国家从 1965 年开始大搞"三线"建设,大量的资金、设备、技术力量投入到"三线",建设规模大,战线长,超过了国家的承受能力,致使新城很少建成,老城无力发展,城镇化发展停滞不前。整个阶段的城镇化率都在 17% ~ 18% 徘徊,1978 年城镇化率为 17.92%,比 1965 年的 17.98% 还低 0.06 个百分点。

(二)改革开放后中国城镇化的发展

改革开放后的城镇化是在经济市场化改革中自下而上和自上而下制度安排相结合的城镇化恢复和快速发展阶段。

1. 城镇化恢复发展阶段(1979—1983 年)

该阶段以农村经济体制改革为主要推力,农村联产承包责任制和产业结构调整共同推动城镇化恢复发展。党的十一届三中全会作出将党和国家的工作重心转移到经济建设上来的重要决定,1979 年全国人大五届二次会议通过了"调整、改革、整顿、提高"的总方针,经济调整工作全面展开。一是调整农村政策,实现家庭联产承包责任制,鼓励多种经营,逐步放开农贸市场,极大地调动了广大农民的积极性,提高了农业生产水平。二是加快轻纺工业的发展,放缓重工业发展速度,调整产业结构,使工业与农业、重工业与轻工业的比例趋向于协调。农业发展产生了剩余劳动力,产业结构调整产生了对劳动力的需求,两种相互结合,为城镇化发展创造了条件,乡镇企业异军突起,迅速成为推动城镇化发展的重要力量。到 1984年,乡镇企业吸收非农就业人数达 5208 万人,占全国非农就业比重的 30%,在城乡二元分割体制下,农民自发建设小城镇的积极性空前高涨,诞生了一大批小城镇①,建制镇数量从 1983 年的 2968 个增加到 7186 个。

从城镇化发展政策来看,基于当时城乡隔离、大城市基础设施严重不足的现实情况,1980 年全国城市规划工作会议提出"控制大城市规模,合理发展中等城市,积极发展小城市"的城市发展基本方针。1983 年,费孝通先生提出"小城镇,大问题",认为中国解决农村剩余劳动力要以小城镇为主,小城镇建设是中国社会主义城镇化的必由之路。1984 年,我国修订了建制镇标准,进一步放宽小城镇设置门槛,使建制镇数量迅速增加。另外,在这一时期,随着大批下乡知青和下放干部返城和高考制度的全面恢复,一批农村学生通过升学进入城市,城镇人口大量增加。随着城镇人口和城镇数量的增加,城镇发展逐渐走出多年徘徊不前的局面,1984年,城镇化率提高达到 23.01%,比 1978 年提高了 5.09 个百分点,年均提高0.85%。

2.城镇化稳步发展阶段(1984—1992 年)

这一阶段是在乡镇企业和城市改革双重推动下城镇化稳步发展阶段。经过改革开放以来几年的恢复发展,农村经济体制改革极大地推动了农业发展,乡镇企业异军突起,特别是沿海地区出现大量新兴小城镇,城镇化发展稳步推进。与此同时,以城市为重点的经济体制改革全面展开。1984 年 10 月,党的十二届三中全会通过《中共中央关于经济体制改革的决定》,明确阐述了加快经济体制改革的必要性和紧迫性,指明了改革的方向、任务和方针政策。之后,中共中央、国务院从经济战略全局出发,陆续出台了一系列具体政策,从 1985 年开始,全面而广泛的经济体制改革逐步展开,僵化的计划经济体制被逐渐打破,激发了国民经济发展的生机和

---

① 陈锋.改革开放三十年我国城镇化进程和城市发展的历史回顾和展望[J].规划师,2009(1):10-12.

活力,使国民经济走上持续发展的道路。由经济特区—沿海开放城市—沿海经济开放区—沿江和内陆开放城市—延边开放城市组成的多层次、有重点、点面结合的全方位对外开放格局逐步形成,开放地区成为我国经济发展的龙头,推动了我国工业发展和农村剩余劳动力非农就业人口的增加。在这些地区,中国农民在创造了"离土不离乡、进厂不进城"的农村工业化模式之后,又形成了"离土又离乡、进厂又进城"的小城镇模式[①],也推动了我国城镇化的稳步发展。到 1992 年,城镇化率由 1984 年的 23.01% 提高到 27.46%,年平均提高 0.56 个百分点。

3.城镇化加快发展阶段(1993—2002 年)

这一阶段是在市场化改革全面推进背景下城镇化加快发展的阶段,这一时期,是城市建设、小城镇发展和经济开发区的普遍建立成为推动城镇化发展的主要动力。1993 年,中共十四届三中全会作出《关于建立社会主义市场经济体制若干问题的决定》,体制改革全面展开,开放步伐不断加快,城乡、区域及国内外的互动不断增强,我国经济开始了新一轮的高速增长,各级政府逐步放松了户籍限制,城镇化也加快发展。城镇建设投资的迅速扩张成为这一时期经济高速增长的主导因素。一是各级城市在空间布局的平面式扩张加快了土地城镇化;二是大中小城市兴起开发区建设热潮,为发展地方经济,吸引外商投资,一些地方大面积圈占土地建设开发区、工业园区,开发区的兴建产生了对农村剩余劳动力强大需求;三是乡镇企业迅速增加,遍及全国各地,其产值、出口创汇及其所吸纳的农村剩余劳动力都使其成为推动国民经济发展的重要力量;四是一些城市通过撤县建区、变更居民户籍身份等方式人为地加快城镇人口比例;五是在农村推力和城镇拉力以及国家相关政策共同作用下,中国出现规模庞大的"民工潮",大量农村剩余劳动力季节性或长期转入非农产业。特别是 1996 年以来,中国人口迁移和流动速度加快,城镇数量和规模不断扩大,城镇人口迅速增加,城镇化进入加速发展阶段。

4.城镇化统筹城乡发展阶段(2003—2011 年)

进入 21 世纪以来,我国城镇化在快速发展的同时,城乡经济发展不协调、城乡收入差距拉大等问题日渐突出。经历了前三个阶段的快速发展,城镇化率已经有了很大的提高,但是城镇化的质量还不尽如人意,"优先发展"战略导致我国经济社会发展的失衡。为了实现城镇化的持续发展,必须改变发展理念。这个转变就是

---

① 简新华、何志扬、黄锟.中国城镇化与特色城镇化道路[M].济南:山东人民出版社,2010.

由"优先发展"到"统筹发展"。

2003 年 10 月,胡锦涛在十六届三中全会提出了科学发展观,并把它的基本内涵概括为"坚持以人为本,树立全面、协调、可持续的发展观,促进经济社会和人的全面发展",按照"统筹城乡发展、统筹区域发展、统筹经济社会发展、统筹人与自然和谐发展、统筹国内发展和对外开放"的要求推进各项事业的改革和发展[①]。我国的城镇化建设由此进入了"以人为本"的发展阶段。2004 年 9 月召开的党的十六届四中全会上,胡锦涛又做出"两个趋势"的重要论断,同年 12 月的中央经济工作会议上,他再次强调,"我国现在总体上已到了以工促农、以城带乡的发展阶段。我们应当顺应这一趋势,更加自觉地调整国民收入分配格局,更加积极地支持'三农'发展。"[②]以"两个趋势"为指导,中央开始制定一系列有利于农村经济发展的政策,并于 2005 年底决定废止农业税。2007 年,党的十七大再次强调"形成城乡经济社会发展一体化新格局"[③]。2008 年,党的十七届三中全会提出,"必须统筹城乡经济社会发展,始终把着力构建新型工农、城乡关系作为加快推进现代化的重大战略"[④]。2010 年,党的十七届五中全会通过的《中共中央关于制定国民经济和社会发展第十二个五年规划的建议》,又提出新的目标任务,"统筹城乡发展,积极稳妥推进城镇化,加快推进社会主义新农村建设,促进城乡区域良性互动、协调发展"[⑤],这标志着中国的统筹发展思想发展到一个新的阶段。

5. 新型城镇化阶段(2012 年至今)

21 世纪第一个十年过后,人们发现,我国城镇化的外部条件和内在动力已经发生了深刻的变化。一是全球经济不再平衡,产业格局调整,越来越多的发展中国家进入工业化和城镇化发展阶段,全球的市场争夺、资源供求矛盾和环境压力加剧;二是随着国内农业富余劳动力减少和人口老龄化程度提高,劳动力供应形势有所变化,经济发展的资源环境瓶颈制约日益加剧;三是户籍人口与外来人口公共服务差距造成的城市内部二元结构矛盾日益凸显;四是过去靠高投入、高消耗、高排放的工业化、城镇化模式难以为继,必须走以质量提升为主的转型发展之路。

在这种新形势下,2012 年,中国共产党第十八次代表大会提出,工业化、城镇

①　中央文献研究室.十六大以来重要文献选编(上卷)[M].北京:中央文献出版社,2005.
②　王伟光.建设社会主义新农村的理论与实践[M].北京:中共中央党校出版社,2006.
③　中央文献研究室.十六大以来重要文献选编(上卷)[M].北京:中央文献出版社,2005.
④　中央文献研究室.十六大以来重要文献选编(上卷)[M].北京:中央文献出版社,2005.
⑤　中共中央关于制定国民经济和社会发展第十二个五年规划建议的说明[J].求是,2010(21):19-28.

化、信息化、农业现代化要同步发展,要以"四化协调"的指导思想进一步推进城镇化。于是,中国城镇化进入了一个新的发展阶段,可以称为"新型城镇化阶段"。可以预见,中国的城镇化将走上更加健康发展的道路。

2012年12月15日至16日中央经济工作会议在北京举行。会议提出了2013年经济工作的主要任务。其中一项重要任务就是积极稳妥推进城镇化,着力提高城镇化质量。会议公报不仅使用了新型城镇化的概念,而且明确指出了新型城镇化的内涵,从而使新型城镇化概念成为了一个具有中国特色社会主义道路特色的概念。公报指出:"积极稳妥推进城镇化,着力提高城镇化质量。城镇化是我国现代化建设的历史任务,也是扩大内需的最大潜力所在,要围绕提高城镇化质量,因势利导、趋利避害,积极引导城镇化健康发展。要构建科学合理的城市格局,大中小城市和小城镇、城市群要科学布局,与区域经济发展和产业布局紧密衔接,与资源环境承载能力相适应。要把有序推进农业转移人口市民化作为重要任务抓实抓好。要把生态文明理念和原则全面融入城镇化全过程,走集约、智能、绿色、低碳的新型城镇化道路。"

2013年12月,中央城镇化工作会议在北京举行,会议提出了推进城镇化的主要任务。第一,推进农业转移人口市民化。第二,提高城镇建设用地利用效率。第三,建立多元可持续的资金保障机制。第四,优化城镇化布局和形态。第五,提高城镇建设水平。第六,加强对城镇化的管理。

2014年3月,《国家新型城镇化规划(2014—2020年)》正式发布。2014年12月,国家发改委等11个部委联合下发了《关于印发国家新型城镇化综合试点方案的通知》,将江苏、安徽两省和宁波等62个城市(镇)列为国家新型城镇化综合试点地区。按照国家新型城镇化综合试点方案明确的时间表,2014年底前开始试点,并根据情况不断完善方案,到2017年各试点任务取得阶段性成果,形成可复制、可推广的经验;2018年至2020年,逐步在全国范围内推广试点地区的成功经验。

2015年3月政府工作报告明确提出"加强资金和政策支持,扩大新型城镇化综合试点"。2015年12月中央城市工作会议在北京举行,会议强调要把握发展规律,推动以人为核心的新型城镇化。

2018年1月,国家统计局统计数据显示,2017年中国城镇常住人口81347万人,比上年末增加2049万人;乡村常住人口57661万人,减少1312万人;城镇人口占总人口比重(城镇化率)为58.52%,比上年末提高1.17个百分点。

二、中国城镇化发展历程的评价

（一）中国城镇化的历史进程反映了城镇化的基本规律

城镇化在任何国家都不能离开经济发展孤立地进行，中国也不例外。从中国城镇化的历程看，凡是经济发展比较顺利、经济发展比较快的时候，城镇化也比较顺利，比较快；凡是经济发展不顺利、甚至停滞的时候，城镇化的进展也会不顺利，乃至停顿和倒退。

城镇化又是工业化进展和经济发展的基础动力。我们有理由说，没有20世纪改革开放后的城镇化是在经济市场化改革中自下而上和自上而下制度安排相结合的城镇化恢复和快速发展阶段。

这一时期是中国改革开放和社会主义市场经济体制建立的时期。以农村家庭联产承包责任制为突破口的农村经济体制改革拉开序幕，农业生产经营制度从生产队集体统一生产转变为以单个家庭为基础的联产承包责任制，农业生产率大幅度提高，大多数农民在解决了温饱问题后，拥有了自由支配剩余产品和农闲时间的权利，因而也使从农业以外获取收入成为可能，农村非农产业的发展催生了乡镇企业，推动了农村工业化和小城镇的发展。因此可以说，农业生产经营制度创新是农村自下而上城镇化发展的逻辑起点[①]，随着经济体制改革的深化，市场化改革启动并不断推进，在农村工业化和农村城镇化互动发展的同时，城市第二、三产业也迅速发展，为城镇化提供了强大的经济动力。

20世纪80年代中期以后农村劳动力大量进城，中国劳动力优势便无从谈起，中国经济40年的持续快速发展也成为不可能。

（二）中国城镇化走过了曲折的道路

已经走过的上述五个阶段，存在着波动阶段和停滞阶段。这两个阶段的时间跨度，从1958年到1978年。也就是说，中国城镇化处于低谷的时间长达20年之久，占整个历程的1/3左右。

这个曲折，主要是"左"的政治路线引起的经济停滞和社会动荡造成的。职工返乡、干部下放，实际上都是不得已而为之的事情。由此可以得出一个重要的认识，路线和政策的正确与否，对城镇化的影响极大，经济发展是如此，城镇化也是如此。

---

① 刘传江，郑凌云，等.城镇化与城乡可持续发展[M].北京：科学出版社，2004.

（三）中国城镇化正处在艰巨复杂的中期阶段

在中国城镇化保持快速发展的同时,对于中国城镇化到底处于哪个阶段,是不是符合世界城市化的一般规律,是否已经进入到城市化快速发展的阶段,也是困扰我国理论界的一个重要课题。张京祥认为,"简单地套用诸如诺瑟姆的城市化S型的进程曲线,认为城市化在达到30％后将进入高速增长时期已经"不足为据",因此,中国不存在与世界城市化相同的过程曲线,即中国的城市化还没有进入加速期。但是大部分学者认为中国已经进入城市化高速发展的阶段。

美国城市地理学家诺瑟姆1979年研究世界各国城市化过程所经历的轨迹,将其概括为生长理论曲线——即著名的逻辑斯谛曲线。根据该曲线的描述,可以将城市化全过程划分为初期、中期和后期三个阶段:

（1）初期阶段（城市人口占总人口比重在30％以下）。这一阶段农村人口占绝对优势,工农生产力水平较低,工业提供的就业机会有限,农业剩余劳动力释放缓慢。因此要经过几十年甚至上百年的时间,城市人口比重才能提高到30％。

（2）中期阶段（城市人口占总人口比重为30％～70％）。这一阶段由于工业基础已比较雄厚,经济实力明显增强,农业劳动生产率大大提高,工业具备了吸收大批农业人口的能力,城市人口比重可在短短的几十年内突破50％而上升到70％。

（3）后期阶段（城市人口占总人口比重为70％～90％）。这一阶段农村人口的相对数量和绝对数量已经不大,为了保持社会必需的农业规模,农村人口的转化趋于停止,最后相对稳定在10％以下,城市人口比重则相对稳定在90％以下的饱和状态。后期的城市化不再主要表现为变农村人口为城市人口的过程,而是城市人口内部职业构成由第二产业向第三产业转移。

按统计部门公布的数字,中国1995年的城镇化率接近30％,1990年为26.41％,如将进城农村人口包含在内,可以断定中国应该在20世纪90年代初期城镇化率就已经达到30％,按上述逻辑斯谛曲线判断,此后便进入了城镇化加速发展阶段。从城镇化发展速度上看,1996年以来,城镇化加速发展的特征十分明显。如"九五"和"十五"期间,年均城镇化率分别提高了1.43和1.35个百分点,远远高于"六五"至"八五"期间的城镇化率。预计这一趋势至少会一直延续到21世纪二三十年代,即城镇化率达到70％左右。

城镇化率从30％到70％为城镇化的中期阶段。世界各国的经验证明,中期阶段是城镇化最艰巨、最复杂的阶段,是各种矛盾集中突现和互相交织的阶段。当前,我国正处在中期的后半段。

城镇化的中后期阶段,其最显著的特点是需要大量的资金。前期,农民工进城,除了工业投入之外,原则上不需要资金,而是创造 GDP。但中后期要逐步实现农民工市民化,无论是城市住房建设和基础设施建设,还是提供足够的公共服务,都需要大量的资金。

从全面来看,我国农业现代化正在起步,工业化的任务也没有完成,经济转型的任务艰巨,区域经济发展不平衡,城市建设经验不足,城乡各类人群和城市各类人群之间矛盾突出,国际环境不断变化,再加上时代进步提出的许多新要求和新课题,在这种情况下,搞好城镇化绝非易事,必须以"治大国若烹小鲜"的态度,周密策划,审慎实施,积极稳妥地推进。

第二节　新型城镇化的发展现状

一、中国城镇化取得的成就与基本经验

(一)中国城镇化取得的成就

新中国成立以来,经过几十年的建设,我国城镇化的发展取得了巨大的成就,极大地提高了城镇化水平,带动了区域经济社会发展。

1.城镇人口迅速增加,城镇化率显著提高

改革开放特别是 20 世纪 90 年代中期以来,随着经济社会发展,大量农村剩余劳动力向非农产业、非农区域流动,城镇人口迅速增加,城镇化加速发展,2010 年中国城镇人口首次超过农村人口,进入以城镇为主体的社会。短短几十年间,城镇化率由 1949 年的 10.64% 提高到 2017 年的 58.52%。

2.城镇数量增加,城镇规模进一步扩大

到 2012 年底,全国设市城市 657 个,包括直辖市 4 个,地级市 285 个,县级市 368 个。其中 400 万以上人口的 14 个,200 万～400 万人口的 31 个,100 万～200 万人口的 82 个。另有建制镇 19881 个。初步形成了以大城市为依托,中小城市为骨干,小城镇为基础的多层次城镇体系。不同规模、不同等级城市各自发挥自身功

能与作用,大城市辐射带动作用不断增强,中小城市经济实力不断壮大,小城镇连接工农、沟通城乡的作用得到了较好发挥,大中小城市和小城镇呈现出协调发展的良好态势。

3.城市建设和管理水平不断提高

改革开放以来,我国城镇经济持续增长,城镇功能不断增强,成为国民经济发展中的重要增长极。到 2011 年底,地级以上城市(市辖区)土地面积 64.4 万平方公里,占全国土地面积的 6.7%,人口 39806.6 万人,占全国总人口 29.5%,地区国民生产总值 293025.5 亿元,占全国 GDP 的 62.0%。城市基础设施日益完善,管理水平不断提升。1990—2012 年间,城市燃气普及率由 1990 年的 19.1%提高到 2012 年的 93.2%;用水普及率由 48%提高到 97.2%;人均拥有道路面积由 3.1 平方米增加到 14.4 平方米;集中供热面积由 2.1 亿平方米增加到 51.8 亿平方米;每万人拥有公交车辆由 2.2 标台增加到 12.1 标台;人均公园绿地面积由 1.8 平方米增加到 12.3 平方米[①]。城市基础设施的不断完善,改善了经济社会发展环境和城市居民生活条件,提升了人民生活质量。

4.城市空间形态从单一城市发展向城市群发展转变

区域经济协调发展是经济社会发展的必然趋势。目前,大中小城市与小城镇的空间分布的协调性增强,现已基本形成的珠江三角洲、长江三角洲、京津冀等城市群。这些城市群的形成,带动了区域经济社会发展,也使城镇化的空间结构与形态发生了明显变化。城市群、都市圈和城市带正逐步成为中国城镇化发展推进的主体形态和引领区域经济社会发展的重要引擎。

(二)中国城镇化的基本经验

回顾我国城镇化发展历程,总结基本经验,可以为我们今后的城镇化发展提供一些启示。

1.坚持以农业发展和农村稳定为前提

农业生产的发展是城镇化的前提条件。城镇化进程要求人口、产业和土地不断向城镇集中,农业人口减少,非农产业人口增加。而农产品是生活必需品,其需

---

① 国家统计局.中国统计年鉴 2013[M].北京:中国统计出版社,2013.

求缺乏弹性,只有农业生产率提高,农业生产得到发展,农产品和劳动力才能出现剩余,从而为城镇化的发展提供必要前提。缺少农业发展基础的城镇化要么会停滞不前,要么会超前发展,后劲不足。

改革开放以来,坚持以农业发展为城镇化前提,采取各种政策猎措施,不断加大解决"三农"问题的力度,探索"以工促农、以城带乡"的长效机制,加强社会主义新农村建设,促进农业增产、农民增收和农村发展。农业的发展和农村的稳定,基本保证了城镇化进程转移人口规模、速度与城镇承载能力大体平衡,基本避免了拉美发展中国家在快速城镇化时期出现的"过度"城镇化问题。

当然,相比而言,我国农业基础仍然薄弱,"三农"问题仍然是影响城镇化发展的瓶颈,需要把城镇化和"三农"问题与新农村建设结合起来,统筹解决,协调推进。

2.城镇化必须与工业化和经济发展相协调

工业化是城镇化发展的根本推动力量,城镇化是工业化发展的空间载体,两者都是经济社会发展的重要标志。城镇化要健康发展,就要与工业化和经济发展适度同步,相互协调,互促共进,超前或滞后的城镇化都是不健康的,也不利于工业化和经济社会发展。新中国成立之初由于计划经济和优先发展重工业战略的制约,形成了城乡彼此封闭、各自循环的二元经济社会结构,城镇化的原动力不足,在相当长的时期里城镇化发展严重滞后于工业化和经济发展水平,阻碍了农村剩余劳动力的转移和市场经济的发展,工农业"剪刀差"又极大地限制了农业发展,导致工农、城乡之间差距越来越大。因此,城镇化要健康发展就必须与工业化和经济发展相协调。

3.城镇化过程要处理好政府与市场的关系

从我国城镇化发展历程来看,政策导向对城镇化的影响十分明显,无论是城市规模和布局的指导方针,还是市镇设置和权限、人口管理制度等,均由政府决定,使得我国的城镇化发展进程具有浓厚的政府包办色彩,城镇化发展进程不是顺应发展规律而是更多地受人为因素左右,随政策导向波动,导致城镇化与工业化和经济发展不协调,从而出现偏差,要么超前,要么滞后。改革开放,特别是90年代以来,经济体制的市场化改革推动了城镇化的快速发展,但我们的市场机制还不健全,政府与市场的关系还有待进一步理顺。政府应该在提供公共物品、制定城镇规划、提高行政效率和服务质量、完善基础设施、培育市场环境、完善法律法规和制度建设等方面履行自己的职责,特别是要提高宏观调控和公共服务能力。凡是市场机制能够解决的问题应当由市场机制去解决。

4.改革创新是城镇化发展的强大动力

改革创新是中华民族进步的灵魂,是国家兴旺发达的不竭动力。实现社会主义现代化,最根本的就是要通过改革创新,不断促进先进生产力的发展。我国城镇化发展历程也表明,只有通过改革,才能解决阻碍城镇化发展的体制机制问题,促进城镇化又好又快发展。新中国成立之初,以计划经济为基础,以国家为主导,以重点建设为突破口的城镇化道路是基本符合当时国情的。但随城乡分割的二元体制形成后,城镇化与工业化脱节,导致城镇化滞后于工业化。改革开放以后,从以农村为重点的经济体制改革到以城市为中心的改革,再到以建立市场经济体制为目标的改革,城镇化进程不断推进,在 90 年代中期以后城镇化进入加快发展阶段。由此看出,中国城镇化进程是与改革休戚相关的,改革推动了农业发展、乡镇企业兴起、工业进步和社会主义市场经济体制的初步建立,减少了城镇化发展的体制和政策障碍,极大地促进了城市的发展和小城镇兴起,推进了城镇化进程,所以说,改革创新是城镇化发展的强大动力。

5.大中小城市和小城镇协调发展更符合中国国情

中国地域广大,人口众多,农村人口多,比重大,不同地区自然地理条件、文化传统和经济社会发展水平差异大的现实国情,决定了单纯强调发展大城市、小城镇或中等城市都是不可行的,而是必须选择大中小城市和小城镇功能互补、协调发展的多元化城镇化模式,宜大则大,宜小则小,逐步建立合理的城镇体系,发挥不同等级规模城镇的互补功能,促进城乡统筹和区域经济社会的协调发展。

二、中国城镇化面临的问题及成因

中国拥有 13 亿人口,我国的城镇化建设虽然取得了重大成就,但依然存在很多问题,发展水平依然滞后。这就需要我们对传统城镇化中存在的问题进行审视,找出问题的症结所在,走新型城镇化道路,促进城镇化发展的现代转型,推动城镇化健康科学发展。

（一）中国城镇化面临的问题

1. 城镇化进程滞后于工业发展水平

城镇化和工业化是每个国家经济发展到一定程度后必须要经历的发展阶段，其中城镇化是经济发展空间的变化，工业化则是产业结构的升级过程。两者相互依存、互为因果。在工业化的进程中，随着技术创新和产业结构的优化升级，农村剩余劳动力不断向非农产业转移，中国 20 世纪 90 年代出现的"民工潮"和"春运"现象就是这种情况的特殊表现形式，大量农村人口向城镇转移就会加速城镇化的进程。在城镇的形成和发展过程中，产业集聚和技术创新促进规模经济的形成，进而带动产业结构的优化升级，这样也就为工业化的发展创造了良好条件。如果城镇化速度快于工业化的速度，就会造成"过度城镇化"，容易产生严重的"大城市病"；如果城镇化速度慢于工业化的速度，就会造成"滞后城镇化"，将会延缓和限制工业化和城镇化的进程。因此，城镇化和工业化的协调发展是一个国家国民经济良性发展的重要保障。

中国的城镇化和工业化起点比较低，1950 年中国的城镇化率为 11.2％，工业化率为 14.1％，工业化水平略高于城镇化水平，两者基本是平衡协调发展的。但是新中国成立后建立了高度集中的计划经济体制，完全排除了市场的作用，为了迅速提高综合国力，建立完备的现代工业体系，中央政府采取了优先发展重工业的发展战略，这就导致了城镇发展远远滞后于工业的发展水平。改革开放以来，中国的城镇化和工业化进程开始重叠，因此，城镇化建设推进迅速，数量和质量都有了很大改观。1978 年，中国的城镇化率为 17.92％，低于工业化率 47.88％将近 30 个百分点，城镇化率低于工业化率的情况一直持续到 2008 年，2009 年中国的城镇化率为 46.59％，工业化率为 46.24％，城镇化率首次超过工业化率。

但这并不表示我国的城镇化率超过了工业发展水平，相反，城镇化率还远远比工业发展水平低，因为根据惯例，国际上并不是用工业化率来表示工业发展水平的。国际上衡量工业化水平经常采用人均生产总值、非农产业增加值占 GDP 的比重、非农就业比重和城市化率四项指标。1978 年中国的城镇化率低于非农产业增加值占 GDP 的比重 53.88 个百分点，但是到了 2012 年，这个差距就缩小到了37.33 个百分点，尽管差距不断缩小，但从总的来说，城镇化率明显滞后于工业化进程。

此外，"国际上根据不同的指标值将工业化进程划分为三个阶段：第一阶段是工业化初期,即工业化起步;第二阶段是工业化中期,即工业化起飞;第三阶段是工业化后期,即基本实现工业化;工业化的每个阶段对应着不同的城镇化水平。"[①]根据人均 GDP 计算,我国当前已经进入工业化后期发展阶段,基本实现了工业化。到了 2012 年,我国非农产业增加值在 GDP 中所占的比重为 89.9%,基本符合"工业化进程与城镇化率的经验数据"中的 90% 指标,但是同时期我国的城镇化率仅为 52.57%,远远落后于工业化后期城镇化率应达到 60% 的指标比例。

同时,城镇化发展滞后限制了以其为载体的第三产业的发展,弱化了城市的集聚人口功能,不利于资源的优化配置。城镇化发展滞后削弱了产业结构优化升级对就业尤其是对农村转移劳动力就业的吸纳能力,这将延缓农村剩余劳动力的转移步伐。大量闲散人员聚集在农村,客观上延缓了农业生产技术的创新,不利于农业劳动生产率的提高。这是造成我国国民经济整体效益不高的重要原因之一。

此外,新生代农民工渴望城市,向往现代文明,但由于政策限制,他们往往能够实现城市就业,但实现不了向城市人的角色转变,更不能公平享受城市的高级别的公共设施和服务。所以,这些无固定居所的外来务工人员就会随着工作地点的变换而不断变换着自己的地址,这就为城市的安全稳定带来了隐患,也可能带来环境污染、交通堵塞、文化破坏、影响市容市貌等负面影响。另一方面,青壮年农民工涌入城市,农村里剩下的都是儿童、妇女和老人,长此以往,会出现农村留守妇女、留守儿童、空巢老人和城市农民工"临时夫妻"等社会问题。

2. 土地城镇化快于人口城镇化

中国的城镇化建设取得了举世瞩目的成就,中国的城镇人口从 1978 年的 1.72 亿人增加到了 2013 年的 7.31 亿人,城镇化率从 17.9% 也提升到 53.7%。单纯从数据上看,中国的城镇化率已经达到了世界平均水平,但城镇化数字背后也潜藏着诸多矛盾。2012 年中国的户籍城镇化率仅仅达到 35.3%,与同期的人口城镇化率的 52.6% 相差 17.3 个百分点。截至 2012 年底,中国的失地农民大约有 4000 万~5000 万,儿童、妇女和老人的人数分别达到了 4700 万人、5000 万人、4000 万人。[②] 这不仅增加了社会成本,也带来了安全隐患和社会不稳定因素,不利于社会的和谐发展。城镇化数字背后所凸显的矛盾与城镇化发展规律背道而驰,

①　唐志军等.为什么中国的城市化进程滞后? ——基于比较和历史的视角[J].云南财经大学学报, 2011(1):12-19.

②　沈和.提高城镇化质量需要五大突破[J].经济研究参考,2013(42):5-10.

与人民群众的热切期望相差甚远,也与我国通过推进城镇化促进经济发展、提高人民生活水平的本意大相径庭。

根据国家统计局 2014 年 1 月 20 日发布的数据来看,截至 2013 年末,中国的城镇常住人口为 7.31 亿人,按照通常的城镇化率计量方法计算,中国的城镇化率达到了 53.7%。与此同时,中国的"人户分离"人口达到了 2.89 亿人,按照有城镇户籍的城镇人口计算,中国的城镇化率仅为 35.7%左右。这表明了我国大量农业转移人口正在迅速涌入城市,同时由于户籍制度、土地制度、能力欠缺、文化认同、归属感等方面原因的影响,农民市民化的进程大为滞后。

事实上,在改革开放 40 年来的土地城镇化过程中,城市扩建所占用的土地,远远大于它所吸纳进来的人口。据人民日报报道,"2000—2010 年,全国城市建成区域面积由 2.24 万平方公里增加到 4.01 万平方公里,增长 79%;同期城镇人口由 45906 万增加到 66978 万,增长 45.9%。两者相比,土地城镇化增幅是城镇人口增幅的 1.7 倍。"[①]最近几年以来,一些地方政府打着积极响应国家推进城镇化建设号召的旗号,进行"摊大饼"式的扩张,滥占乱用农民耕地,不断调整扩大城市面积。有的地方在片面政绩观的指导下,为了追求 GDP 数量和增速,低价从农民手中圈地,然后高价卖给开发商,开发商为了追求利润不断哄抬房价,导致房价飘升,这就进一步助长了侵占农民耕地和旧城区改造中暴力拆迁等行为,也使得房地产泡沫进一步膨胀,而失地农民增多和一些地方后续社会保障跟不上,已成为影响社会稳定的隐患,政府为了消除隐患就要加大资金投入力度,客观上又进一步推高了地价,如此形成了恶性循环,使得地方政府欲罢不能。另一方面,大量失地农民涌入城市,但农民工市民化的各项制度措施还没建立健全,农民工转换成市民的路径还没有打通,这就必然导致"土地城镇化"速度快于"人口城镇化"速度。这种背离客观规律的城市扩张,随之而来的是产业布局的不合理和公共服务供给的严重不足,不可避免出现"空城""鬼城"。若按此模式继续推进城镇化,农村的耕地还会继续大量减少,这不仅危及国家的耕地红线和粮食安全,而且势必进一步加剧解决"三农"问题的难度。

同时,真正意义上的城镇化应该是一个缓慢的过程,它包括物的城镇化和人的城镇化。物的城镇化经过二十年、三十年,农民实现了从农村向城市的空间转移基本上就算完成了。人的城镇化除了解决户口、教育、就业、医疗、养老等基本公共服务以外,最重要的还是农民向市民的内化,即农民的现代化,这是一个漫长的过程。

---

① 田雪原.以改革创新推动城镇化转型升级[N].人民日报,2013-7-17.

有的年轻人适应性强,可能过一段时间就会适应城里人的新生活,有的年纪稍微大一点的人可能一辈子都适应不了,对相当一部分人来说,他们人在城里,心理和生活方式却还是农村的,对他们而言,城市化无异于就是在赶农民上楼。由乡下人转变为城里人虽然不需要三代,但是实现农村人心理和生活方式向城里人心理和生活方式的转换最少要到第二代才能完成。

3."半城镇化"现象严重

"半城镇化"指的是农业转移人口没有完全融入现代城市、处于一种"中间人"状态下的不彻底的城镇化,虽然实现了空间转移和职业转换,但他们只具有"应然"的市民头衔,并无"实然"的市民权利。此外,农业转移人口的行为习惯、生活方式、价值观念与现代社会还有明显的隔离,他们对城市没有认同感和归属感,日益孤立和边缘化。长此以往,不但会损害社会公正原则,而且会带来各种各样的社会问题,不利于社会稳定。

"半城镇化"只是土地的城镇化,而非人的城镇化,是城镇化的不成熟状态。它的总体特征是:"就业在城市,户籍在农村;劳力在城市,家属在农村;收入在城市,积累在农村;生活在城市,根基在农村。"[①]其主要表现在五个方面:第一,在经济上,由于没有城市户口,大部分农民工都没有"五险一金",他们工资低廉且没有保障,农民工同市民存在着"同工不同酬、同工不同时、同工不同权"的不平等现象。第二,在政治上,中国实行的是城乡二元户籍制度,离乡的农民工在城市没有选举权和被选举权等政治权利。第三,在福利待遇上,中国特殊的户籍制度决定了各种福利待遇是同居民的户口紧密联系在一起的,因此,属于城镇人口而无城镇户口的农民工在就业、社保、医疗、入学、住房等许多方面并不能与城市居民享有同等待遇(中国"人户分离"的人口在2013年年底达到了2.89亿人)。第四,在社会阶层上,农民工适应了城市生活和现代文明,不想再回到农村,但在心理和社会归属上特别是在户籍身份上又不隶属于城市,因此,农民工群体已经演化成一个"回不去农村,融不进城市"的新生代农民工群体。第五,在城镇化的方式上,部分地方政府好大喜功,为了追求政绩而忽视农民的个人愿望和利益诉求,实行"一刀切"的简单而粗暴的城镇化方式,前些年时常发生的暴力拆迁事件就是这种城镇化的极端方式,农民的土地以极低的价格被政府征用,农民被迫上楼,在毫无利益保障的情况下"被城镇化"了。

---

① 朱孔来,李俊杰."半城镇化"现象及解决对策[J].宏观经济研究,2012(9):72-73.

4."城市病"问题日益突出

2013 年 12 月中国的首次城镇化会议指出,城镇化是现代化的必由之路,城镇化建设对解决三农问题、建成小康社会、推进现代化建设等都有重大现实意义和深远历史意义。因此,必须积极、稳妥、扎实推进城镇化建设。城镇化会议明确了推进城镇化的指导思想、主要目标、基本原则和重点任务,专家预测,到 2020 年中国的城镇化率将达 60％左右,这无疑为我们推进新一轮的城镇化提供了机遇,同时,我们的城镇化建设也面临着严峻的挑战。这个挑战就是"城市病"。

"城市病"指的是伴随着城镇化建设的推进而产生的一系列严重的社会问题和经济问题,其本质是城市资源环境的承载力与城镇化发展速度和规模失衡。主要表现为:"城市劳动力过剩,失业率上升""城市地价昂贵,能源供应紧张,生产成本上升,生产条件恶化""城市生态环境恶化""城市住宅紧缺,交通堵塞,生活费用上升,生活质量下降""人们的道德观念薄弱,犯罪率升高"等[①]。中国城镇化的快速发展、配套设施的不完备导致部分地区出现了不同程度的"城市病",造成住房、交通、污染、就业等一系列社会问题。

(二)中国城镇化问题的成因

对于城镇化进程中存在的问题,我们要分析其成因,从而调整城镇化发展模式,选择适合我国实际情况的科学的发展道路。应该看到,导致这些问题的原因是多方面的,但概括起来主要有以下几方面。

1.对城镇化发展的认知偏差导致城镇化发展质量不高

(1)对城镇化的本质认识不清导致发展方向偏差。

城镇化作为经济社会发展的必然趋势,其所包含的内容非常丰富,但核心是更多的人享受城镇文明的成果。一些地方对此认识不清,把城镇化片面地理解为城镇人口比重的提高和地域的扩大,通过简单方式对行政区划进行调整,将农村户口转为城镇户口以此提高城镇人口比重,或者是脱离经济社会发展实际,盲目追求城区和规划区的扩展,导致人地矛盾的紧张和其他社会问题的产生。

(2)不科学的发展观和绩效评价体系加剧了粗放型增长。

改革开放以来,我国经济飞速发展,经济总量已经跃居世界第二位。但同时,

---

① 刘树成.现代经济词典[M].南京:江苏人民出版社,2005.

不科学的发展观和绩效评价体系导致一些地方出现 GDP 崇拜倾向,对 GDP 增长的强调也达到了相当的高度,甚至把发展就等同于经济增长,等同于 GDP 增长,展开 GDP 竞赛,而忽视增长所付出的资源环境代价。纵观各级政府制定的地区发展目标和发展计划,我们不难发现,当上级政府确定一个经济目标,下级政府往往会提出一个更高的目标,由此层层加码,越是往下,加得越多,尤其是 GDP 和投资增长率等量化目标,更是各级政府追求的主要目标,最后的结果必然是各级政府都努力超额完成上级政府确定的初始目标①。地方政府为了做大 GDP,通过扭曲资源价格征收土地,招商引资,"开发区""工业园区"遍地开花。低价征收的土地被粗放利用甚至闲置。为获得长久的税源,一些地方政府部门对企业污染物排放缺乏有效的监管。这种以 GDP 增长为核心的发展观和评价体系,在加快土地城镇化和农民非农就业的同时,也造成了资源的粗放利用和生态环境恶化。

2. 户籍制度下利益关系的固化

1958 年《户口登记条例》实施后,逐步形成了以户籍制度为核心,分别为城市和农村居民建立两种不同的经济和社会制度,并最终形成城乡分割的二元社会。在这里,户籍制度实际不仅仅是户籍问题,还包含了和户籍相关的一系列福利待遇问题。改革开放后,在经济社会发展中,城乡差距日益扩大,而城镇之间发展水平的差距在日益加大。发展的差距导致了公共服务和社会福利的差距。而所有的这些差距都因为户籍制度在空间上被分割和固化了。虽然户籍对于人口的流动管制已经放开,农民工可以选择到中国任何一个城市打工,但并不能在务工城市安家落户,获得市民身份,也无法在子女教育、就业、医疗、社会保障等方面享受与城镇居民均等的公共服务,难以真正融入城市。在城乡二元户籍制度下,附加在户籍制度上的各种公共福利和公共服务等方面的利益关系已经相对固化,不是简单的户籍制度改革就能一下子破解的。

3. 土地制度改革滞后制约城镇集约发展和农民增收

土地制度不完善,在土地征用、补偿、土地价格形成机制及农村建设用地和土地承包经营权流转等方面的制度不健全,影响了土地的集约利用和人口向城镇的集中。现行土地征收和收益分配机制不利于抑制地方政府主导下城镇化发展对用地扩张的冲动。我国土地制度是城乡二元的管理制度,从土地性质来看,城市土地

---

① 邵宇,王鹏,陈刚.重塑中国:新型城镇化、深度城市化和新四化[J].金融发展评论,2013(1):9-10.

的性质为国有,可直接上市交易,也可以抵押贷款,而农村土地的性质是集体所有,既不能直接上市交易,也不能抵押。在城镇化发展进程中,城镇要在空间上扩展,就通过国家征收农村集体所有的土地,将土地性质变为国有,再上市交易。在对农民集体所有土地进行征收时,征地补偿不是按照土地的市场交易价格,而是按照土地原有用途的收益进行补偿,补偿标准明显偏低。因此农用地转变为建设用地后所产生的土地收益空间巨大,地方政府成为最大的受益者,这样的土地收益分配格局将刺激地方政府多圈地、多卖地和土地的低效利用。

此外,现行土地利用政策还存在其他一些缺陷不利于城镇化健康发展,如各项规划不相衔接,制约了土地利用总体规划对城镇发展建设用地的总体控制和协调;市场对土地资源进行优化配置的基础性作用尚未充分发挥,在土地供应上存在划拨和有偿使用的"双轨制",不利于城镇土地的合理配置①。

4. 不合理的财政税收体制影响城镇化健康发展

城镇财政税收和投资机制不合理,制约了人口向城镇的转移和城镇发展水平的提高。随着改革开放以来行政管理体制改革的逐步推进,中央简政放权,地方发展的积极性有了极大提高。1993年实行的分税制,中央与地方实行"分灶吃饭",并逐步形成了"事权共担""谁家孩子谁家抱"的公共服务支出责任格局。尽管中央财政通过转移支付等手段,为地方尤其是经济欠发达地区承担了相当比例的公共服务支出,但财政支出的主要责任仍在地方政府。这就导致了不同地区基本公共服务水平与当地经济发展程度密切相关,不同地区公共服务水平差距也随着地方经济发展差距而不断拉大。与此同时,财权层层上移、事权级级下放,出现了基层政府事权负担过重而财力相对不足的状况。对于地方政府而言,收入少而支出多,要承担的责任多,财力不足就要另辟财源,以地谋发展的"土地财政"就成了解决财力问题的"捷径"。因此,在"分灶吃饭"和"地方政府负责本地公共服务"的原则下,地方政府最为关心的还是具有本地户口的居民福利②。地方政府的财政预算是由上级政府依据当地户籍人口进行核定,这就导致了地方政府首先考虑的是本地户籍人口的社会福利,随着财力增加,要扩大社会公共服务覆盖范围,提高福利水平,首先考虑的也是本地户籍的农业人口。如果为外来农民工提供均等的公共服务,无疑会进一步加重地方财政负担。

① 宋伟.传统城镇化路径反思与河南新型城镇化路径选择[J].区域经济评论,2013(3):127-131.
② 宣晓伟.过往城镇化、新型城镇化触发的中央与地方关系调整[J].改革,2013(5):70-75.

第三节　新型城镇化的前景展望

一、智慧城市建设

2014 年 3 月《国家新型城镇化规划(2014—2020 年)》出台,提出有序推进农业转移人口市民化、优化城镇化布局和形态、推动城乡发展一体化、提升城市可持续发展能力等主要内容,推动绿色城市、智慧城市、人文城市建设,全面提升城市内在品质。智慧城市成为实现新型城镇化发展的重要途径。

(一)智慧城市的概念

智慧城市是把新一代信息技术充分运用在城市的各行业、各领域的基于知识社会下一代创新的城市信息化高级形态。智慧城市基于物联网、云计算等新一代信息技术以及维基、社交网络、FabLab、LivingLab、综合集成法等工具和方法应用,营造有利于创新涌现的生态。智慧城市建设有助于提升整体社会的创造力。智慧城市促进城市和区域不断学习和创新,并强化了城市之间的联系网络。Caragliu 等(2011)指出,智慧城市将对智力和社会资本、包含传统交通和现代信息通信技术的基础设施的投入作为支撑经济可持续增长的动力,并通过参与式治理对上述资本及自然资源进行智能化管理,进而实现高质量的宜居生活。利用信息和通信技术(ICT)令城市生活更加智能,高效利用资源,带来成本和能源的节约,改进服务和生活质量。城市的智能工程和项目可以有效改善城市空间的生活质量,并促进文化和经济的发展。智慧城市不仅通过改变基础设施来为居民提供更加高效的服务,同时带来社会经济创新能力的提升,以及城市与区域空间的改变。智慧城市提供了一个系统性认识城市化概念的机会,并将可持续发展理念整合到城市发展当中。因此,智慧城市对于提高城镇化发展质量,促进城市社会经济可持续发展具有重要作用,新型城镇化发展是智慧城市建设的重要方向。

智慧城市建设有助于从技术创新、基础设施、经济转型、空间优化、社会管理等不同方面促进新型城镇化发展。①智能技术创新改变城镇化发展动力模式。新一代信息技术以及互联网、物联网、云计算等智能技术的广泛应用,有助于促进城镇发展动力由资源、劳动力的投入转向创新要素和智力资本的投入,推动城镇化的技术创新。②智能基础设施和智慧经济提升城市服务质量、促进城市产业转型升级发展。智能基础设施和服务设施的建设,改变了城镇设施服务效率和模式,提升了居民的生活品质。信息技术与传统产业结合,促进了产业转型升级,同时也带动了智慧相关领域产业的发展。③智慧城市建设有助于推动城乡空间优化。信息化、全球化深入发展,实现了技术、信息、资本、劳动力等要素在不同空间尺度的自由流动,加速城市融入全球分工体系,促使区域城镇由等级结构向网络结构转变,并不断重塑城乡空间相互作用关系。④智慧城市促进了城乡治理模式的转型。电子政务、公众信息平台的出现,改变了公众参与、社会管理决策的方式,有助于实现自下而上的城市规划、建设决策和管理过程,体现以人为本和社会公平。因此,智慧城市建设可以促进城市创新,提高城市设施效率和空间发展质量,从而实现绿色、低碳、协调、人本的城镇化发展。

(二)智慧城市对新型城镇化的推动

1.智慧城市的建设推动了新型城镇化发展的策略调整

智慧城市的建设是推动新型城镇化的一种重要手段和途径,重点从智能的城乡基础设施和服务设施构建、绿色高效的产业体系、集约的城乡空间布局、要素流动的信息平台等若干方面来探讨新型城镇化发展策略。现代城市发展中重要的支撑体系一直都是城市基础设施,随着国家经济发展城乡基础设施总体上得到很大改善,但教育、医疗、交通、环境、资源等问题仍然影响着城市居民生活质量和企业的发展转型,这些都会影响到城镇化发展。因而,城镇基础设施和公共服务质量提升是新型城镇化的战略要求。因此,智慧城市的建设不仅是我国现阶段新型城镇化的一个重要课题,也同时促进了我国今后尤其是十三五期间新型城镇化的战略调整。使得新型城镇化的发展能够有一个更加科学,更加贴合我国老百姓实际需求的政策走向,这样的新型城镇化才能更好的为人民服务。

2.智慧城市中大数据的应用提高了城镇化居民的生活质量

智慧城市这种将信息互联网与城市基础设施服务相结合的方式一个最直观的应用就是时下最热门的"大数据"的应用。大数据无疑是时下最热门的话题之一,一指用普通的软件和工具在限定时间里根本没办法处理的数据集合,它是一种新的信息资产。提到智慧城市,往往同时提到的就必有"大数据"一词。大数据在城市规划尤其是智慧城市建设中的应用可谓是随处可见,因此,大数据可以说是智慧城市建设中最核心的一环。麻省理工学院就曾经利用手机定位的数据和有关交通的数据来建立城市规划。

通过百度搜索引擎对城市规划、智慧城市和大数据三个关键词分别键入搜索，得出城市规划相关结果约 62300000 条，智慧城市约 33300000 条，而近年才兴起的大数据的搜索结果已经达到 100000000 条。国内城乡规划无论是实践操作还是理论研究方面在数据采集上一直有明显的短板，大部分时候数据和资料的收集都过度依赖于有关行政部门的官方来源。而大数据的兴起一下子打开了数据的流通管道，也成为了智慧城市建设信息数据处理方面的核心技术。智能视频监控等信息采集端，宽带、无线网等信息传输设备，云计算中心等信息化基础设施，及其他智慧城市的必要设施可推动信息化基础设施与城市交通、市政管网融合发展；通过物联网等新一代信息技术应用于城市服务领域，可以提高城市教育、医疗、教育、政务等公共服务效率和水平，并实现人本化的服务转向。利用社交网站、电子商务和电子政务平台等，实时掌握居民的需求，引导移向居民个体的流动服务模式，提升城市公共服务效率。视频监控、传感器等都会产生有着一定利用价值的大数据，可用来控制和修正随时发现的基础设施运行及公共服务中出现的问题和缺陷，从而提升城镇化发展的质量。智慧城市的建设提供的机会正好满足了新型城镇化对产业转型和发展。

智慧城市建设在很大程度上带动了智能技术相关产业的发展，表现为"智慧经济""智慧产业"的快速发展，为城市产业经济转型发展提供新的方向和动力。同时，智慧城市的技术创新功能促进了传统产业的技术改造，延长传统产业价值链，改善城市经济环境。同时，就企业而言，技术创新可以降低企业运行的商务成本，提高提升生产效率。

3. 智慧城市提高了城市空间容纳能力推动了新型城镇化的空间发展

区域协调发展和城乡空间优化布局是新型城镇化战略推进的重要方向，利用移动信息技术、智能交通网络建设，提升城市和区域流动空间，加强区域内部的人流、物流、技术流、资本流、信息流等要素流动，缩短了城市之间相互作用和联系的时空距离，实现城市之间要素的高效流动和服务质量提升。尤其是在长三角、珠三角、京津冀等经济发达地区，重点通过智能技术来强化城市之间的生产网络、创新网络关联，建立成为一个超大型的智能城市活跃地带。功能区和空间的要素不同之处在城市内部不停地交流涌动，成为城市内部空间重构和转型发展的重要动力。依托智慧城市的技术手段，提升城市不同功能空间的要素交流涌动从而提升城市的各个方面的发展质量和可持续发展程度。利用各种移动终端和传感器,来获取和处理城市居民活动、企业运行、环境质量等方面大数据,并与城市规划、建设和管理充分结合来营造更加人本、绿色、集约的城市功能空间,增强城市规划解决城市实际问题和服务居民、企业和政府的能力。而且在建设中必须坚守集约高效、绿色低碳的发展理念,将智能技术与居住区、商业中心、产业园区、休闲游憩等空间融合,增强城市空间发展内涵。将智慧、人文等要素渗透到城市有机更新中,实现存量空间的转型。推进智能公共交通,推广使用绿色能源和可再生能源,建设便捷、高效、低碳的城市智慧交通网络。同时,加强区域和城乡空间规划、建设情况进行实时动态监督、评价、调控和管理,利用信息技术,进而引导空间布局优化有序发展。同时,智慧城市推动了农村就地城镇化的发展,不仅仅将智慧建设的概念在城市中铺开,对于一些中小城镇,智慧城镇的建设有利于促进外出务工人员回乡发展,缓解大城市的城市压力。使得新型城镇化的空间发展更广阔。

4. 智慧城市推动了新型城镇化的可持续发展能力提高

事实表明传统的城镇化发展模式会引起土地利用效率低、城乡二元结构、城市管理服务水平低等问题,严重制约城镇可持续发展能力的提升。智慧城市的技术手段革新,促进了城市交通、环境、医疗、公共安全、电子政务、社交网络等各个领域对智慧应用能力的发展。各种智慧应用的发展在一定程度上提升能源和资源的利用效率、优化城市的管理和服务、促进城市经济转型,这些方面的提升又可以提升新型城镇化和可持续发展能力。智慧应用的普及和使用,引导创新和知识积累成为城市发展的核心动力,这些知识积累对城市环境的保护和优化、对尖端科技产业发展,城市活力提升有着积极正面的影响。智慧城市是全方位改造目前城市各种不完善地方的策划方案,这个策划方案为城市与区域规划及管治提供了新的技术支持。智慧应用的最主要目的是提升城市管理服务。利用一体化信息平台实现城市信息交流、资源共享和协同创新发展。智慧城市概念下孕育了一个新数据收集模式"大数据",运用此数据可以对城市居民使用城市的方式进行推算,进而对人力资本、社会资本、传统和现代的通信基础设施进行投资,有效促进经济的可持续增长、提高居民生活质量以及对自然资源合理利用和管理。着手打造城乡一体的信息平台,加强城乡之间互动,掌握丰富的就业、生活服务等信息,加快农民工市民化,通过乡村电子商务发展促进乡村经济转型,这样还可以改变原有的条块分割、层次分明的管理体制,立足于城乡一体全面发展思路,实现资源的共享与高效利用和可持续发展。

（三）智慧城市发展策略

智慧城市建设是推进新型城镇化的重要手段和途径，重点从智能的城乡基础设施和服务设施构建、绿色高效的产业体系、集约的城乡空间布局、要素流动的信息平台等方面探讨新型城镇化发展策略。

1.打造人本、智能的城乡基础设施和公共服务体系

与传统的城镇化模式不同，新型城镇化更加注重城镇发展质量和人的城镇化，一个以人为本、高效智能的城乡基础设施和公共服务体系是重要的支撑。城市基础设施是现代城市发展重要的物质基础和支撑体系，公共服务则是城市公共部门向城市居民提供的各种公共产品和服务。近些年来，随着国家经济发展实力和水平的不断提高，城乡基础设施总体上得到很大改善。但城市公共服务体系及其布局、服务质量等方面还是存在着很多的问题。例如教育、医疗、交通、环境、防洪防汛等方面问题仍然影响城市居民生活，能源电力供应等问题影响企业发展转型，这势必会影响到城镇化发展质量的提高。因此，在新型城镇化的战略要求下，城乡基础设施和公共服务体系建设的重大方向就是发展水平和服务质量的提升。

智慧城市是以智能城市为主体和基础，充分利用现代信息技术，强调了城市"人本"与"技术"的结合，推动城市基础设施和公共服务体系的建设。新一代信息技术是智慧城市的重要支撑。一方面，智慧城市本身需要建设智能视频监控、信息传感设备等信息采集端，宽带网络、城域无线网等信息传输设备，以及云计算中心等信息化基础设施，并推动信息化基础设施与城市交通、市政管网融合发展，构成智慧城市基础的设施；另一方面，通过物联网、移动信息技术等新一代信息技术应用于传统的城市服务领域，可以提高城市教育、医疗、商业、金融、政务等公共服务效率以及公共服务水平，并实现以人本化的服务转向。利用社交网站、电子商务和电子政务平台等，实时掌握居民的需求，引导移向居民个体的流动服务模式，提升城市公共服务效率。同时，通过智慧城市的建设，社交网站、视频监控、传感器等会产生具有重大商业和学术价值的大数据。利用这些大数据，可以更准确地即时发现基础设施运行及公共服务中存在的问题，更好地了解市民和企业的需求，打造人本、智能的城乡基础设施和公共服务体系，从而提升城镇化发展的质量。

2.依托技术创新推动经济转型，构建绿色高效的产业体系

新型城镇化对产业转型升级及战略性新兴产业的发展也提出了更高的要求，

而智慧城市的建设恰恰为其提供了巨大的机会。智慧城市建设在很大程度上带动了智能技术相关产业的发展,表现为"智慧经济""智慧产业"的快速发展,为城市产业经济转型发展提供新的方向和动力。同时,智慧城市的技术创新功能促进了传统产业的技术改造,延长传统产业价值链,改善城市经济环境。同时,就企业而言,技术创新可以降低企业运行的商务成本,提高提升生产效率。

首先以物联网、云计算、移动通信技术、下一代互联网、高端软件、高端服务器和智能服务为重点,重点发展与智慧城市软硬件环境建设密切相关的战略性新兴产业。其次,依托智慧城市建设来打造高端的城市服务业经济,一方面利用移动信息技术、电子商务等信息技术,融入物流、城市商业、商务办公、信息服务等生产性服务行业,创新并培育新型服务业态,另一方面将移动信息技术与教育、医疗、社区服务、交通出行等生活服务结合,促进智能化的生活服务模式发展,提供便捷、高效的城市服务环境,并引导城市服务要素和居民需求的实时互动,以及城市服务设施的优化配置。再次,智慧城市建设不仅推动智慧服务业的发展,也将会推动整个制造业的发展,包括 3D 打印、终端制造、软件开发等产业,以及传统产业的转型升级。在智能技术的支撑下,培育智慧产业优势和特色,构建绿色高效的现代产业体系,将成为新型城镇化发展的经济动力。

3. 引导高效、集约的区域和城乡空间布局

区域协调发展和城乡空间优化布局是新型城镇化战略推进的重要方向,利用移动信息技术、智能交通网络建设,提升城市和区域流动空间,加强区域内部的人流、物流、技术流、资本流、信息流等要素流动,缩短了城市之间相互作用和联系的时空距离,实现城市之间要素的高效流动和服务质量提升。尤其是在长三角、珠三角、京津冀等经济发达地区,重点通过智能技术来强化城市之间的生产网络、创新网络联系,来形成世界级的智能城市群。城市内部不同功能区和空间的要素流动,成为城市内部空间重构和转型发展的重要动力。依托智慧城市的技术手段,提升城市不同功能空间的要素流动、生产效率和服务水平,从而提升城市空间发展质量和可持续发展程度。

通过传感器以及各种移动终端和应用系统,来获取和处理城市居民活动、企业运行、环境质量等方面大数据,并与城市规划、建设和管理充分结合,来营造更加人本、绿色、集约的城市功能空间,提升城市规划解决城市问题和服务企业、居民与政府的能力。在智慧城市建设中遵循集约高效、绿色低碳的发展理念,将智能技术与居住区、商业中心、产业园区、休闲游憩等空间融合,增强城市空间发展内涵。将智

慧、人文等要素渗透到城市有机更新中,实现存量空间的转型发展。大力推进智能公共交通,推广使用绿色能源和可再生能源,建设便捷、高效、低碳的城市智慧交通网络。同时,利用信息技术,加强区域和城乡空间规划、建设情况实时动态监督、评价、调控和管理,进而引导空间布局优化和弹性有序发展。

4.利用智慧应用提升城镇可持续发展能力

传统城镇化发展模式带来土地利用效率低、城乡二元结构、城市管理服务水平低等问题,严重制约城镇可持续发展能力的提升。智慧城市的技术手段革新,促进了城市交通、环境、医疗、公共安全、电子政务、社交网络等各个领域的智慧应用发展。智慧应用发展在一定程度上可以通过技术创新来提升能源资源利用效率、优化城市管理服务、促进城市经济发展转型,从而推动新型城镇化和可持续发展能力提高。信息技术及其应用的发展,推动智慧技术的产业化,通过管理效率提升来促进资源循环利用,破解城镇化发展的人口资源环境瓶颈,缓解交通拥堵,以及应对城市安全等问题。同时,智慧应用的普及和使用,引导创新和知识积累成为城市发展的核心动力,并对城市创新环境优化、高端要素集聚、高端产业发展、城市活力提升有着积极作用。

智慧城市是综合、统筹解决城市问题的一揽子方案,它为城市与区域规划及管治提供了新的技术支撑与工具。提升城市管理服务是智慧应用的最主要目的。在城市发展理念和城市建设与管理模式方面,通过建立一个统一的电子政务和移动政务平台,打破信息孤岛,推动一体化的信息平台建设。利用一体化信息台实现城市信息交流、资源共享和协同创新发展。同时,智慧城市提供了一个新形式的工具去仔细观察城市居民使用城市的方式,进而通过参与式治理,对人力资本、社会资本、传统和现代的通信基础设施进行投资,智慧城市能有效促进经济的可持续增长、提高居民生活质量以及对自然资源明智的管理。建立城乡一体的信息平台,引导城乡之间要素自由流动,为农民工市民化提供更加丰富的就业、生活服务等信息,通过乡村电子商务发展促进乡村经济转型。对于城市管理来讲,有助于改变原有的条块分割、层次分明的管理体制,立足于城乡一体、部门整合、空间优化的发展思路,实现资源的共享与高效利用。

二、特色小镇建设

特色小镇建设是新型城镇化推进的重要抓手,作为推进供给侧结构性改革的重要平台,对于经济转型升级和发展动能转换有重要作用,有利于促进大中小城市和小城镇协调发展,有利于美丽乡村、新农村建设和棚户区改造等各方面工作的推进,对于传承特色历史文化也有重要作用。

(一)特色小镇的内涵

特色小镇是以特色产业为核心,推进产业创新升级、生活宜居便捷、环境生态绿色的功能载体平台,其本质是为了缩小城与镇之间的差距、消除城乡二元结构的对立而存在的城镇化新路径。特色小镇既不是传统意义上的建制镇,也不是单纯的产业园区或旅游景区,强调以特色产业为基础,体现产业、文化、旅游和居住四大功能于一体,创新管理运营机制,打造特色小镇空间形态和风貌。一般特色小镇的规划面积控制在 3~5 平方公里,建设用地面积一般控制在 1~1.5 平方公里,人口为每平方公里 1 万人左右,按照此规模配置公共服务设施。

特色小镇在不断发展的过程中,呈现出以下几个方面特征:

第一,特色产业是发展核心。产业向"特""精""强"发展,传统产业改造升级效果明显,充分利用"互联网+"等新兴手段,推动产业链向研发、营销延伸,投资、人才、技术和服务等要素集聚度较高。通过产业发展,小镇吸纳周边村镇剩余劳动力就业的能力明显增强,带动村镇发展效果明显。

第二,依托政府政策及投融资支持。通过政府推出的一系列土地指标和税收扶持政策吸引大量优质企业入驻,并依托政府主导的重点项目投融资平台获取建设资金。

第三,产城一体化综合开发。在建设特色产业的基础上,融合产业配套设施和生活服务设施,体现产城融合的理念,把文化休闲和生态旅游纳入特色小镇建设的总体布局中。

(二)特色小镇对我国新型城镇化建设的影响

1. 特色小镇是农村人口就地市民化的重要载体

我国目前正处在城镇化快速发展阶段,1978—2016 年,城镇常住人口从 1.7 亿人增加到 7.9 亿人,常住人口城镇化率从 17.9% 提升到 53.7%,然而 2016 年户籍人口城镇化率仅为 41.2%,有 2.26 亿农业转移人口生活工作在城市,却享受不到教育、就业、医疗、养老、保障性住房等方面的基本公共服务,市民化进程滞后。到 2030 年我国城镇化率将达到 70% 左右,未来十多年,如此大规模的市民化过程仅靠大城市很难完成,探索就地市民化的新路径显得尤为必要。新型城镇化提出以人为本的核心内涵,强调绿色协调可持续发展,这与特色小镇的主导思想相一致。小城镇作为连接城市与农村的纽带,把城市的各种生产要素传递到农村,同时把农村的各种生产要素通过小城镇引到城市里面,从而起到引力中心和辐射带动的作用。相对于大城市有限的资源环境承载能力,特色小镇具有产业支撑和就业吸引力,落户条件和生活成本低,生态环境相对大城市更加适宜。因此,通过探索功能特色小镇兼并、转隶和直接转变为建制镇的路径,可以加快农村人口就地市民化,提高人口城镇化率,对于大量农村富余人口进入大城市起到很好的分流作用,是推动"三个1亿人"城镇化的重要途径之一。

2. 特色小镇是新型城镇化建设的新形态

当前我国城镇体系结构不尽合理,中小城市发育不足。按照2014年出台的我国城市规模划分的新标准,2010年中国超大城市有3个(上海、北京、深圳),特大城市9个,大城市58个,中等城市93个,小城市493个,全国城市规模结构呈现出"中间略大、低端偏小"的金字塔格局,这种格局底座不稳,不利用我国城市体系的长远健康发展。

城市群是国家经济发展的核心区域和参与全球竞争的重要载体[1],《国家新型城镇化规划(2004—2020年)》中提出了把城市群作为推进新型城镇化的空间主体。而小城镇,因其数量庞大,未来担负着重要的集聚人口和社会稳定器的功能,可以作为推进国家新型城镇化自下而上的另外一个重要形态,从而达到新型城镇化政策设计"自上而下"与"自下而上"的有机结合。从空间上看,小城镇是城市群的重要组成部分,一般每个城市群有1~3个特大城市为核心,是该城市群的产业与人口集聚区、交通与信息枢纽、科技与文化中心;同时在城市群内部广泛分布着许多小城市和小城镇,特色小镇以特取胜,在其中扮演着更重要的带动与连接的作用,特色小镇的"点"与城市群的"面"相结合,共同构成了新型城镇化建设的主要形态。

因此,大力培育一批特色小镇作为国家城镇化格局中的特色活力点,逐渐影响更多数量的小城镇发展,进而形成以城市群为区域尺度引领,大中小城市与小城镇协调发展的格局,这对于完善我国"金字塔型"城镇体系具有重要的意义。

---

① 方创琳.中国城市群研究取得的重要进展与未来发展方向[J].地理学报,2014(8):1130-1144.

3. 特色小镇是推动城乡一体化发展的重要抓手

长期以来我国存在城乡二元经济结构,导致城乡之间要素交换不平等,城乡隔离与对立现象造成了很大的社会经济矛盾。当前城乡一体化已经是中国现代化和城市化发展的一个重要阶段,实现一体化发展,需要把城市和乡村、工业和农业、城镇居民和农村村民、城市环境和乡村生态作为一个系统整体统筹谋划。为此,我国近几年开始大力推进户籍制度改革,逐步实施居住证制度,不断健全农业转移人口市民化的机制。

特色小镇作为城乡间的纽带,有利于加快城乡基本公共服务均等化,更好的落实户籍制度改革,在规划制定、产业联动、市场流通、劳动力就业、社会保障、基本公共服务等方面促进城乡一体化发展,构建城乡统筹新平台①。通过挖掘一些有潜力、有特色的小镇,以特色产业的发展带动小镇经济的增长,使进入小城镇的居民平等享受各项基本权益和公共服务。

同时,特色小镇有利于进一步推动美丽乡村建设,加快农业现代化步伐。部分已经建设成熟且具有集聚效应的美丽乡村可以进一步申报建设为特色小镇,部分具有特色产业或独特资源禀赋的乡村也可以趁机打造成为特色小镇。特色小镇既能与都市经济融为一体,又能带动农村农业的发展,带动乡村基础设施、村容村貌的改善,成为新型城乡经济和消费发展的纽带。因此,特色小镇建设是破解城乡二元结构,推进美丽乡村建设的重要抓手。

4. 特色小镇有助于激活城镇化建设的市场活力

以往的城市建设和发展过程中,政府重点扮演了投资和建设的主角,这是很多问题产生的源头。而特色小镇建设上采用"政府引导、企业主体、市场化运作"的机制,其根本立足点在市场化运作,各种资源在市场中得到有效配置,政府权力做减法,市场活力做加法,打造特色小镇的全产业链。具体模式可以是政府和社会资本合作的 PPP 模式或特许经营权等形式将小镇的建设全面委托民营企业,由政府负责小镇的整体规划设计定位,企业开展小镇的建设招商运营。从而充分发挥市场的力量完成人口、土地与产业的城镇化过程,实现产城一体化同步化发展。这种模式在浙江的一些云计算小镇、电商小镇等科技金融类小镇的建设打造中已经取得很好的经验。

---

① 陈炎兵.特色小镇建设与城乡发展一体化[J].中国经贸导刊,2016(19):44-46.

当前大力推动特色小镇的建设本身便是思路的转变与政策的创新。政府角色发生转换，在其中主要扮演引导和管控的作用，并提供最基本的公共服务基础设施，行政权力与公共政策尊重市场规律和当地发展需要。因此城镇化进程中特色小镇的政府职能具有很大的创新空间，包括土地流转机制创新、人力资本引进机制创新、投融资机制创新、农村集体经济组织架构创新、管理服务思维创新等①。这些创新一旦在前几批特色小镇实验成功，可逐步在全国范围推广，有力推动在小城镇尺度上激活城镇化建设的市场活力。

5. 特色小镇有助于三生空间的协调与居民生活质量提高

特色小镇与新型城镇化建设都是坚持以人为本，从一开始培育便注重和谐宜居的环境营造与生态空间的保护。与以往的城镇化老路完全不同，特色小镇的建设以提升居民的获得感和幸福感为目标，由之前的注重土地的城镇化与房地产导向的城镇化转变为人的城镇化，这将有助于从根本上提升城镇化的质量。三生空间（即生态空间、生产空间和生活空间）是党的十八大报告和2013年中央城镇化工作会议明确提出的概念，科学识别和定量刻画"三生"空间功能结构及其组成要素是进行国土空间结构优化调整的基础，特色小镇这一特殊的尺度单元恰恰能够较好协调三种空间，实现土地功能混合利用，产城融合发展，有效低成本的构建绿色基础设施。

围绕人的城镇化，特色小镇将生产空间、生活空间、生态空间进行有机融合、协调配置，严守生态保护红线、永久基本农田红线、水红线、城市开发边界等红线，形成特色小镇建设的必要空间约束体系。通过完善配套特色小镇的教育、医疗、科技、文化、交通等基本公共服务设施，做到产城融合发展，提高城镇居民的居住质量和生活幸福度，有利于打造特色小镇宜居、宜业、宜游、宜商的整体环境。

6. 特色小镇有助于城镇自然与历史文化遗产的保护

小城镇的自然与历史文化遗产是一个地方的历史见证与文化载体，一定意义上彰显着小城镇的灵魂。过去40年，中国的"土地城镇化"明显快于人口城镇化，建设用地粗放低效，房地产泡沫风险加剧，很多城市摊大饼现象严重，对于城镇的

---

① 冯奎，黄曦颖. 准确把握推进特色小镇发展的政策重点——浙江等地推进特色小镇发展的启示[J]. 中国发展观察，2016(18):15-18.

自然与历史文化遗产保护严重不足①。针对以往小城镇的建设缺乏特色,特色小镇的培育应更加重视保护自然生态系统,与地形地貌有机结合,融入山水林田湖等自然要素。特别是已经列入中国历史文化名城名镇名录的小城镇要抓住特色小镇的建设机遇,加强特色村镇保护力度,挖掘传承历史文化遗存,将自然历史文化遗产的保护与产业经济紧密结合,建设非遗特色小镇、民俗特色小镇、建筑特色小镇、饮食特色小镇、旅游特色小镇等。将独特的自然禀赋、特色文化、特色民俗转化为特色产业,带动小镇的持续发展。从而在小城镇这一空间尺度上杜绝"千城一面、千镇一面",探索出中国新型城镇化的新路径。

(三)特色小镇建设的对策

1.坚持规划先行,推动特色小镇的内生增长

规划是特色小镇创新发展的灵魂,通过规划先行深挖资源、找准定位,同时突出特色、形成品牌,塑造特色小镇的内在生长活力。特色小镇规划要在"多规合一"基础上,更加强调产业规划、文化发展、生态管控、项目策划、政策谋划及空间设计有机融合的顶层设计。特色小镇的建设尤其要注意塑造城镇的内生增长动力,不能有"等靠要"的思想,前期的投资与基础建设只是小镇长久发展的启动器,真正的可持续发展依赖的是小镇自身的特色产业、特色文化、特色环境与创新机制等,应尽快由外部力量的推动转变为城镇的自组织生长。

2.坚持因地制宜,中西部小城镇要量力而行

从各地实际出发,遵循客观规律,挖掘小镇特色,提倡形态多样性,彰显小镇独特魅力。防止照搬照抄、一哄而上、人为造"镇",杜绝盲目拆旧城、盖高楼。中国东南地区是特色小镇的先行实践基地,产业资源丰富,应进一步探索特色小镇创新发展模式与机制,发展高新技术产业引导的特色小镇。西部地区建设特色小镇应量力而行,在有条件、有产业孕育能力的地区合理规划,有序引导特色小镇的差异化发展,培育西部地区新的经济增长点,增强特色小镇的人口集聚能力。

---

① 刘海猛,石培基,潘竟虎,等.中国城镇房价收入比时空演变的多尺度分析[J].地理科学,2015(10):1280-1287.

3.做到分类施策,保持和彰显特色小镇特色

特色小镇的核心在产业发展,不同产业类型的小镇,支持力度和侧重点应不同,绝不能对特色小镇实施一刀切的政策。住建部专门下发通知强调要保持和彰显特色小镇的特色,尊重小镇现有格局,保持小镇宜居尺度,传承小镇传统文化。例如,科创类特色小镇应注重资本市场运营,需要有基金公司的支持和创业的优惠政策,并接近大城市与高端人才集聚地;风情特色小镇的打造需将旅游与特色小镇结合起来,引进企业参与运作,政府加强对历史文化村镇街区的保护;制造类特色小镇的建设需解决传统开发区的土地资源紧缺,融资困难,体制僵化等难题,实现开发区内的升级改革。

4.推进体制创新,强化金融和基础设施保障

坚持市场主导,政府引导,多元主体参与。在建设机制上以创建制代替审批制,加强动态调整;创新制度供给,扶持政策有奖有罚;提高融资效率,构筑创新平台。借助"千企千镇工程",加强政企银合作,拓宽城镇建设投融资渠道。通过引入社会资本,运用 PPP 等新型融资模式,吸引民间资金参与特色小镇基础设施和公共服务设施建设。鼓励政策性金融、商业贷款和各种基金、债券等运营,营造具有活力的创新环境。完善道路、水电、通信、污水垃圾处理等基础设施建设,优化配置教育和医疗等资源,加强对基础公共服务的保障。通过不断优化人居环境和基础公共服务设施,推进农村人口就地城镇化的进程。

第三章　乡村振兴背景下新型城镇化的着力点

　　"十三五"时期是全面建成小康社会的决胜阶段,新型城镇化推进速率的快慢、建设质量的高低,直接关系到"三农"问题的化解、城乡和区域的协调发展、内需扩大和产业升级,维系着全面建成小康社会的成败。面对未来的时与势、艰与险,亟需以供给侧结构性改革为突破口,推进以人为核心的新型城镇化。本章是对乡村振兴背景下新型城镇化的着力点的解读,内容涉及新型城镇化的产业支撑、金融支持以及土地集约利用。

第一节　新型城镇化的产业支撑

一、新型城镇化与产业发展

(一)产业发展推动新型城镇化进程

　　产业发展推动新型城镇化的原因可以用"推拉"理论来解释。按照这种理论,农业的发展作为城镇化的基础,为城镇化提供了两个基本条件:一是农业的发展、农业产品的剩余,可以为城镇发展提供充足的粮食和生产资料;二是农业生产率的提高,出现农业劳动力的剩余,为城镇工业和第三产业的发展提供源源不断的劳动力。这就是所谓农村的"推力"。工业的发展、工业的地理集中、工业带动的第三产业的发展,这一方面为农业剩余劳动力提供了新的就业机会,使农业劳动力向城镇转移成为可能;另一方面,由于不同产业之间存在收入差异,工业边际收益比农业高,而商业等服务业收益的又比工业高,这种利益差异会驱使劳动力从农业部门流向非农产业部门,这就构成了城市的"拉力"。正是在"推力"和"拉力"的综合作用下出现了人口从农村向城镇的转移,城镇地域的扩展,城镇数量的增多,就是我们所说的城镇化过程。从"推拉"理论中,可以看出城镇化是由产业的发展带动就业结构的变动而发展的。

(二)新型城镇化带动产业发展

新型城镇化对产业的发展有带动作用。城镇化一方面会通过技术革新反哺作为工业基础的农业的发展,推进农业现代化的进程,另一方面也会提升工业化程度。城镇化带动工业化,主要表现为三大效应:①规模效应。城镇化将促使工业更加集中,产业规模越来越大,从而使产业链条进一步延伸,加快工业化进程。②智力集聚效应。村落社会个体智慧的创造力显然不如群体智慧整合后的力量。城镇化使智力资源更加密集,必然迸发出更强的技术创造力和机制更新力,从而促进生产力发展,加速工业化进程。③竞争机制。城镇化使商品经济得以高度发展,物质产品和要素集中参与市场竞争,形成优胜劣汰机制,推动科技不断进步,产业不断升级,工业化程度不断提高。

有什么样的产业发展状况,才能有什么样的城镇化水平。产业发展是否充分和主导产业是否具有竞争力决定了城镇化的水平和质量。因此,要通过走新型城镇化道路来实现我国全面小康社会的目标,就必须要有充分的产业发展与建立有竞争力的主导产业作为城镇化的重要支撑。

(三)三次产业与新型城镇化的相关性分析

不同门类的产业,对城镇化的影响是不同的。农业是城镇化的基础,但对城镇化起决定作用的却是工业的发展。随着第二产业的发展,相应带动服务行业的兴起,第三产业逐步壮大,并最终成为城镇化过程的最主要动力。有学者的研究表明,第三产业对城镇化的影响甚至超过了第二产业。城镇化与第三产业的相关系数高于与第二产业的相关系数。如美国 1870—1970 年城镇化率与第二产业和第三产业发展水平的相关系数分别为 0.6055 和 0.9770,1920—1979 年日本该相关系数分别为 0.8612 和 0.9287[①]。

通常情况下,三次产业分布和新型城镇化率的对比反映了如下两个趋势。

---

① 杨治.经济结构的进化与城市化[J].中国人民大学学报,2000(6):82-88.

第一,非农产业特别是第三产业所占比重越大,城镇化水平越高。

第二,第三产业就业人数越多,城镇化水平越高。

由此可以看出,产业结构和劳动力的就业结构,影响城镇化水平的高低。非农产业,特别是第三产业发展得越好,其城镇化率越高。新型城镇化水平与产业结构之间存在明显的正相关关系。

我国产业结构在总体上虽然与城镇化水平呈现正相关关系,但与世界各国的平均水平相比,这种相关性并不太同步。城镇化水平与城镇就业结构仅相当于世界中等收入国家 1965 年的水平。因此,应加快产业结构优化调整,加快产业高度化,以促进城镇化的发展。

二、三次产业与新型城镇化

(一)农业现代化与新型城镇化

1. 农业现代化的内在要求

关于农业现代化的理论研究比较多。农业现代化是指在市场经济体制下,广泛运用现代工业成果和科技、资本等现代生产要素,使农业从业人员不断减少,农业劳动者具有较多的现代科技和经营管理知识,农业生产经营活动逐步专业化、集约化、规模化,农业劳动生产率得到大幅度提高的过程。农业部农村经济研究中心研究认为,现代农业应具备以下基本特征:

(1)生产过程机械化。运用先进设备代替人力的手工劳动,在产前、产中和产后各环节中大量采用机械化作业,从而降低劳动的体力强度,提高劳动效率。

(2)生产技术科学化。把先进的科学技术广泛应用于农业,从而收到提高产品产量、提升产品质量、降低生产成本、提高农业综合生产能力的效果。

(3)增长方式集约化。农业增长方式从粗放经营向集约经营转变,显著提高要素的生产效率和生产水平,显著提高农业综合效益。

(4)经营循环市场化。农业的投入—产出—消费的经营循环都要在市场上得以实现。

(5)生产组织社会化。农业生产与流通活动的各个部门、各个环节与社会上的有关部门、市场主体有机地联系起来,实现生产的专业化、生产组织的合理化、流通范畴的国际化。

(6)生产绩效高优化。通过科学装备配置、先进的生产工艺和技术集约化等生产经营方式,实现农业优质高产高效。

(7)劳动者智能化。从事农业生产或经营的劳动者具备现代化文化知识和技能水平。

当前,中国正处于由传统农业向现代农业转型的过程。在这一阶段,提高农业综合效益、增加农民实际收入成为农业发展的中心任务。当前,推进农业现代化要着力化解三个矛盾:一是随着市场环境的根本性变化,农业发展愈来愈受到资源和市场的双重约束,迫切需要加快农业市场化进程,促进农业商品经济发展;二是随着我国加入 WTO,农业发展正面临更大的竞争压力,迫切需要加快建立开放的产业体系;三是随着农村经济社会的整体进步,提高劳动者素质的任务十分紧迫,迫切需要把人的问题作为战略问题系统谋划,促进人的全面发展。

2.农业现代化与新型城镇化相互作用的机制

(1)农业现代化对新型城镇化的作用机制。

如图 3-1 所示,农业现代化分别通过保障资源要素供给、扩大市场需求条件、带动农村工业化这三个途径为新型城镇化的建设夯实基础。

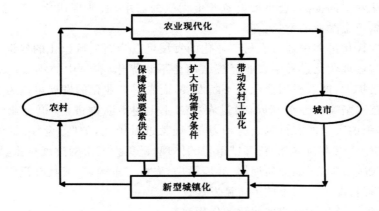

图 3-1　农业现代化对新型城镇化的作用机制

农业现代化的发展通过保障资源要素供给可以为新型城镇化的建设奠定基础。首先,农业现代化的发展可以为新型城镇化建设提供大量的劳动力资源。农业现代化就是不断运用现代物质装备武装农业、用现代经营理念管理农业,自然会推动农业的规模、机械化、市场化、专业化经营,为农村剩余劳动力的释放提供支撑,因此,能够满足新型城镇化建设所需要的大量的劳动力。其次,农业现代化的发展可以为新型城镇化建设提供土地资源。由于农业现代化的经营模式是土地的规模化和集约化,可以优化土地的空间布局,提高土地利用效率,为新型城镇化建设所需要的大量建设用地和商业用地提供有利条件。再者,农业现代化的发展可以为新型城镇化建设提供原材料资源。农业现代化的不断发展,可以优化农业产业结构,提高农村工业和服务业的比重,尤其是农产品加工业,可以为城市中的工业部门扩张提供多样性的原材料支撑,也可以为城市中的服务业提供原材料支持,如城市中的餐饮业对原材料的要求越来越高,只有农业现代化的不断发展才能有效满足新型城镇化建设所需要的要素需求。

农业现代化的发展可以为新型城镇化的建设提供市场需求支撑。新型城镇化的科学建设要以产业为引擎,有效的需求能够不断为工业经济的发展提供基础,否则,新型城镇化的进程也将停滞不前。农业现代化的发展,可以推动农村工业和服务业的壮大,提高农业的附加值,自然会增加农民的收入,只有在农民收入不断增加的基础之上,才能够对市场需求产生持久的动力,随着农民消费水平的不断提高,可以有效拉动工业经济的发展。随着农业现代化的进程,农村的基础设施建设也会不断完善,这自然会带动城镇的建筑业、交通业、通信业等行业的发展。此外,农业机械化水平的提高,会机械设备产生大量的需求,农业现代化对资金的需求,也会带动城镇金融业的发展。

农业现代化进程中通过农村工业化的发展可以为新型城镇化的建设奠定必要的基础。农业现代化进程中农业经济结构会不断优化,农村中的第二产业和服务业也会随之扩大,即农村工业化会不断发展,而农村工业化的发展可以为农村城镇化的发展奠定坚实的经济基础,通过农村工业化的不断推进,乡镇企业的发展壮大、也能够吸纳大量的农村剩余劳动力,实现就近城镇化,如"苏南模式"的城镇化之路。这也是"以人为本"的新型城镇化的体现,避免大城市的过度扩张,从而带来一些列的大城市弊病,如交通拥堵、环境污染、失业严重等,形成具有我国特色的新型城镇化道路,即大、中、小城市协调发展。

(2)新型城镇化对农业现代化的作用机制。

城乡融合实现的关键就在于新型城镇化与农业现代化两者之间的相互作用,首先将分析城市通过城镇化作用于乡村的过程,即新型城镇化对农业现代化的具体作用机制,如图 3-2 所示,新型城镇化分别通过吸纳农村剩余劳动力、优化农业产业结构、推动规模化和机械化这三个途径来带动农业现代化的推进。

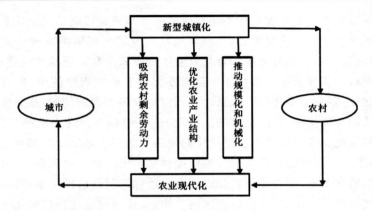

图 3-2　新型城镇化对农业现代化的作用机制

毋庸置疑,随着新型城镇化的推进,城市规模会不断扩大,城市中的工业和服务业会迅速扩大,因此,会形成大量的就业机会,而城市中原有的劳动者无法满足日益扩大的就业空间,按照前面我们所说的二元经济结构理论,只要农民的预期工资收入在城市和农村之间存在差异,自然就会有大量的农村剩余劳动力涌入城市,并且城市的扩大也必然会对农村剩余劳动力产生强烈的需求。随着农村剩余劳动力的转移,会缓解我国人多地少的矛盾,也会导致原来由家庭为单位的小农经济生产模式向以种粮大户、专业合作社为主体的规模化、集约化、市场化经营模式转变,这种经营模式的转变必然会带来经营风险的降低、农业机械化水平的提高、农业科技的大量运用、农业生产效率的不断提高等,因此,新型城镇化的发展通过对农村剩余劳动力的吸纳而产生的一系列效应,必然会促进农业现代化的进程。

新型城镇化的建设不仅会发展壮大城市的工业和服务业,也会带动农村的第二产业和服务业,优化农业产业结构,这正是农业现代化顺利实现的本质要求。随着新型城镇化的发展和人们生活水平的提高,人们已经不再满足原先的对农产品的简单需要,而是会产生更高的需求,如对绿色食品、生态食品、有机食品需求的增加,也带动了生态农业、观光农业的发展,因此,以满足人们多样性需求的农村工业也会得到不断的发展。甚至是近年来迅速流行的农产品的艺术创造和展览,提高了农业附加值,促进了农业服务业的发展。新型城镇化进程中工业经济的扩张会进一步产生对农产品原材料和农业加工品的需求,因此,也会促进农村工业的发展,随着农村工业的发展,会进一步的带动农村人才、交通、通信、金融、保险等方面的发展,又会促进农村服务业的发展。因此,新型城镇化的建设通过对农业产业结构的优化和调整,会不断促进传统农业向农业现代化的转变。

新型城镇化推动农业现代化不断发展的一个重要途径就是促进农业生产的规模化和机械化水平。如前面所述,新型城镇化的发展可以吸纳农村中大量的剩余劳动力,使原先农村落后的土地细碎化农业生产模式不断向规模化经营模式转变,并且通过农村工业和服务业的发展也会不断促使土地的集中使用,提高土地的利用效率。此外,新型城镇化的建设通过合理规划农村土地的使用,必然会使原先散居的空间结构得到优化,提高土地的集中度,这一切都会促进土地的规模化使用,而土地的规模化经营可以为农业现代化的发展奠定夯实基础。新型城镇化的进程中,城市的工业文明会给现代农业的生产提供必不可少的物质装备,尤其是提高农业生产的机械化水平,而农业现代化的一个显著标志就是机械化水平的不断提高,通过对现代科技的运用、现代经营理念的采用,农业的规模化和机械化才能顺利实现,因此,新型城镇化的发展通过带动农业的规模化和机械化水平,会有力地推动农业现代化进程。

(二)新型工业化与新型城镇化

1.新型工业化的含义

工业化通常被定义为工业(特别是其中的制造业)或第二产业产值(或收入)在国民生产总值(或国民收入)中比重不断上升的过程,以及工业就业人数在总就业人数中比重不断上升的过程,或者是传统的农业社会向现代化工业社会转变的过程。工业发展是工业化的显著特征之一,但工业化并不能狭隘地理解为工业发展,这么定义工业化是很不全面的。工业化不仅仅是要使工业成为国民经济的主导产业,更重要的是要将大工业的思想和理念融入社会的方方面面,在快速发展工业的同时,对农业和服务业的生产模式实行脱胎换骨的改造,使农业和服务业的劳动生产率得到迅速提高。从根本上说,工业化过程就是伴随科技进步、经济不断发展、产业结构优化升级的过程。

所谓新型工业化,是我国在十六大上提出的。新型工业化的道路,就是坚持以信息化带动工业化,以工业化促进信息化,就是科技含量高、经济效益好、资源消耗低、环境污染少、人力资源优势得到充分发挥的工业化。所谓新型工业化道路,也就是可持续发展的工业化道路,要吸取西方发达国家工业化特别是中国工业化进程中的经验教训。既要经济发展,又要生态环境的保护,实现"生产发展、生活富裕、生态良好"三位一体的发展目标。

新型工业化与传统工业化的不同之处,就在于传统工业化是在工业化完成之后才开始推进信息化,而我国的新型工业化道路则应当把信息化放在优先发展的战略地位,将高新技术渗透到各个产业中,不断用信息化推动工业化的发展。牢牢把握信息化时代给我国提供的巨大历史机遇,乃是我国新型工业化道路有别于传统工业化的一个最重大的特征。这是中国在工业化过程中发挥后发优势的现实选择。

2. 新型工业化与新型城镇化的相互作用机理

(1)新型工业化是新型城镇化的永续动力。

①新型工业化依托信息化提供了新型城镇化的产业支撑。城镇的形成和发展必须有产业为支撑,没有一定规模的产业,城镇就无法发挥集聚效应和规模效应,不能集中更多的资源,容纳不了农村转移劳动力,对城镇的发展规模和质量都产生极大地负面影响。对于大中城市来说,一方面信息化推动的新型工业化注重大力发展高新技术和新兴产业等实体产业,再加上以信息技术改造传统产业,加速了产业的更新换代,促进了非农产业的发展,特别是第二产业中附加值较高的行业,以及第三产业中的高技术产业和信息产业,在国民经济中比重的提高,调整了城镇的经济发展结构;另一方面,信息化的发展产生了各种信息技术、信息资源和信息产品,并服务于城镇的生产生活、社会管理等各个方面,加速了新型城镇化的进程。对于中小城市或小城镇来说,可以抓住由信息化带动的大城市产业结构升级的机遇,承接一些初级加工业或传统制造业等的产业转移,促进大中小城市和城镇的协调发展。

②新型工业化发挥人力资源优势优化了新型城镇化的就业结构。首先,随着工业化进程的不断加快,城镇中的工业生产需要越来越多的劳动力,从土地中解放出来的农村剩余劳动力凭借自身在数量上和成本上的优势,转移到城镇中的二、三产业上,调整了就业结构,为农民工在城镇有稳定的工作和收入、更好的融入城镇生活提供了保障;其次,随着工业化的重心逐渐由第一、二产业向以信息技术为核心的高附加值产业转移,劳动力受到工资报酬高的驱使也逐渐转移,优化了就业结构;最后,新型工业化对具有创新能力和专业技术人才的大量需求,会大力发展教育,尤其是基础教育,加强对农村务工人员的技能培训和教育,提高劳动生产率以及人口的素质和质量。

③新型工业化坚持节能环保提高了新型城镇化的质量。一方面,新型工业化的内涵要求走资源消耗低、环境污染少的可持续发展道路,对工业企业的污染排放、废物处理和资源利用有了更高的要求,进而保障了城镇中空气、水源的质量,减

少了环境污染,保护了生态环境,提高了资源利用效率,从而提高了城镇居民的生活质量。另一方面,工业化的不断发展使得城镇具备较完善的工业体系,城镇中的各种软硬件设施和信息化水平得到发展和完善,以及信息化产业和环保产业得到发展,城镇中出现了越来越多无污染的绿色产品、高科技产品以及高层次的服务、文化娱乐活动等,人们可以享受工业化和信息化带来的各项成果,从而改变着城镇居民的消费观念和需求结构,提高了居民的生活水平,体现了"以人为本"的要求。

(2)新型城镇化是新型工业化的空间载体。

①新型城镇化发挥集聚效应,整合新型工业化的要素资源。随着新型城镇化进程的加快,城镇周围各种人、财、物等资源都向城镇集中,吸引了大量生产要素和产业在城镇聚集,其中包括各种创新资源,如资金、人才、高校、科研机构等,缓解了城镇工业发展过程中要素供给紧张的问题,再加上信息和技术的溢出效应,强有力地推动了科技创新,提高了信息化程度。另一方面,城镇的综合服务功能和基础设施逐步完善,再加上对产业园区和经济开发区等进行整体布局规划,形成完善的软硬件配套设施,综合利用原料、能源和"三废"资源,共享信息和技术,降低工业企业的生产成本,提高资源利用和配置效率,有利于产业间的专业化和协作化生产。

②新型城镇化挖掘潜在市场需求,提高新型工业化的经济效益。新型城镇化重视以人为本,强调城乡一体化,逐步接纳农村进城务工人员融入城镇生活。一方面带来消费群体不断扩大,消费水平不断提高,消费结构不断升级,消费潜力不断释放,为新型工业化带来巨大的消费品市场,提高了经济效益。另一方面,城镇人口的增多在住房、交通等公共基础设施上的需求也随之增加,与之相关的基础设施产业的市场也得到了扩张。近几年来,随着居民生活水平提高对汽车、住房等耐用消费品,以及城镇建设对基础设施和公共服务等的需求不断提高,带动了相关工业行业产品的需求,提高了工业化的经济效益。

③新型城镇化对生活质量提出更高要求,优化新型工业化的产业结构。新型城镇化核心是坚持以人为本,表现为居民生活水平和生活质量的提高。一方面,随着居民生活水平的提高,消费观念和需求结构随之改变,人们更倾向于购买节能环保的绿色产品、信息化产品及高享受的服务,促使工业企业由一般耐用消费逐渐向非生活必需品、高档耐用消费品等制造业以及医疗保健、文化娱乐等非生产性服务业上转变,促进工业内部结构的调整和第三产业的快速发展,优化了产业结构;另一方面,当生活水平达到一定程度后,居民对生活质量也提出了一定要求,尤其是生活环境的改善,这不仅促使工业企业通过信息化技术和提高产品技术含量,不断

改变传统的生产方式,淘汰落后产能产业,发展节能环保产业和高附加值产业,优化产业结构。而且给工业清洁生产、低碳经济产生了一定压力,缓解了大工业化带来的雾霾、交通拥堵等大城市病。

(三)现代服务业与新型城镇化

1.现代服务业的概念

现代服务业的概念既包含新兴服务产业,即基于互联网技术、直接或间接地为生产过程提供配套服务、高度依赖发达技术的服务行业,也包含一部分被新技术升级改造过的传统服务。但总体上核心是生产性服务业。所以,现代服务业是相对于传统服务业而言的,相比较而言,现代服务业具有三个基本特征,即"高人力资本含量、高技术含量和高附加值含量"。而传统服务业是人们日常生活中经常接触到的服务行业,服务的性质较基础,且大都发展时期较长,如餐饮业、商业和旅店等行业,而现代服务业是随着工业的不断成熟而逐步发展起来的,是以先进的信息技术和创新的管理理念为依托平台,使信息技术和服务产业结合起来。总的来说,现代服务业的本质就是实现服务业的现代化。

现代服务业是指以现代科学技术特别是信息网络技术为主要支撑,建立在新的商业模式、服务方式和管理方法基础上的服务产业。它既包括随着技术发展而产生的新兴服务业态,也包括运用现代技术对传统服务业的改造和提升。本文现代服务业的范围界定为交通运输、仓储和邮政业、信息传输、计算机服务和软件业、金融业、房地产业、租赁和商务服务业、科学研究、技术服务和地质勘查业、教育、卫生、社会保障和社会福利业以及文化、体育和娱乐业九个部门。

2.现代服务业与新型城镇化的相互作用机理

(1)新型城镇化是发展现代服务业的载体和依托。

现代服务业的发展首先需要人口资源,也就是说,人口必须集中到一定规模,对生产生活服务的需求达到一定的程度,现代服务业才具备盈利的条件,才能作为独立产业来经营,新型城镇化的人口集聚功能为服务业的发展提供了广阔的发展空间,即新型城镇化为现代服务业的发展提供了繁荣的土壤。随着新型城镇化规模的扩大,对现代服务业的需求也越来越旺盛,因此会不断促进商贸、教育、科技、交通、文化、卫生、金融保险、信息等各种服务业的产生、完善和壮大。因此,新型城镇化给现代服务业的发展提供了基本动力。

(2)发展现代服务业是推进新型城镇化的加速器。

新型城镇化实现的基础条件是需要现代服务业各行业都能够很好地发展。并且还可以有效地促进新型城镇化的发展。其中,农业服务业的发展有利于实现城镇集约化,信息服务业的发展有利于实现城镇智能化,资源环境服务业的发展有利于实现城镇绿色低碳化。其次,现代服务业中的基础类服务部门,用工需求量大,对从业人员的知识素质要求不高,能满足大量进城人员的就业需求。此外,从产业演进规律来看,服务业部门派生于劳动分工,又服务于劳动分工。如果没有金融、保险、物流、信息等生产性服务业的支撑,那么先进制造业企业的非核心业务将无法实现外包,新型工业化和农业现代化都无从谈起,城镇产业体系只能停留在低级水平。最后,现代服务业中的公共服务部门,所包含的行业与城镇居民的民生需求直接相对接,例如,教育、医疗、社保、文化等行业,这对于人口城镇化水平的提升有很大的促进作用。

图 3-3 为现代服务业和新型城镇化互动。

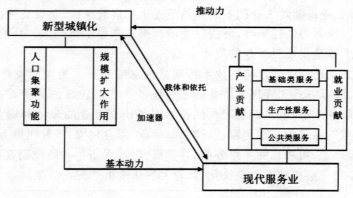

图 3-3 现代服务业和新型城镇化互动

第二节 新型城镇化的金融支持

一、金融支持新型城镇化的作用机制

金融支持是指在城镇化建设过程,其基础设施和公共服务建设,以及区域经济的发展都需要金融市场通过银行的信贷间接建立融资渠道,证券公司等开通直接融资渠道加快资金流通、调配的效率,在最大程度上满足城镇化进程中对金融产品和金融服务质量与水平的更高层次的要求,从而形成了金融市场发展程度与城镇化发展水平的相互协调、良性互动的关系。

新型城镇化概念的提出,更加强调人口城镇化、产业城镇化和空间城镇化这三个核心内涵,即意味着人口集聚、服务升级、空间缩小三个层次。这三者之间相辅相成,缺一不可。而新型城镇化的推进与实现又离不开金融的支持,它在其中起到了良好的优化资源配置功能,所以金融支持新型城镇化建设的作用机制分析也离不开这三个层次。

(一)新型城镇化需要金融体系的支持和服务

新型城镇化建设对资金的需求具有规模大、周期长、主体多元、结构复杂的特点,单靠各级财政的投入是远远不够的,必须依靠金融机构的支持和民间资本的助力。新型城镇化建设不仅需要政府转换职能方式,建设服务型政府,也需要金融服务的多元化和金融体系的不断完善,以确保新型城镇化建设过程中的金融需求。从城镇化的内涵和外延上来看,推进新型城镇化至少涵盖了人口城镇化、经济城镇化和社会城镇化三个层次,城镇化进程中的农民市民化、基础设施建设、产业链的涉及和发展都需要金融的支持。从新型城镇化建设对金融的需求来看,主要是对投融资的需求和对金融服务的需求。

1.新型城镇化对投融资的需求

新型城镇化的关键是人的城镇化,2017 年底中国人口城镇化率达到 58.52%,在过去 10 年中,中国的城镇化率大约每年提高 1 个百分点,以此推进,未来 10 年我国新增城镇人口将达到 1.3 亿~1.4 亿,按每个农民城镇化过程需要花费 40 万投资计算,在此过程中将产生超过 50 万亿元的投资需求。另据有关方面推算,中国城镇化率每增加 1 个百分点就可能带来 7 万亿元的市场需求。总之,新型城镇化过程中将产生巨大的投资和消费需求。

另外新型城镇化建设过程中的农村基础设施建设、农业现代化建设、农产品供应链构建、社会保障与公共服务等都存在着巨大的资金需求,这部分资金具有周期长、额度大、回收慢的特点,单靠财政支持将很难长期有效地进行下去。近 10 年我国农村固定资产投资占全社会固定资产投资的比重并没有因为政策倾斜而出现递增状态,反而出现了逐年递减的状态。所以想要推进城镇化进程必须得到金融支持才能得以实现。

2.新型城镇化对金融服务的需求

新型城镇化的推进,民营经济的发展将出现主体多元、性质各异的状况,这就要求金融服务不断创新,及时适应不同的金融服务需求。首先,金融服务促进农民向城镇居民生活方式转变,通过提高金融机构服务的覆盖面和效率将有助于提高居民参与金融活动的积极性。其次,通过政策支持,发挥金融服务的避险功能,可以有效防范和化解新型城镇化背景下农业经营的风险,引导农业部门进行产业结构调整和升级。最后,创新投融资方式能引导发展地区特色经济和新兴产业,可以帮助城镇基础设施建设和中小企业发展,反过来促进金融需求。可见,增强金融服务意识,提高金融服务水平,对于加快推进我国新型城镇化建设的进程具有十分重要的意义。

不论是调动金融市场的力量为新型城镇化建设提供资金,还是通过建立健全的金融体系来为新型城镇化建设提供金融服务保障,金融在新型城镇化建设中都是不可缺少的支撑力,这也是中国推进经济发展方式转变和全面建设小康社会的内在要求。

(二)金融支持推进新型城镇化

新型城镇化是在经济转型大背景下的城镇化,只有把农村经济建设成自循环的有机系统,才有可能让新型城镇化建设得到有力的保障,而想要实现农村经济的自循环必须得到金融的支持。金融发展可以通过促进储蓄转化为投资、提高资本配置效率、优化金融市场结构等方面促进生产要素向城镇聚集,从而推动城镇化的发展。这个推动主要从以下三个方面体现。

1.金融支持推进人的城镇化

大量农村人口向城镇聚集是人口城镇化的一个显著特征。在人口城镇化进程中,如何妥善的解决农村转移人口在城镇的住房、就业、落户、医疗、社保等,真正实现农村经济发展模式向城镇生产方式的转变,是处理好人口城镇化所需解决的问题。

金融是社会经济的核心,涉及社会方方面面,人口城镇化离不开金融支持。金融通过金融体系发挥功能,调解资金分配,实现资源的优化配置,并通过提供优质的金融服务,提升转移人口的就业与创业能力,保障人力资本形成,以满足人口迁移转换所需条件,促进人口的城镇化(见图 3-4)。

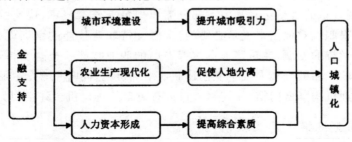

图 3-4　金融支持人口城镇化的内在机理

在满足人口城镇化的三个方面中,金融支持对各自的侧重点不同。在城市的吸引力方面,金融通过资金的支持为城市的基础设施建设助力,保障新增人口的住房、配套的生活设施建设、公共基础设施建设等,而城市硬环境的建设对城市软环境的加强可以起到保障作用,文化产业、社保、医疗等借助于政府与金融的合作不断得到推广与完善,金融提供的不同品种资金保值增值产品为转移人口提供风险规避和保障空间。

在促使人地分离方面,金融可以通过融资租赁、提供农业贷款、生物技术支持等方式推动农业现代化的发展,促使现代机械代替传统手工,运用现代生物技术提高产量等措施大大提升农业生产效率,从而导致农村大量剩余劳动力的形成。而这些剩余劳动力在追求利益的驱使下,会积极到城市探索生存之道,这也大大推动农村人地分离局面的形成。

在人力资本形成的主观方面,金融支持的核心在于帮助转移人口提高就业与创业的能力,提升人口素质。在城镇化过程中,部分转移人口可能会由于教育、职业技能、人际交流等种种原因难以融入城市生活,因此,金融应加强对人口综合素质的提升。首先是基础教育的金融支持。大量转移人口进入城镇,必然要面临着子女的教育问题,一般农村地区教育资源简陋,城市择校费用昂贵,并且原有教育设施承载力有限,容易造成进城务工子女教育问题的突出,因此应该加大教育资金投放。通过金融体系,可以扩宽资金的供给渠道,在有政府的支持下,有目的的在金融市场上筹集进城子女教育专项资金,用于增加学校基础设施建设,学校数量的增加,教学设备的完善等都极大的方便进城人员子女接受到良好的教育,并且从城市长远发展看,教育的重视也预示着人口素质的整体提升。

在增强基础教育的同时,金融支持也应注重对人员的职业技能培训。社会发展程度变高,对入世人员的知识能力、接受能力、创造能力等要求也在逐步提高,传统农村人口掌握的技能可能并不能适应城镇生活的需求,使得他们在城镇无所适应,不能实现真正的城镇化。其中一部分需要担负着养家职责,快速的融入城市,并在城市谋得职位对他们来说是必要的,金融支持职业技能的培训就是要支持各类职业技术学校的发展,使转移人员掌握专门的职业技能。金融支持通过金融创新推出适合的产品鼓励私人或企业创建职业培训机构,同时完善金融服务,改革信贷管理为培训机构降低门槛,使转移人口拥有更多的选择机会和空间。

2.金融支持推进产业城镇化

产业城镇化一个重要的表现是产业结构的不断优化升级,按照三次产业结构演化规律,就是从第一产业为主到以第二产业为主最后到以第三产业为主的优化过程。城市推动产业的发展,产业推动城市的进步,新型城镇化过程也是产业结构的优化升级过程。

金融支持产业城镇化的重点在于实现产业结构的优化升级,也就是说,金融支持通过金融体系发挥资本供给和资源配置作用,使资金、土地、技术等生产要素满足产业结构合理化发展,并能促进产业结构向高度化实现,从而实现产业结构的优化配置,促进产业城镇化的发展(见图 3-5)。

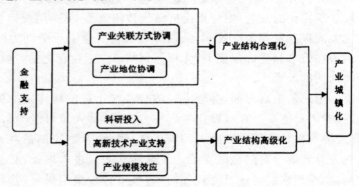

图 3-5　金融支持产业城镇化的内在机理

首先,在金融支持产业结构合理化方面。产业结构合理化的目标概括的讲有产业关联方式协调、供需在数量和结构上协调和产业间地位协调。

金融支持产业关联方式协调要求的就是金融支持能够将经济活动中各产业间存在的复杂而又密切的经济联系有序的进行。在经济发展中,避免不了强势产业与弱势产业,而金融具有的趋利性可能会导致某些薄利但关系国家民生的产业发育不良,从而使产业间的关联性阻断。因此金融支持产业关联方式协调要适当避免金融的趋利性,向关系国计民生的弱势产业倾斜。具体来说,我国目前的金融支持大部分偏向第二产业,对农业和现代服务业的支持力度较小,而农业和现代服务业的发展是关系国计民生的,因此,金融支持应同样加强对现代农业和现代服务业的支持力度。对现代农业的支持,可以从支持农业机械设备投入和生物技术运用上入手。对农业设备的金融支持,可以尝试通过融资租赁方式实现,在农业中普及大型的现代农业机器设备,实行机械化集中生产,提高生产效率。在生物技术的运用方面,金融支持可以通过科技金融的方式进行推广,支持农业科技技术发展,让现代技术运用到农业,提高农业产量。现代服务业中不乏数量众多的中小企业,中小企业融资难是目前为止中小企业普遍面临的困境,因此金融支持现代服务业的重点是有针对性的解决中小企业融资难的问题,这就需要金融部门设计合理的解决中小企业融资困境的金融工具,改革贷款制度,综合考量贷款风险,针对性的推出小额贷款,抵押贷款,担保工具等,并根据实际情况不断改良金融产品,进行金融创新。

金融支持产业间地位的协调就是要充分发挥金融支持的作用,让产业格局慢慢的向第三产业为支柱的方向倾斜。对目前占主要比重的第二产业的金融支持应更加看重质量和前景,重点支持那些公司发展前景良好或国家重点扶持的项目。产业城镇化最终目标是第三产业发挥核心作用,因此,金融机构应改善目前对第三产业扶持较小的现状,大力支持第三产业的发展,在服务业领域充分发挥市场的资源配置功能,更多的将资本投入潜力大收益好的部门,促使第三产业蓬勃发展,保证国民经济的健康运行。

其次,在金融支持产业结构高度化方面。产业结构高度化具体表现在各产业部门之间的产值、就业人员和国民收入的比例变动上。新型城镇化要实现的是高效集能,要求产业部门生产要素要从低效率演变为高效率。技术进步促进产业的发展,目前调节产业结构的一个重要任务是将数量扩张型的粗放增长方式向内涵式集约增长方式转变,即劳动密集型和资金密集型的产业逐步被技术密集型产业取代,并在逐步发展中形成产业群规模,因此,支持科研开发、发展高新技术产业、形成产业规模效益是金融支持需要关注的。

科研开发加深技术的革新,研发的成本高昂,这就需要金融支持,提供对资金量的投入。技术革新给经济带来的效益是显著的,但技术研发具有风险性,首先是资金的投入并不能完全保证研发成果,其次研发出的先进技术也并非必然能转化为生产力。不成功的研发可能会导致企业资金难题或技术革新时机的错失,造成企业发展困境。技术革新的科研开发具有的高风险并不适合传统投资资金,因此当前金融支持对技术革新的研发主要靠风险投资,为了规避风险的过度集中,通过设立风险投资基金的方式来分散,即发行科研开发基金份额募集资金,共享收益,共担技术创新风险。

高新技术产业的发展依托于高新技术,是高新技术向技术产业的转化过程。高新技术产业的发展融合了科研成果、资金、管理、政策等,金融支持高新技术产业的发展就是要将科技转化为产业。在高新技术企业发展的过程中,对各类发展资源的要求是巨大的,对于发展潜力大、预期收益好的高新技术企业一方面政府可以给予政策支持,另一方面金融系统提供具有针对性的资金支持,在可控风险的基础上,银行、证券充分发挥资源的优化配置作用,银行提供优质信贷服务,通过证券部门发行债券或上市融资等。高新技术产业充分利用各种生产要素,提升效率,促进产业的优质发展。

产业的发展要形成规模效应,避免不了产业的融合,一促使产业组织合理化,形成规模带来规模效益。规模效应的形成一方面是产业发展天然趋势,另外也要靠金融体系发挥市场的作用。技术的进步带来产业的重组,资金的充足延伸产业空间,因此,完善金融服务、丰富金融类别以强化金融支持对产业规模效益的效用。

3.金融支持推进空间城镇化

空间城镇化是人口城镇化和产业城镇化发展过程中,带动形成以中心城市为核心的城市群效应。空间城镇化实现的关键是城市群的形成,一城市群的形成是一个长期而又复杂的过程,其产生动力主要为自然生长力、市场驱动和政府调控。

空间城镇化是空间价值最大实现的过程,各种生产要素由少到多的聚集,在城市发展的过程逐渐形成规模经济效应,规模经济效应带来城市的极大发展,进而促进空间聚集效应的形成,空间聚集效应的发挥促使中小城市扩张并逐渐向大型城市转型,进而促进大型城市向城市群的发展,最终带动空间城镇化的发展(见图3-6)。

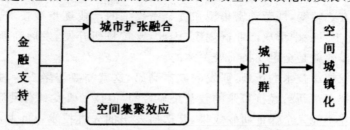

图 3-6 金融支持空间城镇化的内在机理

金融支持空间城镇化主要通过对城市群的形成与发展发挥作用,城市群的形成对相应配套的金融系统有着高度要求,在城市群形成过程中,面对区域的不断融合,金融要突破其区域性特点,同样增强区域间的融合,实现金融产业自身的大发展,从而支持城市群发展。

(1)丰富的金融系统与功能为城市的扩张与融合提供资金支持。金融支持空间城镇化就是要支持城市群的发展,城市群的发展是知识、资本、人资等不断聚集发展起来的长期过程,从中小城市到大型城市再到城市群,每一个过程中都缺少不了金融支持的助力。金融市场越完善,功能越健全、产品越丰富,金融支持发挥的作用就越大,更能满足城市扩张和融合过程中的需求。

(2)金融市场一体化推动城市群的空间集聚效应。城市群的发展就要打破城镇之间产品和要素的分割局面,集聚产品与要素,因此,实现区域的一体化必然要求金融市场一体化。金融要打破区域壁垒,应积极推行各城商行间的合作,促进区域间金融合并,形成与城市群配套的金融联合体,从而为城市群的资金配置、支付结算等提供便利,推动城市群的空间集聚效应,更强有力地促进城市群发展。

二、基于金融支持的新型城镇化政策建议

(一)明确新型城镇化建设的金融支持需求

金融支持城镇化建设,归根到底是通过经济这根杠杆,进一步释放农村劳动力,延续人口红利,加快农业现代化步伐,将传统的小农经济转变为集约化生产,进一步提高农业生产效率,是在不影响农业生产力的情况下进行的城镇化建设,因此了解城镇化建设进程中的金融误区,了解农村基础设施建设、农业科技投入、农产品供应链构建、乡镇企业、农户的金融需求显得尤为重要。各地政府需要因地制宜地对当地各项农村经济指标进行调研,明确城镇化建设过程中的真实需求,在此基础上进行必要的金融支持,以促进城乡经济、不影响粮食生产和耕种土地效率的前提下开展新型城镇化建设。

一般来讲,新型城镇化过程中的资金需求存在着需求量大、建设周期长、收益回收慢等特点,可以通过探讨影响金融支持效率的各个因素及其影响程度,分析、确定金融支持的投入量和政策倾斜方向。针对实证分析得出的地区差异问题,深入了解各地区的实际情况,分别明确人口城镇化、产业城镇化、空间城镇化三个层面的优势和劣势,发挥各经济指标的杠杆作用,这样不仅可以加快筹资速度,也能加快资金周转效率,提高金融支持效率。

（二）发展多元化的投融资模式

（1）引入民间资本，加强投融资体制改革。

新型城镇化对资金的要求巨大，单一的依靠现有的地方财政与商业银行的支持并不是长远发展之计。中国改革开放以来一直以市场经济为导向，社会聚集了大量的民间资本，但一直以来，由于非正规化等原因，并没有得到政府的认可，使得民间资本的价值没有得到相应的体现。党十八大召开，为民间资本的合理化和正规化应用提供了改革思路。国务院发布的《关于改革铁路投融体制加快推进铁路建设的意见》中铁路建设向民间资本开发，《关于金融支持经济结构调整和转型升级的指导意见》中，提出"尝试由民间资本发起设立自担风险的民营银行"，《关于加强城市基础设施建设的意见》中，允许民间资本参与经营性项目建设与运营等等，这些投融资体制的改革，充分体现了我国民营资本在发挥社会建设中的重要作用。

如何合理运用民营资本离不开政府的指导与协调，在合法合规前提下，因地适宜建立民间金融机构，同时，有序推进融资担保公司、地方小额贷款公司等具有融资功能的非金融机构的合规发展，从而激活社会资本，推进经济转型升级。

（2）扩展金融产品创新，加深金融支持力度。

商业银行目前是我国新型城镇化建设的重要组成部分，对新型城镇化基础设施建设的融资起着支柱作用。在未来很长一段时间商业银行仍然起着重要作用，因此，银行应不断扩展金融产品创新，寻求支持新型城镇化基础设施建设的新形式。

首先，银行设计与发行依托基础设施建设为主的信贷理财产品。主要思路是充分聚集社会闲散资金，将募集到的资金用于向企业发放贷款，最后将贷款收益按合约规定发放给投资者。这类信贷理财产品数量灵活投资者购买方便，可以扩宽城镇基础设施建设投融资渠道，且对于连接银行与企业的交流，缓解企业融资困境，带动银行资产负债和挖掘潜在客户具有重要作用。

其次，发展土地储备贷款。土地的高保值增值性使得土地可以成为优质的担保抵押物品。土地储备贷款是银行向借款人发放的用于土地收购及土地前期开发、整理，提升土地出让价值的短期周转贷款。但是，由于土地储备贷款金额大，政策性强，政府干预成分多，银行管理经验不足，土地储备贷款风险较大，其中主要面临着政府信用风险、政策性风险、银行经营管理风险、法律风险等，因此银行要充分做好土地的评估、贷款用途监督、合约规定的约束等来预防风险的发生。

（三）完善现代金融管理体系

健全现代金融管理体系，并采取必要的制度建设，是构建城镇化金融功能体系的支撑之一。金融发展程度的高低一定程度上也决定了金融对新型城镇化支持程度的高低，完善的金融管理体系对金融风险的产生具有防范及化解作用，可以从制度上更好的发挥市场的资源配置功能，促进我国金融体系的整体发展。我国现有的金融管理是以"一行三会"垂直分业监管为主，地方政府金融管理体制为辅的监管体系。新型城镇化的建设离不开地方金融的支持，因此，完善地方政府金融管理体系对新型城镇化的长远发展意义重大。首先，要合理划分和明确中央与地方金融管理的职责，同时加强双方的信息沟通，中央职能部门适当给予指导与协调；其次，地方政府可以成立专门金融工作组，设立金融研究院针对地方金融发展提供智力参谋。

（四）建立健全金融支持体系，实现城镇金融机构多元化

面对新型城镇化过程中的多样化金融服务需求，金融机构应当发挥其创新性和灵活性，建立完善的新型城镇化投融资机制，构建一个多层次的、强健的、审慎的金融支持体系。首先，发挥好政策性金融的先导作用，调整农业发展银行、农业银行等的借贷业务，推出更加适合新型城镇化的金融业务，在农业生产专项贷款、农民创业贷款、农村基础设施贷款和扶贫贷款等业务上有所倾向。其次，发展中小型金融机构，发挥中小金融机构规模相对较小，管理层次少，与客户联系密切，具有零售业务的优势，立足地方，服务地方，为众多的中小企业和个人提供特色的金融服务。最后，放松农村金融市场的准入机制，引入小额信贷、村镇银行等金融组织，规范、引导民间金融活动。只有通过不断挖掘资本市场的潜力，实现金融机构多元化、市场化，才能逐步建立起多层次的农村金融组织体系，为新型城镇建设提供优质全面的金融服务。

（五）构建良好城镇生态环境，提供多样化扶持方案

新型城镇化的核心含义是让农民进入城市并享受到更好的医疗教育等社会保障，因此政府需要不断提高社会公共服务效率，加快基础设施和公共服务设施建设，提供更多的教育、就业机会以及更好的医疗保障制度，努力为新型城镇化建设中即将由农村人变为城市人的这一部分人提供可以生存和发挥价值的土壤。政府需要根据当地具体情况支持农民创业和城镇中小企业发展，为城镇人口提供合适

的金融扶持方案措施,发挥城镇人口主观能动性,带动新型城镇经济发展。加大政府扶持力度的同时建立起政策性金融财政补偿制度,发挥政府的服务功能,同时,政府也应发挥导向作用,通过加强社会信用体系建设,完善企业、个人征信系统;开展诚信教育,防范道德风险,优化基层金融生态环境;加强财政投入和风险分担,控制风险,尤其是对于债务融资,保证社会公众、储户的利益。只要构建起良好的适合农村金融发展的外部环境,便能有效地吸收各界资金流入,行业创新和改革。

(六)完善相关法律法规,为金融支持新型城镇建设提供保障

市场经济是法制经济,开放农村金融市场必将带来一些新的问题和挑战,所以必须在开放市场的同时对金融支持政策、相关法律法规进行一定的规范和重申,赋予经济法更强更多的保障力度。在金融支持新型城镇化建设的过程中涉及到税法、合同法、商业银行法、企业破产法等等非常多方面,这些法律法规在维护现有的金融市场秩序上发挥了一定作用,但是在发展水平相对低下的农村地区,很多条例需要进行适当修改。例如,尽快完善资产证券化的相关法律法规体系,为基础设施资产证券化的可行性提供有力的保障;在土地改革税收方面进行补充和完善,推出适合宅基地商业化的税收规定,以稳定政府税源。同时,应该成立必要的监督管理部门,对于违反法律法规的金融活动严格惩罚和防范,对于破坏自然环境的企业提出警告和整改措施,改善农业和乡镇企业的投资环境,为人口城镇化、基础社会建设、产业发展提供法律保障,防控债务风险,加强法律援助工作,使民众有法可依,使投资者依法办事。

第三节　新型城镇化的土地集约利用

一、土地集约利用的内涵

土地是最基本的生产要素,是城镇化的重要依托,土地利用的集约化水平,直接关系着经济增长方式的转变和可持续发展战略的实施,关系到新型城镇化发展的绩效。

（一）土地集约利用的含义

简单地说，土地集约利用就是在一定的土地面积上增加投入，以获得土地的更高报酬。城镇本身应该说就是集约化的空间组织形式，是政治、经济、文化、人口高度密集的中心，作为其载体的城镇土地也必然是高度集中，密集地使用。

我国人多地少的基本国情和快速城镇化进程中人地矛盾的加剧，使土地集约利用问题成为许多学者和社会公众关注的热点。

目前，对于土地集约利用内涵的界定存在两种观点：一是认为集约利用是粗放利用的对称，土地集约利用是指在兼顾环境效益和社会效益的前提下，通过增加对土地的投入，以达到提高土地的利用效率、增加经济效益、节约用地的目的，属于经济学范畴。马克伟认为，土地集约利用是指在科学技术进步的基础上，在单位面积土地上集中投放物化劳动和活劳动，以提高单位土地面积产品产量和负荷能力的经营方式①。二是认为土地集约利用不完全是经济范畴，通过增加对土地的投入，除了提高经济效益外，还要提高社会效益和环境效益，即强调城市土地利用的综合效益。何芳、魏静认为城镇土地集约利用，指合理投入劳动、资本和技术，充分挖掘城市土地潜力，获得土地最佳的综合利用效益的过程②。有的学者指出城镇土地集约利用并非无条件的，其前提与必要条件是城镇合理的布局和用地结构。随着城镇土地利用实践的推进，大家已由原来的核心考虑土地的经济效率转变为综合考虑城市土地利用的经济、社会、环境和谐的统一。

综上所述，本书认为"土地集约利用"的含义包括以下两点：

第一，土地集约利用核心在于通过各种有效的投入，不断提高土地的经济利用效率和经济效益，主要还是解决经济学范畴的问题。

第二，城镇是人类社会经济活动的载体，城镇经济是一个多层次的大系统，在这个大系统中，土地无时无刻不在起着重要的作用。由于城镇土地承载着各种社会、经济活动，对其利用必须接受法律法规的约束，必然要受到相关规划和管理制度的制约，我国当前有关城镇规划制定的一系列技术标准，应该成为国家和地方法律法规体系的组成部分，应该成为城镇土地利用的指导和约束准则。

因此，综合考虑城镇规划制定的技术标准要素和市场条件下可能形成的土地经济效益状况，本研究将城镇土地集约利用的内涵界定为：以符合城市规划、土地

---

① 马克伟. 论我国土地管理制度的改革[J]. 中国土地，1998(8)：23-27.

② 何芳，魏静. 城市化与城市土地集约利用[J]. 中国土地，2001(3)：25-27.

利用总体规划及国家相关法律法规为前提,通过增加对土地的投入(劳动、资本和技术),不断提高土地的利用效率和经济效益的一种动态的开发经营模式,目的在于挖掘土地使用潜力,节约宝贵的土地资源。

用经济学的语言来描述,土地集约利用是在约束条件下的目标最优化问题。其中,最优化目标为土地总的投入产出差距最大化(用最少的土地投入实现最大的产出),而此最优化目标的约束条件便是土地投入量不能超过相关法规所限制的量。在国家提出"新型城镇化"的背景下,土地集约利用也被注入了新的内涵,即更加注重经济效益、社会效益、与生态效益三者间的结合,更加关注农村土地资源与建成区土地资源的发掘潜力,促进土地的利用结构更加优化合理,提高土地利用效益。

(二)新型城镇化与土地集约利用的关系

城镇化是农村人口向城镇集聚、非农产业在城镇集聚、城镇空间不断扩张的自然历史过程。而我国目前正处于城镇化高速发展阶段,"新型城镇化"一词不断出现在我们的视野。我国十三五规划明确提出,要推进以人为本的新型城镇化。新型城镇化的发展并不是单独的发展,而是依靠一定的载体推进的,而土地资源就是成为推进新型城镇化进程的一个重要载体。可见,新型城镇化的推进与土地资源及其空间的布局是息息相关,新型城镇化与土地的集约利用的是相互促进相互制约的关系(见图 3-7)。

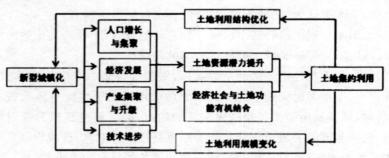

图 3-7　新型城镇化与土地集约利用的关系

1.新型城镇化建设对土地集约利用的影响

从新型城镇化与土地集约利用的相互作用图中,可以看出,新型城镇化的发展与城镇土地之间存在着相互影响。新型城镇化的发展都是以土地资源为基础的，新型城镇化的发展会促进土地集约利用程度的提高，土地集约利用水平的提高可以让城镇向更好的方向发展。下面具体介绍新型城镇化的发展对土地集约利用的作用与影响。

（1）人口增长与集聚对土地集约利用的影响。

新型城镇化更加注重以人为本，核心是人口城镇化。人口城镇化实质是非农人口向城镇迁移的过程，表现在城镇人口占总人口的比重，更包含非农人口享有同市民在住房、教育、医疗和社会保障方面的待遇水平提高。随着城镇人口的增长，极大地增加了城镇建设用地的需求，如：增加了商业用地、公共交通用地、学校、医疗、文化等公共设施用地需求，还会增加城市园林绿化、公园休闲、生态景观用地需求，从而使城镇建设用地的供需矛盾日益突出。要指出的是，随着城镇人口增长与集聚，城镇建设用地增加具有某种不可避免性。除了适当的征用农村土地之外，关键在于，加强城镇土地利用规划管理，转变土地利用方式，通过旧城改造、城中村改造棚户区改造来盘活城市土地存量，增加城镇土地供给。同时，通过节约集约用地，提高城镇土地利用效率和产出效益。

（2）经济发展对土地集约利用影响。

经济发展也是城镇土地集约利用主要驱动力之一。一般来说，经济发展来源于两个方面：一是要素投入的增长，二是要素使用效率的提高。GDP 是衡量区域经济发展水平的一个重要指标，区域土地利用方式和结构随着 GDP 的增长会发生相应的变化，土地利用主要是通过提高单位面积土地的经济效益和增加土地利用面积这两种方式，来实现 GDP 的增长。随着 GDP 的增长，特别是二、三产业的快速增长，土地的需求增长是大势所趋，主要从城镇新区、经济开发区、城镇住宅用地以及公共设施用地的快速增长体现出来。而房地产业，金融服务业和高新技术产业对城镇 GDP 的增长贡献最大，继而导致在对城镇土地利用结构、土地利用方式、利用效率产生较为深远的影响。总体看来，随着 GDP 的增长，城镇土地需求呈现上升趋势，经济发展水平影响着城镇土地利用结构、土地利用方式、利用效率，从而影响城镇土地集约利用水平。

（3）产业集聚与产业升级对土地集约利用影响。

城镇产业结构调整是指第一、二、三产业在城镇产业中的比重不断变化。随着经济的发展和城镇化进程的加快，城镇的各产业部门也随之发生了相应的调整和变化。经济理论研究表明，经济发展并非是对原有的传统经济比例简单放大，而是首先意味着经济结构的变化，产业结构的全面转变是经济发展和快速城镇化阶段的主要特征,产业升级是经济发展的主线。随着城镇化进程的不断加快,产业结构也呈现升级趋势。从土地利用角度来看,产业的聚集和升级表现为土地利用结构的调整,这主要是由于不同的经济部门土地占用水平的差异以及发展的不平衡所导致的。

目前,我国城镇正在积极转变其传统的政治、文化和制造业中心的功能结构,提升服务业和高新技术产业在社会和经济发展过程中的重要作用,城镇功能正由生产型转向管理服务型;城镇产业结构类型也正经历着从"二、三、一"向"三、二、一"的转变,即产业结构高级化。毫无疑问,更高一级的产业结构类型无论是从容纳劳动力的数量、承载的技术含量,还是创造的产业效益都要明显高于低级的产业结构类型,因此可以说,城镇产业结构的高级化促进了城镇土地集约利用水平的提高。

(4)技术进步对土地集约利用影响。

技术进步的实质在于技术创新及其转移扩散。技术创新是技术进步的核心,技术转移和扩散能够将本部门、本区域的先进技术外溢至其他部门和区域,提高相关部门的生产效率。人类的科技和工业发展史已证明,在工业的发展过程中,国内技术创新能力的提高,包括土地资源在内的各类资源的集约利用度就会越高。技术创新机制可以从很多方面对土地集约利用产生影响。在农业用地上,技术创新改进了农地耕作方式,节省了大量的劳动力;改变了"靠天吃饭"这样的农俗思想,甚至可以在一定程度上利用自然这一有利条件为农业生产活动创造条件,培育农业作物的优良品种,提高土地的单产数量。在城镇用地上,交通技术进步、生产技术创新、建筑技术进步等方面也很大程度上影响了土地集约利用。生产技术的革新成果给厂商带来了生产成本节约,获得超额利润,在竞争中保持领先优势,必然会投入一定的资本用于新的土地集约型生产技术和生产方法研究,当新的生产技术被研发时,这一过程将使厂商用资本代替土地,从而使单位面积土地上的投入强度进一步增大。因此,在不增加土地投入量的情况下,厂商实现了土地集约利用。此外,伴随着城镇化的不断发展,城镇必然会向其外向扩张,一部分城镇外缘土地转化为城镇用地,其集约利用水平也会随之得到提高。

2.土地集约利用对新型城镇化建设的影响

土地是城镇形成和发展的物质基础,承载着城镇所有的经济活动和社会活动。土地利用的方式关系到土地潜力的发掘与可持续利用,关系到城镇的兴衰与区域经济社会的发展。因此,可以通过提升土地资源潜力和加强区域经济与土地功能的有机结合来促进新型城镇化的可持续发展。具体来说,土地的集约利用对城镇化建设有两个方面的影响。

(1)土地集约利用促进城镇用地结构的优化。

城镇经济的可持续发展以合理的产业结构为依托,而合理的产业结构又以城镇土地利用结构为基础。我国目前普遍存在工业用地比例偏高,道路、广场、公共绿地用地偏低的现象。针对这种现状,加强土地的集约利用就要做到依据国家和地方的产业政策,对于鼓励发展的企业、产业多提供地,促进其发展;对于不符合产业发展政策的行业部门采取少供地或不供地的措施。例如,通过采取"退二进三"的产业置换政策,达到调整产业结构的目的。可见,通过土地的集约化利用可以促进城镇土地利用结构的调整,促使各个产业集约利用土地,带动整个产业结构的优化升级,从而提高城镇化水平。

(2)土地集约利用促进城镇规模的适度发展。

土地的集约利用与城镇规模的扩展是相互作用的两个方面。城镇规模与两个方面的因素有关,一个是经济社会的发展水平,另一个是土地的集约化程度。一般来说,在城镇发展的早期,城镇是以外延式的扩展为主。但当城镇扩展到一定的规模时,问题就开始显现,土地资源浪费、人口压力等等,这些因素要求必须走集约利用土地的道路,城镇的发展开始从外延扩张的主导形式而向以集约利用为主的内涵发展模式转变。因此,现阶段的土地集约利用是在城镇规模适度条件下的集约利用。土地集约利用可以有助于发挥大城镇的适度规模优势,同时又能促使形成中小城镇的规模效益,推进中小城镇向中等城镇转化的步伐。

总之,土地是新型城镇化可持续发展的物质基础和基本保障。新型城镇化的可持续发展指人口、经济、生活方式和生态环境等各个方面,即适合的人口密度、健康的经济发展水平、居民的幸福指数和优质的居住环境等等。它们是新型城镇化可持续发展的必备要素,而这些要素实现的物质基础就是土地的集约利用。在土地总量一定的前提下,土地集约利用是实现社会经济发展的必然要求。土地的集约利用将提高土地产出的经济效益,通过调整土地利用结构来促进产业结构的优化升级,增加第三产业的比重,最终促进城镇经济的发展。城镇土地集约利用的水平也直接影响着城镇的生态环境效益。一方面,土地作为生活环境的一部分,具有社会使用价值;另一方面,从市场价值的角度,土地作为一种商品,是自然系统的一部分,具有生态景观价值。即对于新型城镇化发展来说,在重视发挥土地社会使用价值的同时,也应注重土地的生态价值。因此,土地集约利用水平的提高,不仅可以促进城镇用地结构的优化,促进城镇规模的适度发展,最终实现城镇土地资源在人口、经济、社会生活和景观效益方面的协调发展。

二、新型城镇化土地集约利用的措施

（一）推进城乡协调发展

1.进一步推进农村土地整治以及城中村与旧城改造工程

推动农村土地整治工作的顺利开展，其必要前提就是保证耕地质量得到维持，数量不会下降，农民自愿展开，以一定数量的自然村作为基本单元，依据土地整治的整体规划，设立专门的建新拆旧区，对于乡村土地进行整治，进而提升农村建设用地的利用水平。在制定城市发展相关规划时，可优先考虑城中村与旧城改造的相关方案，并着重考虑大型商业综合体、商业地产、星级酒店等建设需求，同时对于城中村与旧城改造地项目，可酌情降低有关费用。这些措施的制定有助实现发展模式从外延扩张转变为内涵发展，实现建设用地利用效率的提高。

2.建立规范化流转制度，推动农村集体土地流转上市

农村集体土地的流转上市包括生产用地和建设用地的流转上市。在农业生产用地方面，可以通过土地承包经营权入股、出租、转让等流转方式，将农业生产用地集中到龙头企业和种植养殖大户手中，达成土地的集约化经营，防止土地利用效率较低而导致浪费的现象。建设用地的流转则主要包括农村居民的住宅用地和集体建设用地。

在展开土地流转制度的设计过程中，应当提供多样化的流转方式提供挑选。流转制度的制定，既要符合农民意愿，又要合理评估土地价值，在保证农民能够享受土地增值收益和合法权益的同时，也能保证土地规模经营的效果，促进土地资源高效节约集约利用。

（二）严格执行土地管理法律法规

1.加大土地法律法规的宣传和执法力度

新《土地管理法》在1998年颁布，从1999年1月1日施行。一方面，新《土地管理法》在城镇土地利用的实践中的法规指导性、约束力正不断增强。另一方面，城镇建设的土地利用要完全步入法制化轨道，还需要作长期持久的、认真细致的工

作。法律制度的效率取决于执法和全体公民的法制意识和法律水平。坚持认真学习、大力宣传新《土地管理法》对我国城镇建设的法制环境建设是十分重要的,是城镇建设的有序发展的必备条件。

2. 严格耕地占补平衡

《土地管理法》在确立占补平衡制度时,对补充耕地的质量要求做出了明确规定:占补平衡必须由占用耕地的单位负责开垦与所占用耕地的数量和质量相当的耕地。但是,不少地区为了使建设项目占用耕地能够得到及时的补充,以满足建设项目占用耕地审批的需要,对补充耕地的质量保证往往只停留在几个简单的数字要求上,对土壤的鉴定、质量验收、开发后的利用管理等方面缺乏有效的监督保证措施。因而开发出的耕地质量较差,很难形成一定的生产能力,甚至造成丢荒。这不仅没有实现真正意义上的"耕地占补平衡",而且造成了资源的破坏和开发资金的浪费。运用价格机制调控用地,土地价格要反映土地价值,制定基准地价和协议出让土地最低价标准,严禁压低地价招商。

3. 严格土地审批

在土地使用审批上,要防止人情审批,审批程序要合法,审批内容要真严格按规划使用土地。

(三)严格按规划使用土地

1. 严格控制建设用地增量

要真正使城镇建设所对应的土地利用总体规划和土地利用年度计划共同成为城镇建设用地的约束,按照总体规划和年度计划对建设用地总量控制,并施行土地用途管制制度。

2. 节约用地

着力盘活土地存量,推动土地的市场化配置,制定和实施新的土地实施标准,严禁闲置土地。首先,要提高城镇土地使用税征收标准和扩大各级土地征收额的差距,并缩小免缴土地使用税的土地范围。其次,加大土地整理力度和旧镇区改造的力度,确保耕地总量动态平衡。土地整理是切实保护耕地的重要措施,旧镇区改造是节约耕地的必要手段。我国分实施重点建设的小城镇数量巨大,加大土地整理和旧镇区改造的力度,从而保护、节约耕地具有重大的战略意义。最后,加大现在小城镇的整合。由于小城镇的规模经济和聚集效益不如大中城市,发展第三产业的条件不如大中城市,小城镇必须主要依托第二产业寻求生存和发展,而第二产业的占地明显比第三产业多。而且,小城镇土地的利用效率也较大市低。小城镇的过度分散发展,势必要消耗大量的土地资源,势必从总体上降低城镇化过程中的土地利用效率。因此,从节约土地资源计,也有必要淘汰一部分效率较低、规模过小、产业基础较差的小城镇。

3.切实保护耕地特别是保护基本农田

全国现有基本农田总量不能减少,用途不能改变,质量不能下降。基本农田要落实到地块和农户,严禁擅自改变和占用。

(四)强化土地集约利用监督

1.利用现代技术强化土地集约利用的监督

在新技术的背景下,要充分利用现代科技和现代信息网络,完善土地监管监测系统平台,发挥其技术支撑和保障作用。在监测系统中,要重点加强对土地变更调查、土地规划的执行、土地供应的变化的监测,掌握土地流转和置换、土地闲置和土地有偿使用的情况,加强容积率实施监督,全面促进动态巡查工作的有效落实。对于不符合土地集约利用要求的应当严格依法进行追究。结合监督情况,对于较好贯彻执行集约政策的组织和个人给予鼓励和支持,出台税收优惠和政策扶持等激励措施,鼓励企业加大投入产出力度,激励土地集约利用。充分考虑城市各区域规划执行情况、存量建设用地和未利用地的挖潜使用情况、土地利用效率和产出情况等,将考核结果作为分配新增指标的依据。建立土地集约利用考核评价制度,采取对集约利用奖励和粗放用地惩罚的措施。及时对土地粗放利用及土地利用违法行为的曝光。

2.扩大土地政策的监督渠道

土地利用所涉及的利益群体众多,中央、地方政府、土地使用者、公共群体等等都与土地利用相关,土地政策的优化离不开良好的政策环境,这种环境强调确保制度创新的三个重要条件:展开广泛争论的能力,充分公开信息让较多的利益相关群体在掌握较多的相关信息的的基础上展开广泛争论;实现多方参与,使政策能够充分考虑到相关群体的利益；实现上面两个条件的制度体系，确保多方参与成为可能。

在我国的分级管理体制下，政府扮演两个角色，一方面政策既是地方利益的代言人，另一方面它又承担着法律执行者的角色。在这种体制下，由于对政府土地利用行为的有效监督难以实现，在经济利益的驱使下，就会导致政府用稀缺的土地资源作为成本来换取地方利益。因此应建立对政府部门的监督和规范机制，消除"土地财政"存在的"温床"；改革地方官员考核标准，将城市土地集约利用状况纳入到相关部门官员的业绩考核内容中；分解地方政府的土地所有者代表权、经营权和管理权，强化土地管理部门垂直管理的职能；同时建立进行土地集约利用评价的职业技术队伍和机构，为考核制度的实现提供数据支撑。

除此之外，在实现的方式上，在政府方面，土地政策需要政府部门的相互配合才能得以贯彻，国土资源部门之外的如规划、财政、建设以及环保部门都应该参与政策的全过程；在非政府方面，可以充分利用互联网、报刊杂志、广播电视等各种媒体，拓宽公众意见搜集渠道，建立公众参与城市土地集约利用监督的机制，发挥大众新闻媒体的监督作用。特别是利用非政府组织的力量，实现政府与非政府组织的沟通与合作，通过非政府组织的传递更能够听见来自公众的声音，也可以充分利用到非政府组织的"智囊团"功能，为达成共同的目标而努力。

第四章　乡村振兴背景下新型城镇化与农民工市民化

发展以"人"为核心的新型城镇化是未来城镇化建设的重要方向。农民工对新型城镇化建设起着至关重要的作用,他们能否在城市稳定地参加工作并实现市民化直接影响着新型城镇化建设的速度和质量;与此同时,新型城镇化的发展也可以为农民工实现市民化创造新的条件。本章是对乡村振兴背景下新型城镇化与农民工市民化的研究,内容涉及农民工市民化的内涵,新型城镇化进程中农民工市民化的现状及对策。

第一节　农民工市民化的内涵

一、农民工市民化的含义与特征

任何一个国家在从传统社会向现代社会转型过程中,必然经历一个产业结构和城乡结构的转换过程,以及与此相联系,经历着由农业人口向非农业人口、农村人口向城市人口、农民向工人的转换过程。由于我国特殊的二元经济制度,农村人口转移并未像西方国家那样实现农民向市民的职业、地域和身份相同步的彻底转变,而是经历了由农民到农民工,然后再由农民工到市民的"中国路径"。

(一)农民工市民化的含义

1. 农民工

关于农民工的概念,学术界从社会学、经济学等不同角度进行了探究。在社会学意义上,农民工是一个身份加契约的称谓,他们身兼"农民和工人"的双重使命。社会学家张玉林教授 1983 年最早提出农民工一词,认为其称谓有两层含义:"农民"是身份,"工人"是职业。他们来自农村,却活跃于城市,通过其有目的的活动即劳动,创造社会财富,推动城市建设发展。在经济学意义上,农民工被看做"一个阶层"或"特殊的群体"。陆学艺在他的阶层理论研究理论中,将农民工界定为"一个阶层",包括"离土又离乡"的进城就业的城市农民工和"离土不离乡"的乡镇企业就业的农民工。

综合不同角度对农民工的定义可见,农民工是农民分化的结果,是经济社会转型期的特殊群体,是指具有农村户籍,仍保留有农村土地的经济联系,但离开土地在城镇从事非农经济活动,以工资收入为主要来源的具有非城镇居民身份的劳动者。从户籍身份上说他们还是农民,但职业上已经是产业工人的重要组成部分,它同工人的区别主要在其农民身份,而同农民的主要区别则在其工资收入。

2. 农民工市民化

在中国的城镇化进程中,由于二元经济结构导致的二元制度造成了农民向城市转移的障碍,所以,与国外农民市民化中单一的由农民到市民转化不同,我国走了农民—农民工—市民化的中国路径。可以说,这是农民市民化在中国的一种特殊表现方式。目前从狭义的角度看农民工市民化是与国家、政府相关联的技术层面的过程,主要指进入的城市农民工等在身份上获得与城市居民相同的合法身份和社会权利的过程,比如选举权、居留权、受教育权、劳动和社会保障权等。市民化的明显标志就是获得所在地的城市户口及其相应的社会权利。而从广义的角度来看则是与国家、政府相对应的社会文化层面上的过程,是指在我国现代化过程中,以工业化和城镇化的为推动力,促进现有的传统农民在身份、职业、社会地位、意识、社会权利以及生产生活方式等各个方面向城市市民的转化并融入城市文明的社会变迁过程。

综合以上观点,本书认为完整的农民工市民化,应该是广义上的农民工市民化。农民工市民化是指农民工在国家、政府的法律与政策推动下,获得与城镇居民相同的合法身份和社会权利的过程和现象。它既是一个过程,也是一个结果,并包含了四个层面的含义:一是在地域上由社区上从乡村社区向城市社区流动;二是在职业上,由次属的、非正规的劳动力市场上的农民工转变为首属的、正规的劳动力市场上的非农产业工人;三是在社会身份上,由农民转变为市民;四是在意识形态、生活方式和行为方式的上由乡村文化向城市文化的转变。具体包括了农民工从农村退出、城市进入以及城市融合三个环节[1]。因此,农民工市民化是一项十分复杂的社会系统工程。

(二)农民工市民化的意义

《中共中央关于制定国民经济和社会发展第十三个五年规划的建议》中指出,"推进以人为核心的新型城镇化。提高城市规划、建设、管理水平。深化户籍制度改革,促进有能力在城镇稳定就业和生活的农业转移人口举家进城落户,并与城镇居民有同等权利和义务。实施居住证制度,努力实现基本公共服务常住人口全覆盖。"由此可见,根据我国具体国情和现阶段城镇化建设的特点来看,推进城镇化建设的关键是加快农民工市民化。

1. 有利于促进国民经济增长和现代化进程

农民工市民化是推动我国经济快速发展的强大动力,是我国实现小康社会的重要保障。农民工市民化必然使农民剩余劳动力转移到城市,为城市发展中注入新的活力和动力。农民工市民化有助于劳动力的自由流动,实现劳动力的高效配置;农民工在城市安家扎根还能推动农民工进城从事二、三产业,为城市发展提供充沛的人力资源,加快我国产业结构调整,推动我国经济蓬勃发展。

现代化是世界发展的历史潮流和必然趋势。工业化的实现推动人类社会从传统的农业社会向现代工业社会不断迈进,它是现代社会全球性的大变革,因此也必将引起人类社会的巨大变革。现代化将渗透到日常生活、政治、文化、思想文化、居住方式、思维习惯等环节,影响人类社会的方方面面。现代化的主题内容是人的现代化。因此,农民工市民化符合现代化发展的趋势。农业是现代化建设的基础,是现代化的重要组成部分,中国社会科学院陆学艺曾经指出:"农村现代化如何,是中国现代化前途所系,反过来也可以说,中国现代化的关键在农村现代化,其难点也在农村现代化。因此,探索一条符合中国国情的农村现代化之路,对于更快地推进中国现代化进程,就具有特殊重要的意义。"[2]农民在城市打工可以获得比土地更高的经济效益,单一有限的农村土地收益方式严重阻碍农民对土地的积极性和创造性,土地是农民工最低的保障和最后的选择,因此在农村往往会出现弃荒粗放的不良现象,造成土地资源的浪费和农村经济水平的下降。农民工市民化有利于部

---

① 刘传江、徐建玲.中国农民工市民化进程研究[M].北京:人民出版社,2008.
② 陆学艺."三农论"——当代中国农业、农村、农民研究[M].北京:社会科学文献出版社,2002.

分农民从土地解放出来,也有利于种田大户将农村土地资源集中起来,扩大农业生产规模,实现农田精耕细作,发展多种农业增收方式,推进现代农业和循环农业的不断发展,促进农村经济有粗放型向集约型不断发展。合理高效的人力资源配置有利于实现国民经济的高速增长。农民工市民化使农民在城市安家落户,并且享有城市市民的同等待遇,有利于解放农村剩余劳动力,使农民从土地上解放出来,为城市二、三产业发展提供充沛的人力资源,加快我国产业结构的优化升级和产业化发展的步伐。

2.有利于扩大内需

农民工市民化有利于扩大内需,是我国经济可持续增长的重要源泉。农民工数量庞大,截至 2017 年,我国农民工总量达到 28652 万人,是我国经济建设中的重要组成部分。经济收入对消费起决定性作用,我国城镇居民人均可支配收入始终高于农村,城镇居民的消费水平自然高于收入较少的农村地区,而农村居民在日常生活中的支出比重较大,因此城镇恩格尔系数低于农村。农民工市民化,由农业人口逐渐转变为在城镇工作的非农业人口,工资收入会随之增加,消费能力不断提高,总收入中可消费的金额比例也会随之增加。

消费者的消费理念对消费结构和消费需求有较大的影响。实现农民工市民化必将引起社会制度和社会保障的变革,农民工不再将收入中的大部分用于储蓄,消费观念的变化会引起子女教育和养老问题的改善,农民的消费观念将会更科学,更注重质量的提升,从而更有利于国民经济的健康发展。

3.有利于维护农民工权益

近些年来,随着我国经济的快速发展,农村劳动力进入城镇就业后的收入状况和生活水平与之前相比较有了较大改善,但因制度等因素阻碍,进入城镇就业和生活的农民工难以融入城镇安居乐业,充分享有与城镇居民相等同的权益和待遇。

我国在建国初期,为了促进重工业发展的需要,在 1958 年实行了严格控制城市人口规模的户籍制度政策,因此逐渐形成了城乡分割的局面,延缓了城镇化的进程。改革开放以来,我国的城镇化水平随着经济的快速发展不断提高,但是在此进程中,城镇户籍人口数量并没有同比例增加。如 2010 年我国第六次全国人口普查显示,中国城镇化率是 46.59%,而城镇户籍人口占全国总人口的比例只有 33% 左右,这意味着有 13.6% 亦即 1.28 亿生活在城镇里的人没有获得城镇户口及享有城镇居民应有的待遇。

实现农民工市民化,正是要破除依附在此制度上的一系列不公正、不平等的政策,从而实现均等的公共服务体系,维护广大农民工群体的切实权益。并且从不同的维度,促进广大农民工扎根于城市、融入于城市、成长于城市,使得他们,能够在城市中不仅劳作与耕耘,更能分享与收获,与城市休戚与共,开创幸福的生活。

4.有利于破解三农问题,统筹城乡发展

随着经济体制的改革和市场经济的推进,我国经济社会发展取得了举世瞩目的伟大成就,但由于体制、政策、观念等多方面原因,城乡差距不断拉大,呈现出"三农"问题,严重制约着我国整个国民经济协调健康发展。破解"三农"问题已成为我国当前经济社会发展面临的主要任务之一。

造成城乡差距拉大、农村经济社会发展滞后的重要原因,在于城乡"二元"经济结构。经过多年的改革,我国虽然在缩小城乡差距、构建城乡协调健康发展方面取得了一定的成效,但城乡"二元"经济结构仍未从根本上得到改变,并且城乡之间经济社会发展的差距逐渐拉大。"二元"经济结构成为了解决"三农"问题、缩小城乡差距的制约瓶颈。在城乡关系上仍然存在着一定程度的制度约束,使农民在自身发展上处于不利地位;在城乡治理的制度安排上,延续多年的户籍制度、就业政策、教育制度等严重束缚了农村经济社会发展的活力;在社会保障体系建设方面,农村居民难以享有同城镇居民同等的社会福利保障,农村居民享受到的公共服务及公共物品,大大低于城市居民水平。这种城乡分割的"二元"经济结构严重制约了我国国民经济的协调健康发展,尤其是制约了各要素在城乡间的自由、双向流动,造成农村经济发展缓慢。"二元"经济结构还通过"剪刀差"对农村进行剥削,为城镇的发展提供相应的资源及物质基础,这便造成了农业和农村发展缺乏必要的资金,农业发展后劲明显不足,同时,农民贫困,增收困难。

破解"三农"问题的关键在于农民的发展问题,而农民发展的关键在于向非农产业转移就业。而实现农民工市民化,正有利于破除制约农民工迁离农村扎根城市的制度性障碍,促进农民工群体就业与增收,并有利于充分调动城乡经济资源,促进各要素在城乡间自由流动,从而有利于强化城市对农村发展的带动力,统筹城乡经济社会发展。

三、新型城镇化与农民工市民化的关系

（一）新型城镇化战略为农民工市民化提供了机遇和动力

1.新型城镇化战略为农民工市民化提供了政策支持

2013 年中央经济工作会议指出，"要积极稳妥推进城镇化，着力提高城镇化质量。要围绕提高城镇化质量，因势利导、趋利避害，积极引导城镇化健康发展。要构建科学合理的城市格局，大中小城市和小城镇、城市群要科学布局，与区域经济发展和产业布局紧密衔接，与资源环境承载能力相适应。要把有序推进农业转移人口市民化作为重要任务抓实抓好。"《国家新型城镇化规划（2014—2020 年）》（以下简称《规划》）深刻地指出要建立健全农业转移人口市民化的推进机制，完善政府职责，给予农民工更多的帮助，这体现了政府对城镇化发展的新思路以及对农业转移人口的重视。另外，《规划》指出要创新户籍制度、创新土地制度、创新城市生活服务管理制度，这将创造更有利的市民化契机，更加有力地解决农民工的后顾之忧，增强其市民化的愿望。城镇化已经作为我国现代化建设的历史任务，新型城镇化强调要走出一条不同于以往发展模式的道路，更加注重发展的质量和效益，更加注重发展所得收益由全民共享。新型城镇化承载着有序推进农业转移人口市民化的重任，农民工属于已经转移的农业人口，目前这部分人虽然在城市打工，但是仍为农民，市民化之路依然漫长。新型城镇化为农民工市民化创造了机遇，有利条件和环境也逐渐显现。

2.新型城镇化可以带动提升农民工市民化的规模和质量

新型城镇化将有力促进中小城镇的发展，产业布局也将更加合理，也将有地推进农业现代化的发展。随着中西部中小城市的发展和大量二、三产业向中西部转移，大量的工作机会将提供给劳务输出地的中西部农民工，这将有利于他们就地安置，降低在东部城市及大中城市的生活成本，是他们更有机会和资本参与城镇化建设并成为受益者，完成市民化的转变。新型城镇化对于发展并不充分的中西部地区，意义更为深远，因为农民工中的极大部分来自于中西部地区，在中西部地区新型城镇化的过程中，市民化的规模无疑是空前的、巨大的。新型城镇化强调与工业化、农业现代化同步推进，农村也将进一步发展，农业产业化水平将进一步提高，这也将一定程度上吸纳部分已转移农民工返乡成为新农民，这将减少待市民化农民工的数量,从而降低农民工市民化的总成本。

3. 新型城镇化有助于转入城镇的农村劳动力扎根城镇、融入城镇

(1)新型城镇化有望降低农村劳动力扎根城镇的住房成本。住房成本太高,是阻挠农村劳动力扎根城镇的重要因素。目前国内存量房规模巨大,总体而言供过于求。而新型城镇化,将构建大中小城市、小城镇和新型农村社区的城镇体系,尤其重视中小城市和小城镇建设。从而将城市化中的涉及人群极大分流,改变目前过分集中于大中城市和特大城市的现状,从而有望基于供求关系的角度促进小城镇房价,进而全国大中城市房价的合理化。同时,新型城镇化注重社会保障,也必然包括采取多元化的住房保障措施,会对降低外来人口在城镇中的住房负担有所帮助。

(2)新型城镇化,着力构建和谐发展的整体大局,以人为本,以人的城市化为城市化的核心。因而,与城市中的"人"息息相关的衣食住行、安家落户、综合保障、持续发展,皆是新型城镇化应当充分关注的重要命题。忠实贯彻新型城镇化的应有之义,需要大力健全社会保障,在失业、医疗、养老等多重领域,构筑进城人员的坚强后盾,并使其父母、配偶、子女皆能在城镇中各得其所、分享实惠。

(3)新型城镇化,相比原有城镇化模式,更有助于转入人群获取城镇居民的身份资格,充分获取城镇中的市民权益。此两者,一体两面、相辅相成。能够获取城镇居民的身份资格,能在源头上保证获取与原城镇居民相均等的市民权益;而大力构筑市城乡居民在城镇中的权益均等化,又能极大便利进城人群城镇居民身份资格的获取,实现身份资格的市民化。新型城镇化,是人的城镇化,从构建城乡公共服务均等化,到全面实现进城人员权益的市民化,其核心要义,短期内皆为提升和保障非城镇居民的应有权益,使之与城镇居民相对等。而在权益上都能实现对等,又何须在城镇中分立区别城镇与非城镇居民的身份资格呢?取消两者身份差异,社会各界已呼吁多年,但仍未达成。社会权益尚且不能平等分享,身份资格又怎能予以融合?所以,新型城镇化,注重城乡居民权益均等化,因而大大有利于原非城镇居民获取城镇居民的身份资格。

(二)农民工市民化的发展能够加快新型城镇化的进程

1. 农民工市民化是新型城镇化的重要组成部分

城镇化的实质就要转移农村剩余劳动力到城市,提高城镇人口在总人口中的比重。以往的城镇化速度很快,规模也很大,但是质量不高,主要是因为已经纳入城镇人口统计的农民工并非真正意义上的市民,不是城镇化过程中的正真受益者。新型城镇化更加强调实现"人"的城镇化,就是要实现农村转移人口市民化,让他们成为市民,享有市民的权益,以及全面的社会保障和公共服务。党的十八大提出,要坚持走中国特色新型工业化、信息化、城镇化、农业现代化道路,并促进"四化"同步发展;加快完善城乡发展一体化体制、机制,着力在城乡规划、基础设施、公共服务等方面推进一体化,促进城乡要素平等交换和公共资源均衡配置,形成以工促农、以城带乡、工农互惠、城乡一体的新型工农、城乡关系。2013 年中央经济工作会议提出:"城镇化是我国现代化建设的历史任务,也是扩大内需的最大潜力所在,要围绕提高城镇化质量,因势利导、趋利避害,积极引导城镇化健康发展。要把有序推进农业转移人口市民化作为重要任务抓实抓好。"可以预见,农民工必然是新型城镇化的主要参与者和推动者,农民工市民化实际上已经成为新型城镇化的重要组成部分。

2. 推进农民工市民化能加快新型城镇化目标的实现

(1)在新型城镇化进程中的农民工市民化,其先决条件,是大规模农村劳动力生产方式的非农化,即实现广大农村劳动力,由农民向工人、职员的职业身份转化,这需要社会经济宏观需求的支撑,需要非农产业就业机会的支持,而非仅仅依靠城镇提供出空置的房子就能天然实现。造城运动,房子多、产业弱,因而有产值无收益,打工的人们买房困难、难以扎根、当候鸟,何谈市民化!产城互动,房子是结果、产业是根本,产业收入支撑房价产值,因而进城务工的产业劳动者,买房能力提升,相对易于扎根、能够市民化。所以,没有产城互动的新型城镇化,单靠造城运动,难以全面实现农民工的长久扎根和市民化;因此,坚定不移的追求和实现农民工市民化,能够始终惊醒新型城镇化的建设进程,不能重回造城运动的传统模式,而应务必大力推进产城互动,使城市空间,随着城市经济的繁荣,而自然拓展。

(2)农民工市民化,要求给予农民工城镇居民的身份资格。而没有、或没有能力给予城镇中所有人群均等化的公共服务和居民权益,必将无法全面取消城镇中不同人群的身份差异,因为这样的差异正是城镇中公共服务与权益分配的标识基础。因此,坚定不移的追求和实现农民工市民化,必定坚定不移地诉求城乡基础设施与公共服务的均等化,和城镇中城乡户籍人口市民权益的均等化;而这正是新型城镇化的重要目标和价值诉求。因此农民工市民化能够激励新型城镇化在城乡统筹、权益均等问题上坚持原则、不悖初衷,真正做到将城镇化的工作重心转变到进城人口权益的市民化上来。

（3）农民工市民化，要求自农村转入城镇的广大农民工，不仅扎根城镇，更在自身权益得到充分尊重的前提下，彻底融入，完全成为城镇中一份子，分享城镇的发展、福利与荣耀，与之生息与共，成为所在城市中完完全全的"市民"。达此境界，需要物质上与精神上的双重支持，因而相应需要新型城镇化产城互动与以人为本。尤其，就精神因素而言，要让广大农民工在市民化过程中，真正实现心理定位、精神文化、生活方式和行为方式等各个方面都融入城镇，没有所在城镇和谐包容的社会环境，以人为本的观念和对"人的城镇化"的不懈追求，没有城镇内部人群的协调发展、和谐的新型社会关系，是根本不可能实现的。因此，坚定不移的追求和实现农民工市民化，必然需要时刻倡导以人为本的新型城镇化理念，督促新型城镇化贯彻始终、不失人和。

3. 农民工市民化能够推动和支撑新型城镇化的健康发展与和谐繁荣

（1）农民工市民化能够更好地使农民工为所在城市服务，实现城市与农民工的共同发展。首先，在农民工市民化的过程中，对广大农民工的职业精神和职业技能培训，必将收获喜人的成效。其次，要实现农民工的市民化，不仅应使农民工群体在物质基础上扎根城镇，无需再在农村与城镇两地季节性往返，还应使之不再成为城市边缘处境尴尬的孤岛，获取所在城镇的居民身份、分享与原城镇居民相对等的市民权益，成为所在城镇的主人。而这份难能可贵的主人翁意识，这种历经长久努力方为建立的归属感，以及这一同荣共辱的均等化市民权益回馈方式，必能极大激励他们更加热忱的投入城镇的建设和发展中。

（2）农民工市民化能够推动新型城镇化产城互动、集约节约、和谐发展。为了便于实现农民工市民化，需要对广大农民工进行务实有效的职业精神和职业技能培训，以适应产业经济的发展所需，而这也同时有利于在新型城镇化进程中促进城镇化与产业经济发展的产城互动。农民工市民化能够为城镇中的第三产业发展带来机遇。不仅为第三产业的发展源源不断的注入劳动力和新思维、新力量，更激发出对城镇服务业的巨大需求。尤其是对于新型城镇化的进程中所将大力建设的小型城市，农民工市民化对第三产业发展所能带来的积极效应，更将由于城市原有经济总量较小而更加显著。

（3）此外，农民工市民化，还有利于在新型城镇化进程中推动形成更加公平正义、积极向上的城市精神，促进城镇发展的内部协调和人的发展，提升城市文化，进而成功构建和谐的新型社会关系。农民工市民化，赋予广大农民工群体城镇居民的身份资格、均等性获得公共服务和市民权益。一方面,没有新型城镇化进程中对城镇内部人群和谐发展的高度关注、没有城镇之中开放、平等、正义、包容的城市精神,这样的市民化成果是难以实现的;另一方面,农民工市民化的这一不断推进的过程,有将同时极大的推广、教育、进而形成共识、产生共鸣的强化与之匹配的城市精神,从而达到二者彼此支撑、相互促进、共同发展。因此,农民工市民化,能够有力维护和帮助实现新型城镇化进程中,以人为本、和谐发展、共同富裕的价值诉求。

第二节　新型城镇化进程中农民工市民化的现状

一、新型城镇化进程中农民工市民化的发展现状

(一)农民工市民化的宏观环境

国家对于推进新型城镇化和市民化出台了许多相关政策,为农民工市民提供了必要的政策支持。改革开放初期沿海地区大量引进劳动力密集型产业,使得对于劳动力的需求迅速增长,继而随着第三产业的蓬勃发展,我国非农产业对于农村劳动力的需求也随之出现了大量的增长。这是市民化在我国得以发展的先决条件之一。根据国家对于经济发展的规划指导和经济发展的需要,中央到地方均推出了许多有利于新型城镇化建设和推进市民化进程的政策或有利举措,逐步放开农村剩余劳动力向城市的落户,允许他们以进城务工或自主创业的形式落入所在地户口,从而进一步努力改善并消弱了城乡二元体制所带来的弊端。

(二)农民工的总体规模和基本素质

从 2008 年开始,我国的农民工总体规模依然在增加,但是增速却在不断放缓。这主要是由于人口结构的变化导致的。在我国放开二孩之前,随着中国计划生育政策的持续实施,中国总体人口年龄结构已经发生了根本变化。与之相随的是老龄化日益加剧,而劳动年龄人口的增速早已经开始呈现下降的态势。此外,从2011 年开始我国的农民工增速开始出现急剧下滑,2015 年增速降到最低点,之后开始开始缓慢上升,依据这一发展趋势,未来新增劳动年龄人口将在现有水平上再

持续减少,也就是说无限的劳动力供给将不复存在。从农民工的受教育程度变化来看,其知识水平和文化水平也在逐步提升,2017 年初中以上文凭的农民工占总农民工数量的 86％,高中以上文凭占到四分之一以上,且人数所占比例在进一步的增长。

(三)农民工的择业观念和就业环境

从择业观念的角度来看,新一代的农民工有很多没有兄弟姐妹,物质条件的改善也使得他们在家庭中备受关爱,就业观念也和以往的农民工有着很大的不同。他们对于工作的整体环境以及薪资待遇有更多的选择的同时也有着较高的要求,一些劳动时间长、环境较为恶劣的工作,对他们来说几乎没有任何的需求。因此,必然造成了一些"苦""脏""累"的工作缺少应有的劳动力,从而持续产生对农民工的需求。根据当前的现实情况来看也的确是这样,农民工的结构性稀缺和"毕业即失业"的难题总是相伴而行,这也使得我国的劳动力市场的整体结构显得不科学合理。这种情况的发生和我国的教育体制有着十分密切的关系,大学在吸收生源教授知识的同时忽略了对大学生的适应社会能力的培养。特别是大量农村出身的学生在基础教育方面往往比城市中生活的学生要稍微逊色,一部分又不愿意从事较为繁重的工作,所以使得大量高学历的农村学生在市场中无法给予自己清晰的定位。而企业对于"吃苦耐劳"的技术性人才的需求又在持续增加,这两个角度的结合使得当前的就业形势和环境均发生了很大的变化。当前的劳动力市场和就业环境所呈现出的一些不合理现象,同时伴随着农民工工资水平的不合理,而这种现象本身反过来又会对于不合理的农民工工资水平起到一定的缓解作用。比如高强度且繁重的工作很难找到合适的工作者,这本身也会使企业提高对这个岗位的工资待遇,故而不至于损伤农民工市民化的积极性。因此我们说,新一代农民工就业观念在变化的同时,市场整体的就业环境也在发生着深刻的变革,而这些变革对于农村的剩余劳动人口向城市转移有着很大影响。另外,从机会成本的角度来讲,农民工市民化的环境也在发生着变化。例如,现阶段我国针对农村和农业的大力支持,农村的生产力的不断发展和进步,使得农业部门所创造出来的价值也在不断增加,从而一些"农民工"放弃城市中的职业工作而回到农村从事相关的农业生产,这也对农村劳动力的流动和市民化进程产生一定的影响。

(四)农民工的市民化意愿

从农民工自身的市民化意愿来说,他们更愿意融入城市市民的生活,以便获得更好的社会福利和公共服务,相比于对前一代农民着重解决温饱问题不同,现阶段农民工对自身的发展和前途有着强烈的渴望。一方面,新一代的农民工越来越多,这部分农民工很少或几乎不从事传统的农业生产活动,对农业的技术和知识掌握较少且缺乏经验。再加上教育的普及,很多农村出身的学生在高中毕业后会直接进入社会工作,几乎没有从事过也不愿意从事农业生产。还有一部分农民工是从小和上一代农民工在城市中长大的,缺乏对农村的感情认知而非常渴望融入城市生活。另一方面,农民工群体目前所呈现的稳定增长倾向,很多农民工逐渐脱离了乡土情结,由之前的"候鸟式"或亦工亦农的形式逐步转向职业从事非农产业活动,新生代的农民工不愿意从事传统的农业生产活动,大部分农村居民开始了整个家庭的向城市转移,他们更愿意在城市中寻求一份稳定的工作。

二、新型城镇化进行中农民工市民化出现的问题

由于多重因素的影响,农民工市民化进程缓慢,举步维艰,呈现出农民工非农化与市民化的"不同步性"、成本的"高价化"、进程的"二元化"、结果的"准市民化"和"半市民化"等现实特征。

(一)农民工非农化与市民化的"不同步性"

农民工非农化与市民化不成比例,市民化总体水平较低。"农业剩余劳动力非农化"和"农村人口城市化"这两个过程,在绝大多发达国家是同步的、合一的、彻底的。例如,英国选择了以"圈地运动"为代表的、以暴力为核心内容的强制性转移模式;美国选择了以自由迁移为特征的非农化转移模式。但是,由于中国特有的二元体制和制度,在渐进改革模式下的城乡人口转移呈现出特有的中国路径——农村人口的城市化过程被分割为两个子过程:第一阶段从农民(农业剩余劳动力)到城市农民工的过程;第二阶段从城市农民工到产业工人和市民的职业和身份变化过程。目前,第一阶段已经取得重大进展,但是,第二阶段即农民工转化为市民的进程,却举步维艰。

(二)农民工市民化成本的"高价化"

农民工市民化的成本是指实现农民工在城镇定居所需要的各项经济投入,也即要让农民工享有与本地市民相同的各项权利和公共服务所需的公共投入。农民工市民化的成本分为两类,一是公共成本,二是个人成本。公共成本是指农民工市民化过程中由政府为保障城市的健康、协调发展所必须支付的基础设施建设、生态

环境治理、公共管理等成本。个人成本是指农民工转化为市民所支付的生活成本、智力成本、自我保障成本、住房成本以及放弃农业经营的机会成本。农民工市民化的高成本，首先表现在城市化的公共高成本上。根据城市化成本—收益模型分析，建设部调研组（2006）认为每新增一个城市人口需要增加市政公用设施配套费小城市为 2 万元，中等城市为 3 万元，大城市为 6 万元，特大城市为 10 万元（不含运行和管理成本）。而中国发展研究基金会（2010）认为中国当前农民工市民化的平均成本在 10 万元左右。另一方面，农民工市民化的高成本，表现为个人支付的高成本。具体来说，其一，农民工进入城市的工作搜寻成本高。其二，农民工在城市生活必须支付食物、水、电、气、交通通讯等费用，同时，为获得城市就业所需的技能而支付教育培训费用，为规避风险而为自己或家人购买保险所支付的人均保障费用等；其三，农民工市民化的高成本还表现在居住的高成本上。

（三）农民工市民化进程的"二元性"

农民工就业不稳定，待遇不公平，家庭不能团聚，使进城农民工市民化呈现出二元化特征。在就业方面，农民工往往集中于脏、累、苦、险、重、差的非正规部门，与城市居民形成了就业互补。在劳动力市场分割的情况下，非正规部门由于工作岗位激烈竞争和缺乏相关法律的保护，就业往往不稳定，这种不稳定的状态直接影响市民化的进程。同时也难以培养正规部门所形成的职业技能、职业道德、职业精神。在农民工待遇问题上，农民工承受着"同工不同酬""同工不同时""同工不同权"的待遇。一方面，城市"取而不予"，农民工没有享受到市民所有的子女教育、医疗、卫生、计划生育、社会救助等公共服务；另一方面，企业"用而不养"，农民工在劳保、工资、社会保障、培训以及劳动力市场信息服务等受到亏待。家庭分离的另一方面是老者、儿童留守。这种家庭分离造成了家庭内部市民化进程的不同步，最终拖延整个家庭的市民化步伐。因此，劳动力市场的二元结构、待遇差别、家庭内部的分离必将使整个市民化进程突现出二元化特征。

（四）农民工市民化结果的"半市民化"

农民工"半市民化"特指农民离开土生土长的农村在城市从事商业、建筑业等工作最终形成的尴尬境地，既没有完全进入城市成为市民又不能完全退出农村和脱离农民身份的一种现象，最典型的特征是农民工的身份得不到确认。社会保障制度的缺失导致农民工不能完全与农村社会割裂。城市社会保障不能为农民工提供与市民一样的安全感，而农民的社会保障制度尚需不断完善，这使得农民工看到了社会的风险不得不为自身以后的发展做准备,于是他们将农村的土地作为以备应对社会风险维护自身利益的退路。

由于一体化劳动市场和城乡统一就业制度还未形成,农民工进入城市就业受到阻碍。第一,非正规就业影响了农民工进入城市。非正规就业又称"临时工"是农民工入城就业的主要领域,而非正规就业不同于正规就业其不能为农民工晋升和进入城市提供基础势必延缓了农民工市民化的进程。第二,社会对农民工的歧视性不利于农民工进入城市。各地方政府为了保护当地人的利益,制定的一些政策和制度对农民工带有歧视性,这让农民工面临就业困难甚至是失业的威胁。同时城乡二元社会保障制度对农民工融入城市有较大的阻碍,这也是农民工市民化"半市民化"特征形成的重要原因。

三、新型城镇化进程中农民工市民化的制约因素

(一)制度方面的约束

1.土地制度

新中国成立以来,我国农村土地的权属模式主要经历了农村土地归农民所有、农村土地归集体所有且归集体经营以及农村土地归集体所有且使用权归农民所有的三个阶段。为了适应新时期经济社会的发展状况、维护农民的切身利益,2002年颁布的《农村土地承包法》中规定,为了促进农村经济繁荣发展,农村土地使用权的实现形式可以多样化。2008年党中央也提出要求,各级地方政府要进一步改革和完善农村土地管理制度。但是,我国现行的农村土地制度依然存在着问题和缺陷:

首先,农民只拥有土地的承包经营权,缺乏实际的产权,导致土地管理混乱,农户的承包经营权没有切实的保障,其利益极易受到损害。由于这样的"模糊产权"存在,农村土地很大程度上受到基层政府组织的控制,无法灵活的流转,农民也因此被束缚在土地上。其次,农村土地缺乏科学有效的流转机制,为了提高收入,许多进城务工的农民不得不放弃耕作或将精耕细作改为粗放经营,土地成为进城务工的农民工的一块"心病"。最后,即便是土地得到征用或者用作交易,由于缺乏正规土地交易市场以及征用制度,农民依旧处于弱势地位,自身利益不断遭到侵害的同时又得不到合理补偿。进城务工的农民工如果决定定居在城市,那么将会失去农村的土地及其带来的收益,如果放弃在城市的发展就失去了提高收入、改善生活

水平的机会,失去的东西得不到应有的补偿,得到的东西却又如海市蜃楼,由于不合理的土地制度存在,徒增了农民工进城务工的成本,降低了农民工市民化的意愿和能力,使得农民工在市民化的道路上进退两难,阻碍了农民工离开农村进入城市的步伐。

2. 户籍制度

新中国成立后,为了大力发展工业化和稳定社会秩序,我国实行以户籍制度为核心,以社会保障、住房、医疗、劳动就业、教育为内容的城乡分割的社会管理制度。城乡二元户籍制度不仅造成了城乡的不协调发展,而且通过户籍制度的制约,人为地将农村人口分割成低人一等的群体,形成两个极不平等的社会阶层。农民被束缚在土地上,没有进入城市的平等权利。即使进城从业多年,职业已由农民转变成城市工人,但由于受农村户籍的限制,在相同的劳动时间和强度下,农民工仍受到低于城市工人的待遇。事实上,户籍本身对农村人口的自由流动制约因素较小,而是其黏附的住房、医疗保险、就业教育和劳动保护等制度对农民工市民化起约束作用,是城乡各种矛盾聚集的焦点。

3. 就业制度

城乡二元体制在无形中造成了城市居民只可在城市从事工业及服务业、农村居民只可在农村务农的就业格局。随着城镇化建设的加快,城市对劳动力的需求不断增加,各地政府对农民工城市就业的审批限制有所放松,农民工开始流入城市。然而,面对各种就业岗位,他们同样遭受着歧视,其中包括:就业歧视,相同条件下的劳动工人,首先选用城市居民;行业歧视,对同一工种要求条件不一,外来农民工只能从事低端产业;待遇歧视,农民工与城市职工在薪资、奖金获取上标准不一,无法"同工同酬"。总之,就业的不平等增加了农民工与城市的冲突,不利于新型城镇化建设,不利于农民工在城市的发展。

4. 住房制度

目前我国的住房类型有三种:一是单位筹资房。一些企事业单位依靠单位资金和从员工中募集的资金进行住房建设,为本单位员工提供低价的福利性住房,然而农民工一般没有正式编制,所以无法享受这一优惠;二是公共廉租房。这类房是政府财政资助的低价房,目的是为了解决城市贫困人口购房难的问题。然而公共廉租房数量有限,部分地区政府规定不具备本地户口的农民工不允许购买和租住;

三是市场商品房。城镇化的有力推进,城市商品房的数量不断增加,然而面对高额的房价,外来农民工并没有能力进行购买。住房的不稳定性增加了农民工的流动性,影响了农民工在城市发展的主观意愿。

5. 教育制度

教育制度方面主要表现为对农民工子女教育的制约。我国主要实行"地区负责、级别管理"的教育管理制度,市级政府主要负责城镇的教育,县乡负责农村的地方教育,由于管理主体的不同,资金投入不同,城镇教育体系没有能力接纳外来农民工的子女,城乡差别的学籍制度导致农民工子女在升学、高考方面存在诸多的困难。另外,农民工子女大多借读的打工子弟学校,往往教学条件简陋、教学质量不尽如人意。总之,二元的教育体制阻碍了农民工子女顺利入学,增加了农民工成为市民的成本。

6. 社会保障制度

我国的社保体系具有"二元结构"的性质,城乡之间适用着不同的保障体制。农民工进入城市后既脱离了农村的社保体系,又无法与城市的社保接轨。雇佣单位和个体商户很少为农民工预算社保费用;党政企业因为没有专项预算也无法为农民工建立起完善的社保体系。总之,当前的社会保障体系主要服务城市居民,对农民工群体的服务较少,这就导致了农民工群体缺乏生活的"安全感",减少了市民化的意愿。

(二)社会因素的制约

1. 各级地方政府缺乏有效的推动

各级地方政府应成为推动农民工实现市民化的主导力量,然而却未能真正发挥有效作用。一方面,地方政府担心农民工涌入城市会造成管理难度增大、管理成本增加的问题,也担心农民工会在公共服务等方面造成城市压力,影响社会的和谐与稳定;另一方面,由于推动农民工市民化会耗费较多的资金,各级政府为了避免给地方财政带来拖累,对农民工市民化采取消极态度。总之,地方政府一些片面的认识和政绩观,导致了地方政府没有在农民工市民化进程中做出有效的支持和推动。

2. 城市居民对农民工接纳度不高

民工的大量进城给经济发展和城市建设带来巨大的经济效益和社会效益的同时，也带来了一系列的社会问题，如：城市环境卫生下降、交通紧张、基础公共设施不足等，这是城市发展、人口增加引起的必然结果。但是，一些城市居民认为这些问题都是农民工进城引起的，反对农民工进城工作生活。由于市场经济发展的需求和体制转变引起部分城市职工下岗，农民工在城市就业，被部分城市居民视为抢夺他们的饭碗。事实上，农民工进城就业与城市居民的工作并不矛盾，相反，他们的工作具有很大的补充性，农民工进城务工经商促进城市结构的优化调整，满足了城市发展的需要。虽然增加了当地的就业压力，但更有利于产生竞争，推动资源的高效利用，为城市下岗职工提供再就业的机会，也为城市发展注入了活力和动力。

蔡昉、都阳等学者提出"既得利益论"，该理论称，城市原市民为防止农民工分享他们原有的福利待遇和政策，维护自身利益，通过各种不良手段和策略妨碍政府制定有利于农民工的政策，对农民工在城市工作生活制造障碍，使得农民工处于不利地位。由于我国长期实行二元经济体制，一些城市居民潜意识中认为城里人是城市的中心，农村人理应不该享受城市人能享受的福利。这种城市中心主义思想不仅使他们觉得农民工侵害了他们的利益，而且抑制了他们的优越感。一些城市限制、排斥农民工在务工方面的合法权益。这种做法不仅助长了城市既得利益群体的歧视行为和特权意识，又损伤了农民工的自尊心和劳动的积极性。

3. 农民工群体组织力量薄弱

在城市社会生活中，公民往往需要通过借助一些政治团体或社会组织的力量来达到一些合理的政治或经济目的，比如加入党团组织、社团组织、商会等。但是，大部分在城市中打拼的农民工往往是通过亲友老乡介绍的形式进入城市务工。以血缘为主导的亲戚关系和以地缘为主导的老乡关系等传统农村社会关系依然是农民工进入城市以后的主要社会关系。不同于农村的社会生活，城市中的每个个体都处在不同的社会组织中，参加的社会组织越多，社交网络越密集，专业性、群体性越强，个体能从社会组织中获得的利益和保护越多。但是，农民工的党团组织观念薄弱，有相当多的农民工没有加入党团组织甚至并不知道用人单位是否设立党团组织。同时，农民工的工会组织和其他社会组织的入会率也非常低。根据学者的相关调查，在被调查的农民工集中的用人单位当中，有40％的用人单位尚未成立工会组织，且有近30％的农民工本身根本不清楚其打工单位是否设有工会组织。

可见,我国庞大的农民工群体几乎没有任何组织依靠,自身也没有形成专业的群体组织,以至于利益受到侵害时没有强大的维护自身权益的组织力量,甚至误入歧途,被非法组织和恶势力利用。

(三)农民工自身因素的制约

1.农民工总体素质较低

农民工能否市民化,真正成为城市的一份子,关键在于能否有在城市生活的能力。这种能力集中体现在农民工自身的专业技能、文化素质及自我提升的能力。专业技能和文化素质较高的农民工不仅更容易在城市获得较好较多的就业机会,而且还能获得稳定的工作和较高的报酬。同时,在承担社会责任上,专业技能和文化素质较高的农民工不仅容易融入城市,成为城市不可或缺的成员,他们更容易培养承担市民责任和履行市民义务的意识,容易很快被城市居民和管理者所接纳。

虽然大部分农民工具有一定的文化技能和特长,部分农民工甚至是农村的精英,但与城市文化素质高、技术能力强的城市居民相比,农民工技能与素质存在明显的劣势与短板。在城市,科学技术无论在生活领域还是在生产领域都得到了广泛的应用推广,城市文明程度较高,城市发展日新月异。而在绝大部分农村地区,科学技术的应用并未普及,传统的小农生产依旧是农村的主要生产模式,城乡之间存在着明显的差距。农民工在文化水平和综合素质方面普遍低于城市一般水平。国家统计局2017年对农民工文化程度的统计显示,就全国来看,一半以上的农民工接受过初中文化教育。很少有农民工接受过高中或者高中以上教育。同时,接受过正规技能培训的农民工人数只占32.9%。虽然国家和部分用人单位对农民工职业技能开展过相应的培训,但由于覆盖面有限,大部分农民工依旧缺乏较强的专业技能。农民工虽然在城市长期居住工作,但依旧无法摆脱原有的小农意识,缺乏民主法治意识和维权意识,因此他们很难融入到城市生活。当前,尽管农民工已经年轻化,整理文化水平在逐步提高,但他们综合素质和职业技能不高,在劳动力市场上的竞争力较差,自我市民化能力差。农民工对提升自身综合素质意识的缺乏,是农民工市民化进程缓慢的基本内因。

2.农民工的心理障碍

首先,农民工有一定的自卑心理。由于农民工是农民身份,受传统思想影响,自我认为身份上低于市民;他们多数从事制造业、建筑业等累、苦、脏的职业或者从事工作强度大、时间长的酒店餐饮或批发零售业,与大部分城市居民从事的职业形成鲜明对比,职业发展也不能与城镇居民相比;另外,由于农民工从事的是低收入的职业,与市民的收入差距大,以至于生活条件比较差,这些因素都导致了他们的自卑心里。

其次,农民工有心理转换障碍。农民工市民化对于农民工是一个自外而内的转化过程,需要经历心理上的转变,他们的价值观、行为方式等需要与以往发生较大的转变。对于大部分农民工,虽然长期生活、工作在城市,能够适应城市的生活方式并能够逐步融入所在的城市,但是面对可能要长久与家乡分隔,淡化与家乡亲朋的亲缘地域上的联系等情况,大部分农民工的心理转变是有障碍的,尤其是对于年龄较大的农民工。农民工市民化的发展趋势,必定是农民工进城而放弃土地权益,虽然目前国家没有强制规定农民工转变为市民必须放弃土地权益,但是随着农村土地改革的深入,农业产业化发展,放弃土地是必然的,这也给入城农民工带来担忧。他们由于没有一个较好的预期,或者对安排的市民化待遇不满,就可能引发返乡的情绪。另外,由于受到中国传统文化的影响,农民工大都具有浓重的乡土情节,虽然有的农民工政府能够给予创造较好的市民化条件,或者自我市民化能力也较强,但是其本人市民化意愿并不强,他们更向往家乡的生活方式和乡土人情。

李克强总理曾指出:"我们的城市化一定是人的城市化,而非土地的城市化。"农民工作为城市的重要组成部分,并没有享受到城镇化带来的实惠,更没有享受到市民应该享有的待遇,这主要体现在公共服务不均等方面。农民工生活在城市,贡献于城市,受各种现有制度的影响而不能享受城市户籍居民相同的社会保障和福利待遇,例如保障性住房、最低生活保障等只有城市户籍居民才能独享,农民工没有均等的权利,这样的城镇化模式是未完成的城镇化。农民工不能在城市过着正常人的生活,经常往返于城市和乡村之间,他和家庭的消费模式依旧延续农村的消费模式和习惯,抑制了消费和经济增长,不利于第三产业的发展和产业结构的转变。因此,未来城镇化的发展不应只注重城市人口总量的增加,而更应给提高公共服务的覆盖面,使更多的农民工享受城市化的成果,真正实现以人为本的治国理念。

第三节　新型城镇化进程中农民工市民化的对策

一、推进并深化制度改革

农民工向城市转移成为市民面临很多的障碍,其中我国现行的二元城乡分离制度是最大的制度障碍。

(一)深化土地制度改革

土地制度属于产权方面的制度,农村土地制度的关键问题是解决土地所有权及使用权的问题。农村土地制度是否合理影响到农村劳动力转移的数量及质量。在农民还没有获得土地永久的使用权及经营权情况下,就不可以对土地进行自由转让、抵押及交易。农村劳动力进入城市就业和生活,由于按现行农村土地制度规定,不能对原籍土地按市场等价交易原则进行流转或抵押等方式进行处理,以获得转移进入城市生活所需资本,所以造成了农村进入城市就业和生活多年,还和原籍的土地有着难以割舍的联系,难以实现脱离土地的彻底转移,成为往返于城乡的"两栖"公民。因此,逐步推进农村土地制度改革,促进农村土地有序流转,已成为实现农村劳动力顺利转入城市安居乐业,急需解决的问题。

1. 确定农村土地改革的目标,明晰土地产权,以法律形式保障土地的流转

农村土地改革的目标是促进农村土地合理流转、高效利用及农民通过土地流转获取相应的资本,为彻底脱离农村进入城市就业和生活增添一笔财富。在土地产权方面,应该明确集体和农民关于土地的责、权、利关系,确保农村土地所有权归集体的前提下,通过法律形式确认农民农村承包土地永久的使用权,赋予农民对其承包地的一定权益,如抵押、入股、转让等,让农民在土地的流转过程中收益,同时也优化土地资源的配置。只有通过土地确权,赋予农民永久的土地使用权,农村土地流转才能真正得到实施。农村土地产权的确立,为农村大量劳动力彻底脱离土地进入城市就业和生活解除了土地方面的束缚,从根本上解决了农民工长久以来

的"两栖"状态,同时通过土地合理流转,也促进了农村土地的集约化经营,有利于农业产业化、规模化发展,避免了农村耕地的低效利用甚至是荒废。

2.健全农村土地流转市场及机制

建立健全土地使用权市场化管理的体制,合理引导农村土地向规模经营方向发展。在农村土地流转过程中,要充分尊重农民意愿,维护农民的合法利益,严防在农村土地流转过程中出现伤农、损农失去的发生,妥善处理土地使用流转过程中的纠纷。要形成市场化的土地价格,按照市场供求关系确定土地的价格,并通过第三方机构对土地等级进行评估和发布市场参考价格。设置专门部门对土地流转进行规范化管理,及时掌握土地流转动态信息和流转后土地的利用状况,引导发展现代农业及维护粮食安全。规范土地流转手续,完善合同的签订、变更、续约等规定。加大力度打击非法交易及损害农民利益的行为,让土地流转为农民转移增添一份物质支持,从而确保农村土地流转的顺利进行。

(二)深化户籍制度改革

1.取消二元户籍管理模式

农民工市民化最根本的标志就是取得城镇户口,然而在我国城乡二元的户籍管理制度下,农民工很难从农民身份跨越到市民身份,即便在经济地位上获得了提高,也难以取得城市户口。随着新型城镇化建设的发展,这种因身份差异影响了农民工市民化的户籍管理制度亟需改革。

(1)对城乡户籍实行统一登记管理。

我国建立城乡差别的户籍管理制度有其时代的必要性,但这种附加在制度上的利益分配差异造成了城乡分离、人口流动受阻的严重问题,因此在新型城镇化建设中,政府要重新定位户籍制度的人口登记与社会公共事务管理功能,取消城市和乡村两级差别,实现城市和乡村户籍统一登记管理。

2014年7月底,国家发布《关于进一步推进户籍制度改革的意见》之后,全国各省纷纷出台具体的户籍改革方案,都明确表示要改革当地的户口迁移政策,放宽人口流动限制,不再区别农户和市户,对城乡户口进行统一登记管理。户籍制度不再区分农户与非农户,身份歧视被消除,这将为农民工进入城市破除制度性的约束,有利于农民工在城市安心地工作,减少流动。

（2）逐步完善"居住证"管理制度。

居住证是政府颁发给尚未取得所在城市户籍人口的身份凭证。居住证是对暂住证的完善，居住证制度能对农民工人口进行有序地管理，是推进户籍改革的重要措施之一，农民工可以凭居住证在城市工作、学习、享受相关的权利。居住证是农民工进入城市后新的"户口"，居住证制度会给农民工生活、工作带来深刻的影响，"十三五"规划提出的深化改革居住证制度、放宽农民工落户条件的要求，将有利于农民工的市民化。

2.消除户籍权益差别促进公共服务均等化

对户籍制度进行改革就要求对其相关的利益分配机制进行改革。我国的就业、教育、福利等制度都与城乡二元户籍制度相挂钩，在户籍上附着的一系列附加功能使原有的户籍制度变得更加复杂，农民工无法拥有城市户籍，不能享受到城市提供的公共福利，也就无法安心地融入城市。因此，在新型城镇化建设中必须把这些特殊权益从户籍制度上彻底地剥离，在未来不断探索以居住证为载体的社会福利制度，保障农民工同市民一样能很好地享受城市公共服务。

国家要求将来的基本公共服务要跟户口、户籍逐步分离，要成为群众的基本权益，争取到2020年，城乡区域间的公共服务差距要明显缩小。在新型城镇化建设中，社会公共服务的提供要形成以政府为主导、市场为引导的格局，逐步实现城乡公共服务均等化，满足农民工对于城市公共服务的基本要求。

（三）深化就业制度改革

就业的稳定无论是对于经济社会的发展还是对于农民工的市民化进程来说都具有非同一般的意义。因为只有就业的稳定才是农民工收入的可靠保障，农民工的收入具备可靠的保障则是他们生活安全感的重要来源，也是促使其能够放弃农民仅有的土地和宅基地相关权利的重要条件。而完善城市和农村统一的择业工作制度是就业稳定的有力保障，也是统筹城市和乡村经济发展和促进农民工市民化的必要手段，它包括劳动力市场、就业服务体系、用工管理制度等方面的统一。

1.产城结合为农民工市民化提供产业支撑

产业和城市的相互交融是新型城镇化建设的特点之一。以城市为依托，发展当地优势产业和特色产业；以产业经济效益做保障，改善城市就业条件和服务设施，最终实现人口、产业、城市三者的协调发展。由此可见在中小城镇发展过程中注重产业的培育有助于产业结构的优化升级,有助于为农民工提供更多的就业岗位,有助于提高农民工的经济收入水平,加快其市民化进程。

(1)打造城镇特色产业、劳动密集型产业。

各地政府应充分挖掘和利用当地的人文资源和自然资源,弘扬区位特色,依靠特色资源发展支柱产业,通过集中连片的方式提高城镇产业的聚集度,形成特色鲜明、分工明确的发展模式。特色产业链的形成有助于新型城镇化建设的发展,也能够为农民工进入城镇提供多样化的选择,农民工可以根据自身的能力和技能水平选择不同的城镇和产业,最终实现更好地就业和市民化。另外,对于缺乏特色资源的中小城镇可以大力发展劳动密集型企业,除了第二产业以外还可以大力发展纺织服装、加工制造、物流服务等第三产业,这些产业的集聚和发展可以有效地解决我国劳动力过度剩余的问题,为进入城市的农民工提供更多的就业机会,从而稳定农民工的生活,促使其实现市民化。

(2)企业为促进农民工市民化提供产业支撑。

企业是城市产业的载体,也是农民工参加工作的场所。随着产城结合的发展,大量新兴企业会不断出现,在新型城镇化建设过程中政府要鼓励、支持当地的乡镇企业、民营企业的建立和发展,把这些企业同当地优势产业相结合,形成产业规模。企业也可以通过"产业入园""园区兴城"的方式为外来农民工提供产业支持,推动新型城镇化建设。

2. 建立城乡统一的劳动力市场

目前农村劳动力转移的模式主要是异地转移和就地转移两类。异地转移是指农村劳动力转移到经济较为发达,就业岗位较多的区域居住和就业。要实现农村人口顺利向异地转移的动力就是转移去的区域经济活跃,能提供较多的就业机会,同时工资收入和生活水平都比转移前有大幅度的提高。显然,要促进农村劳动力顺利实现异地转移,最重要的是要能创造相应的平台保障转移的劳动力能在异地能实现充分就业,这就对进一步健全和完善全国城乡统一的劳动力市场,及时提供不同区域及不同行业对各类人才的需求信息,以此解决全国各区域对劳动力供需信息不对称的问题,以促进劳动力有序流动和人才市场的健康发展。

近年来我国劳动力流动频繁,促进了劳动力市场发育和成长,目前已经初步建立城乡统一的劳动力市场,但劳动力市场功能不够健全,发展还相对滞后,难以提供不同区域的有效用工需求信息以满足城乡劳动者的择业需要。加之城乡不公平的就业歧视尚未完全破除,农村进城务工者还未能享有和城镇居民同等的就业机会和待遇。目前农村劳动力进城务工会受到一些岗位的限制，甚至还出现同工不同酬的情况，从而导致了农村劳动力进城就业存在行业限制、待遇不平等，使得农村劳动力难以实现充分就业、稳定就业和经济收入持续增长。为顺利促进农村劳动力转移，增加劳动者收入，缩小城乡居民收入差距，缓解城乡矛盾，必须保证农村转移出去的劳动力在城市能享受到城市居民等同的就业机会和福利待遇。必须加大力度建立和完善全国城乡统一的劳动力市场，完全清除各种歧视性的就业政策和制度，真正实现劳动力市场反映人力资源供给与需求的信息功能，从而发挥市场对劳动力资源调节和优化配置的基础性作用。

二、完善社会保障体系

（一）住房保障

近几年来居高不下的房地产价格表明，广大居民的住房问题不能放任市场自由调控，对于低收入的社会底层群体，政府更要实施强有力的政策措施保障生活在城市中的低收入居民能够"居有定所、生活安定"。对待农民工的住房问题要努力消除政策歧视，真正将农民工的住房保障问题纳入城市居民住房保障体系的总体规划。

首先，政府要直接控制和管理公共住房资源，扩大保障性住房的覆盖面积，多渠道增加适应新生代农民工需要的住房供给，缓解供需矛盾，纠正市场调节缺陷。帮助农民工实现稳定就业、稳定工龄，以便将农民工群体逐步纳入到经济适用房、廉租房、限价房的政策范围内。

其次，逐步将农民工群体纳入城市住房公积金政策保障体系中，鼓励用人单位和农民工共同缴纳住房公积金，并给予政策上的优惠，专款专用，将住房公积金用于租房、买房等改善居住条件的用途。发挥财政和银行的双重作用，加强政府与银行的协调合作，采用专项贷款、利率补贴及租房补贴等形式，为农民工租房、买房提供政策和经济方面的优惠，将新生代农民工的住房成本降到最低。

最后，政府要对用人单位及开发商强制规定农民工住房的质量标准，无论是公共住房还是商品房资源，都要确保住房质量以及配套环境设施与城市居民住房标准相一致，不断在人居环境方面推进农民工市民化进程。

（二）教育保障

首先，逐步消除以常住人口为基准的义务教育门槛，改善城市义务教育管理体制,将随迁新生代农民工子女纳入义务教育管理体制,规定迁入地政府负责农民工子女教育问题,督促迁入地政府和社区全面贯彻义务教育法,保障适龄儿童平等接受教育,为其提供与城市同龄人无异的教育保障和服务,禁止各种形式的乱收费现象,禁止各种形式的教育歧视。

其次,适当扩大公办学校的招生规模,为农民工随迁子女预留适量入学名额,努力将农民工子女纳入扩招范围。积极扶持公益性民办学校的发展,合理调整布局,科学分配教育资源,方便农民工子女就近入学接受教育。最后,对于农民工子女就读学校的办校资格、师资条件、安全保障、卫生状况等问题要依法监督,一旦发现非法办学、非法收费等问题要依法予以取缔和处罚。

与此同时,农民工随迁子女的后续考试和教育情况也值得关注,应依法采取一些灵活机动的措施,解决农民工子女无法就近参加初高中升学考试的问题。例如,为农民工随迁子女单独设立初高中升学考点。开放一部分方便农民工随迁子女就读的高中,让成绩优异、符合升学条件的农民工子女就近接受高级中学教育。此外,加快推进城市中、高等职业技术学校的发展建设,鼓励和帮助辍学或未入学的农民工子女在城市中接受系统的中、高等职业技术教育,为其今后的职业发展奠定良好的基础。

(三)社会保障

在农民工社会保障制度的建设上,应该根据农民工的条件、需要,结合城市实际来设计。农民工社会保障是多方面的,医疗社会保险、养老社会保险和工伤保险是最为必须和基本的保障项目,所以,对于农民工社会保障的研究应该首先满足这三个社会保障的基本需求,体现农民工流动性的特点分类分层逐步实施。

1. 改革低统筹的社会保障模式,实行全国范围的统筹

目前已经在部分地区实行的农民工社会保障统筹层次比较低,不仅降低了社会保障制度的权威性,也影响了制度的平稳运行。不利于在农民工跨地区的流动时,缴纳社会保障基金和领取保费,更给农民工社会保障的个人账户转移造成了困境。因此农民工社会保障要实行全国统筹,由中央一级机构来统一调度、管理以及监督农民工社会保障基金的筹资、运营和支付,实行全国统一的筹资标准、缴费方式、支付方式和支付标准以及基金的运营模式。中央政府必须以适当的形式,比如在全国设立一个为农民工社会保障服务的机构体系来负责管理农民工的社会保障,并制定农民工社会保障的法律法规和指导政策,增加相应的财政投入等。

2.扩大社会三险覆盖面完善社会保障体系

(1)扩大农民工参加工伤保险的范围。

工伤保险制度是指工人在工作岗位上面对突发性的伤害、意外、疾病后可以得到企事业单位以及国家补助的制度。随着经济的发展,农民工参加机械制造、工矿采集、冶炼加工、高危作业的比率越来越大,这些行业既是低水平体力劳动的行业,同时也是极易发生安全事故的行业,为了减少行业风险带给他们的伤害,政府、企业就有责任为他们缴纳全额的工作伤害保险。

首先,政府应该对农民工的工伤保险制度进行优化。对一贯的"预防—康复—补偿"模式进行改革,对社会资源进行合理调整,完善农民工的工伤保险机制:强化工伤的预防、努力推进工伤康复指导、保障农民工在城市出现工伤事故后能及时获得足额的经济补偿,通过工伤保险制度来保障农民工的合法权益不受侵害[①]。

其次,企业应自觉履行义务,为农民工缴纳工伤保险。企业是农民工赖以生存的载体,农民工来到城市后首先进入的是企业,农民工辛勤劳动为企业的发展做出了突出的贡献,企业有责任按照《工伤保险条例》对农民工进行保障。

(2)将农民工纳入城镇医疗保险范围内。

就医难和就医贵的问题是当前社会普遍存在问题,农民工做为城市弱势群体在这方面的困难更加突出,他们进入城市后既无法享受城市的基本医疗保险,也无法再享受农村的合作医疗保险。一旦在城市生病,他们将不得不承受高昂的医疗费用,因此要对农民工的医疗保险制度进行改革和完善。

在新型城镇化建设中,城市应尽快探索适合农民工现实情况的医疗保险制度,减少农民工的医疗支出,保证每一位农民工病有所医,提高市民化能力;另外,在条件尚不成熟的地区,即当地无法将农民工完全纳入城市医疗保险的情况下,可以考虑设立针对农民工的特殊医疗保险体系,在基金筹集上由财政、企业、农民工三者共同承担,在医疗保险上让农民工受益,增强其市民化的能力。

(3)对农民工的养老保险制度予以完善。

长期以来,养老保险对城市居民的保障率较高,但对农民工的保障率很低甚至为零。大多数农民工在城市都是参加非正规的零散就业,企业的私营性质决定了农民工参保率不高,即便主动参与养老保险的农民工也因为时间衔接问题、地域衔

---

① 张开云.农民工保险制度:现实困境与发展策略[J].广西民族大学学报(哲学社会科学版),2011(1):55-62.

接问题纷纷放弃。

因此,政府可以根据农民工就业形式具有非正规性的特点制定一些简易的养老保险制度,简化农民工登记手续,依据当地最低的工资水平,制定合理的养老保险种类,让农民工自主购买。

同时,各地区政府应严格管理农民工的养老保险账户,在国家整体统筹下做好有效的衔接安排,无论农民工由城市流回农村,还是由旧城市倒入新城市,让他们都可以实现养老保险账户的有效续接,合理地维护好农民工的合法权益,这样,农民工便会从内心上接受城市,市民化的想法也就更加强烈。

(四)司法保障

只有建立完善的法律体系,把城市中弱势农民工的合法权益真正纳入到法制的保障中才能增强他们的城市归属感,才能让他们最快速度地市民化。

1.进一步完善法律法规中关于农民工劳动权益保障的条款

各级政府部门和立法部门要通过具体的政策和法规来保障农民工的权益,依靠法律的强制力和约束力为农民工创造良好的法制环境。具体来讲,首先,可以根据《宪法》对"平等权"进行细化,增加就业平等权、工资福利平等权,保障劳动者尤其是在城市打工的农民工能够得到合理的待遇。其次,可以在相关条件的允许下,尽快出台针对农民工的专门性法律,例如《农民工就业保障法》、《农民工权益维护法》,以此来保障我国农民工的劳动权益。再次,要对《劳动法》中的法律条款进行完善。《劳动法》主要保护正规单位就业的劳动者、与企业签订合同的劳动者,而绝大多数的农民工属于非正规企业,签订劳动合同的比率非常低,针对这种问题,《劳动法》可以出台相应的条款来保护农民工。

2.加强司法仲裁,拓宽农民工在城市的维权途径

把法律仲裁作为保护农民工合法权利的主要途径。国家在农民工群体中进行法律宣传教育,提高农他们司法维权的的意识和能力,健全农民工维权机制,为他们提供快速、有效的司法仲裁帮助。另外,鼓励共青团、妇联、工会等社会组织加强对农民工的法律援助,重点对农民工劳动合同、工资收入、工作条件、安全卫生等方面进行帮助。

三、提升农民工综合素质

推进农民市民化进程不仅需要政府和各类社会团体的共同努力,积极改革创新,消除转化中的障碍,创造良好的转化环境。也必须通过农民个体素质本身的整体提高发挥这些外在改革的作用。所以,农民主体性素质能否主动进行自我转化提高、加快主体素质的转化速度、农民如何以自身的能力、素质、文化和心理适应城市,直接关系农民市民化的进程。

(一)转变农民工思想观念

1.对农民工进行新市民教育

城镇与农村两种生活环境的不同,造成了农民工与市民在生活方式、思想观念上的巨大差异,阻碍了农民工人口素质的城镇化转变,同时也加深了农民工与城镇政府的隔阂。因此应通过社会舆论的正面导向宣传和社区组织对农民采用形式多样的新市民宣传活动来更新进城农民的观念。同时城市文化的强大吸引力也促使农民工接受并形成市民观,建立起与开放的、多元的城市社会和市场经济相适应的现代的观念体系,逐步改变与农村社会、小农经济相适应的带有封建迷信色彩、家族式、封闭保守落后的思想观念。为此,要加强法律、法规和政策宣传,鼓励农民工参加市民素质培训,使得农民工对自身的从业与权利的加强认知。通过相关的培训,使得农民工很大程度素质提高、在技术水平方面有所加强,增加其市民化的资本;通过社区活动积极的参与,在与原住市民加强交往的过程中,积极消除双方的观念差异,消除距离感,尽快培养起对城工社区的认同感,加快适应区生活,积极融入城市。还要让农民工积极参加合法的维权组织或团体,借助团体的力量,维护自身合法权益,改善自身的工作和生活状况。农民工还要努力培养自己的市民化意识,为农民工市民化行动做好充分的思想准备。

2.重视农民工的心理健康问题,加强对其疏导干预

农民工的心理健康状况决定了其面对市民化的精神状态。所以对这一问题应特别注意。在社会舆论环境的导向上,要重视对农民工的宣传工作,形成良好的舆论环境,减少城市居民对农民工的偏见,营造尊重、关心农民工的社会氛围。通过各种方式了解农民工的心理健康状况,加强对其不适当行为的心理疏导和行为矫正,以缓解农民工在进入城市后因工作、生活环境变化带来的心理失衡、孤独的状

态,培养积极地思考方式,减少过激行为。

(二)改善农村基础教育,建立健全农民工培训体系

1.改善农村基础教育

农村基础教育的方向和质量直接决定了农民工群体的劳动力水平和人力资本存量,广大农村和农民要加强对正规基础教育的重视:一方面,要加大对农村正规基础教育的投资力度,作为投资主体的政府应该设立专项资金、下拨专款,弥补广大农村发展基础教育的资金缺口,加大监管力度,专款专用,不得挤压、挪用教育资金。多渠道筹集教育资金,鼓励公益性社会资本对农村教育的投入,扶植"希望工程"等一系列公益性教育工程在全国范围内的展开和推广,对公益性教育资金投入多的企业予以政策和税收的优惠。另一方面,打造高水平的教师队伍,保障并且提高教师队伍的福利和待遇,提高教学水平,跟进素质教育。与此同时,积极改善农村教育环境,努力引进城市教育资源,营造公平、均等、和谐、进取的良好教育环境,提高农村基础教育质量。

2.建立健全农民工培训体系

农民工接受教育的程度以及受到职业培训的多少对农民工市民化有重要的影响作用,农民工在城市里劳动强度大、职业选择受限等问题也都与农民工个人的文化素质不高、职业技能偏低等因素紧密相关,因此不断完善农民工培训体系、加快提升农民工的人力资本是新型城镇化进程中促进农民工市民化的有效手段。具体建议有:

(1)积极发挥各地方政府的主导作用。

首先,各级地方政府应当积极履行政府职能,发挥政府统筹协调作用,协同当地企业、教育培训机构、人力资源保障机构等来加强对新生代农民工的培训教育。

其次,政府可结合当地实际,尽可能多地建立符合当地经济特色的职业培训基地,提高进城农民工专业技能水平,在新型城镇化快速推进的过程中,增强农民工的就业能力。

最后,政府应提高对农民工技能培训的财政预算。通过适当的财政补贴、税收优惠措施来提高用工企业对农民工教育培训的积极性;最后,政府应及时对用工企业进行调研,掌握市场动态,发布专业需求信息。

（2）创新城镇农民工培训内容和方式。

在培训内容上，根据国家对不同行业规定的职业标准和技术要求对培训内容合理安排、对培训课程合理设置。在培训方式上，应把对农民工的文化知识教育同劳动技能培训相结合，把对口培训与基本的劳动技能培训结合起来，根据进城农民工的特殊情况，开办不同类型的培训机构。

总之，当前我国农民工的人力资本水平偏低，尤其表现在个人教育水平和职业技术水平上。但是，将来的新型城镇化是高速度、高水平、高质量的城镇化，任何自身素质偏弱的劳动者都将被淘汰，农民工作为农村转移人口除了可以依靠体力劳动以外，更应该去提升自己的人力资本，只有在思想意识、文化知识、法律意识、道德情操、心理健康、专业技能等方面都有所提高的情况下才能够有力地融入城市中，转变为一名合格的市民。

（三）强化农民工社会资本的培育

社会资本的使用在农民工的就业中起着非常重要的作用，它一方面可以降低搜寻工作的时间，另一方面也为求职者提供了信息的来源，就农民工自身而言，要尽快融入现有的城市社区以弥补离开原有农村社区带来的社会资本损失，要在工作过程中不断提高自己的工作技能以期获得更高的回报，还要采取不断维护的方法避免社会资本的贬值。

1.大力拓展农民工私人关系型社会资本

私人关系型社会会资本的拓展过程也就是新生代农民工融入城市的过程，同时也是私人社会关系网络重构、再生的过程。这种超越以亲缘、血缘、地缘为主的农村传统关系型社会资本，现代型的非血缘关系为主体的社会资本，是新生代农民工完成市民化转变的关键因素。为了拓展这种私人关系型社会资本，一方面，农民工应努力提高个人素质。提高文化水平的和职业技能，培养农民工在与城市同龄青年交往的过程的自信心，提高主动与城市居民交往的积极性。在价值观念、生活方式、行为习惯方面，农民工也应主动缩小与城市居民在的鸿沟与差异。摒弃固有的陈旧保守的价值观念和懒散的生活习惯，以适应城市的高竞争、高效率的生活节奏，在生活方式上逐渐向城市居民靠拢。另一方面，农民工应该主动积极地融入到城市生活中。个人社会化理论认为，个体融入社会的一个重要步骤就是由单纯的与同质群体的互动扩展到与异质群体的互动，在互动中扩大交往和增加相互理解。因此，农民工应积极扩展自己的交往范围，主动参与到城市社区、职工工会以及这些组织中的党、团举办的活动中,通过各种机会与城市居民之间建立广泛而融洽的交往关系,从而使自己拥有更多可以利用的社会资源推动自己的发展。

此外,社会也要为农民工拓展私人关系型社会资本创造良好的环境。外部环境对个人发展具有不可忽视的重要影响,为农民工提供一个平等、公正、友好、尊重的社会环境是帮助其拓展私人关系型社会资本的重要条件。来自于市民的歧视和偏见,会强化农民工的自卑心理,加深农民工与城市居民之间的隔阂,甚至使农民工对城市社会产生逃避、抗拒、仇恨的消极心态,从而把自己封闭、孤立起来,难以真正的融入城市的社会生活。因此,城市社会在推进农民工市民化的过程中,应该发动社会力量,倡导社会关怀,积极营造平等、宽容、和谐的社会氛围,消除对农民工的偏见与歧视,促使农民工与外界建立良好的互动关系,增强市民对农民工的认同感,为农民工的城市融入创造良好的社会氛围和接纳环境,加快农民工市民化的角色转变。

2.积极培育农民工组织型社会资本

在农民工市民化过程中,组织型社会资本的积累和培育是构建农民工现代式社会资本的核心。正是由于农民工缺乏合法的社会组织才导致他们在被侵权时得不到及时、有效的保障。因此,应该积极培育各类农民工组织,大力提高农民工的组织化程度,为维护农民工合法权益,加速与城市社会的融合提供保障。

(1)建立新型的农民工工会,逐步将农民工纳入其中。

农民工作为处于社会边缘性的弱势群体,组织化程度较低,很少参加党组织、工会等正式组织。因此缺少了表达利益诉求的渠道,由于缺乏集体的力量维护自己的利益,农民工群体长期处于被动适应、服从的地位,政治参与度低,在政府决策中也就缺少了为自己争得平等权利的渠道。他们的权利只能通过其他阶层和间接的渠道来表达。因此,组建农民工工会或者类似组织作为他们的维权组织是尊重和保障人权的重要体现。《工会法》第二十一条规定:"企业侵犯职工劳动权益的,工会可以提出意见调解处理;职工向人民法院起诉的,工会应当给予支持和帮助。"工会的成立可以增加农民工与社会的沟通对话,加大其维权的力量;也可以调节劳资关系,代表农民工与用人单位签订集体合同,从整体上维护农民工的合法权益,发挥工会在协调和稳定劳动关系中的作用。

(2)发挥城市社区的社会融合功能,促进农民工融入城市生活。

在城市社会中,社区是城乡居民生活的基本单位,个体展开活动的第一场所就是城市的社区,有效地社区融入是农民工社会融入的基础。因此首先要充分发挥城市社区的接纳功能,给予农民工市民身份认同和市民待遇。城市社会应把长期在当地打工生活的农民工纳入到社区管理服务的范围,树立"同城待遇"理念,消除他们的"客居"心理,给予农民工和市民同等的服务和待遇,让他们切身感受到来自于城市的接纳。帮助他们尽快的融入社区、融入城市,与本地居民建立起和谐的人际关系,推动和谐社区的构建,促进社会的稳定。其次,针对农民工的特点,开展丰富多彩的文化娱乐活动,提高社区的凝聚力和增强农民工的归属感,丰富农民工的精神生活,增进农民工与城市居民之间的了解和信任,加强他们之间的沟通和交流。再次,也要增加社区建设的资金投入,完善社区服务的基础设施,加强与社会志愿者和非营利组织的合作,增加社会管理和服务的合力,更好的为农民工服务。

第五章　乡村振兴背景下新型城镇化与生态文明建设

国家新型城镇化规划（2014—2020年）提出将生态文明的理念融入新型城镇化的进程,节约和集约利用资源,促进资源循环利用,控制总量,提高效率,以生态宜居、可持续发展为最终目标,走集约、环保的新型城镇化道路。如何提升资源环境承载能力、着力推进生态文明建设,关系到新型城镇化能否实现可持续发展。本章是对乡村振兴背景下新型城镇化与生态文明建设的研究,分析了生态文明建设及其与新型城镇化的关联性,探讨了新型城镇化进程中生态文明建设的现状和路径。

第一节　生态文明建设及其与新型城镇化的关联性

一、生态文明建设的理论解析

（一）生态文明建设的概念

生态文明建设是指以生态文明观为指导,对社会建设进行全面的改造,不断地对人与人、人与自然、人与社会的关系进行完善与优化的实践活动。如果说生态文明是一种全新的文明发展状态,那么生态文明建设就是人类建立在科学理论基础之上的高度自觉地实践活动。生态文明建设是中国特色社会主义伟大事业中的一项重要战略任务,它是一项系统、庞大而又复杂的社会工程,需要我们在建设的过程中不断的进行探索、完善和丰富的历史过程。

生态文明建设的概念具有广义和狭义之分,从广义上来看,它同我国的经济建设、政治建设、文化建设和社会建设紧密联系在一起,不仅包括了环境上的保护与治理、节约自然资源,还包括了社会建设中的各方面,它还试图改变人们的生产习惯和生活方式,尝试建立一种全新的社会发展理念。在经济建设方面,生态文明建设要求人们秉着可持续发展的理念,在生产生活中,都要符合人与自然和谐的原则,发展绿色经济。这种治理模式与传统的相反,要求人们在经济发展的同时,还要注意保护生态环境的重要性,倡导清洁生产、资源循环利用和大力开发可再生资源;在政治建设方面,生态文明建设要求我国将生态的建设放在一个突出的位置,提高对生态文明的关注度,积极的建立和完善有关的法律法规;在文化建设方面,生态文明建设要求我们将生态文明的意识普及到广大人民群众中去,让保护生态环境的意识深入人们心中。文化建设中还需提倡生态道德的建设,生态与道德紧密相连,用道德的尺度来约束人们的生态行为。生态文明建设其实就是把可持续发展提升到一个"绿色发展"的全新高度,为"后人"乘凉而"种树",不给子孙后代留下遗憾,而是留下无限的生态资源。从狭义上来看,生态文明建设是一种实践的活动,是人们以尊重自然环境为前提,改造和认识自然的实践活动,更是不断完善和丰富生态文明的实践过程。这一实践过程中,劳动者的素质得以体现,劳动的工具和能力需要不断的提高和进步,这是整个社会的进步,更是人全面发展的一个重要标志。

(二)生态文明建设的战略地位

1. 生态文明建设是中华民族永续发展的千年大计

十九大报告中指出,"建设生态文明是中华民族永续发展的千年大计"。生态文明建设关系到人们生活的方方面面,尤其是人们生活的水平和质量。人类社会的关系构成中,人与自然的关系是最基本的,最直接的关系,人类的生产生活实践活动离不开自然界,尤其是人类的发展更是离不开自然界,自然界为人类的生产生活提供了资源,同时人类在实践活动中也改变着自然界。人是自然界的一部分,人类不能违背自然规律,要根据自然规律去合理利用自然,破坏自然规律就是毁灭人类自己。认识自然界的一部分,人与自然是一种相互依存、相互联系的关系,我们对自然界不能抱着一味的索取,一味的利用的态度,我们应该正确的对待自然界,在所取的同时进行投入和建设。保护自然界就是保护人类自己。建设生态文明就是造福人类,为人民谋福祉。习近平总书记说:"良好生态环境是最公平的公共产品,是最普惠的民生福祉。"[①]随着环境问题的白热化,人们增加疾病的概率越来越高,对生态环境的认识逐步转变,正如张高丽所说的:人们由过去的"盼温饱"现在的"盼环保"和过去的"求生存"现在的"求生态"转变。随着社会发展和人民生活水平不断提高,人民群众也认识到生态环境对人们生活水平的制约,因此,对生态环境的要求也越来越高,生态环境的问题已经成为了重要的民生问题,同时也是衡量群众生活幸福指数的标准。幸福是人们不断追求的目标,没有良好的生态做前提,幸福也只是昙花一现,生态环境友好宜人、社会环境和睦平等、人的内心才能感受到幸福充实。

健康是幸福的前提条件,只有健康的人才能感受到真正的幸福,生态文明是人类健康的保障,也就是我们幸福的福祉。我们不停的追求财富,认为得到的财富越多就会越幸福,其实事实却相反,我们在追求财富的同时不断透支自己的身体,往往是以健康换取财富,这种幸福只是短暂的,健康才是幸福的基石。生态文明建设从眼前利益着手说是追求人们的健康、幸福,从大的方面说就是追求广大人民的根本利益,和中华民族的永续发展。在中央政治局第六次集体学习时习近平总书记指出:"要正确处理好经济发展同生态环境保护的关系,牢固树立保护生态环境就是保护生产力、改善生态环境就是发展生产力的理念"。发展主要是指生产力的发展,"我们既要绿水青山,也要金山银山。宁要绿水青山,不要金山银山,而且绿水青山就是金山银山"。生态环境是重要的生产力要素,我在实践活动中应该更加重视这一要素,更加重视生态环境的发展规律,保护并利用好生态环境,进行中国特色社会主义生态文明建设,才能更好地发展生产力,在更高层次上实现人与自然的和谐,造福子孙后代,实现中华民族的永续发展。同时,生态文明建设作为一项任务重、难度大、历时长的伟大事业,任重而道远,需要我们中华民族久久为功、不懈努力,一代接着一代干,坚持千年不动摇。

2. 生态文明建设是五位一体总体布局的重要内容

党的十八大将生态文明建设纳入"五位一体"总体布局中,进一步完善了中国特色社会主义事业总体布局。经济建设、政治建设、文化建设、社会建设和生态文明建设之间是互为条件、相互依存、相互制约、不可分割的关系。一方面,生态文明建设是四大建设的前提和基础,没有良好的生态环境,人们的生存条件就会恶化,

---

① 为了中华民族永续发展——习近平总书记关心生态文明建设纪实[N]. 人民日报,2015-03-10.

生活空间就会缩小,经济、政治、文化和社会建设就会失去载体,人们就会陷入生存危机。所以,生态文明建设是经济建设、政治建设、文化建设和社会建设的基础和前提。另一方面,四大建设是在生态基础上创造出来的物质、精神、制度和社会成果,都为生态文明建设提供重要条件,深刻地影响生态文明建设的水平和状况,为普及、推广、践行生态文明提供坚实支持和有力保障。党的十八大提出要把生态文明建设放在突出地位,"融入经济建设、政治建设、文化建设、社会建设各方面和全过程"。只有将生态文明的理念渗透、贯穿于人类取得的物质、精神、政治和社会成果之中,才会更好地延续人类文明。也就是说,生态文明建设的成效要由其他四大建设去体现、去承载、去落实。

3. 生态文明建设是贯彻新时代中国特色社会主义新发展理念的战略选择

从社会发展观的变革看,生态文明建设是习近平新时代中国特色社会主义思想的重要组成部分。

在新时代坚持和发展中国特色社会主义的基本方略中,第四条提出"坚持新发展理念。发展是解决我国一切问题的基础和关键,发展必须是科学发展,必须坚定不移贯彻创新、协调、绿色、开放、共享的发展理念"。第九条又提出"坚持人与自然和谐共生。建设生态文明是中华民族永续发展的千年大计。必须树立和践行绿水青山就是金山银山的理念,坚持节约资源和保护环境的基本国策,像对待生命一样对待生态环境",要"形成绿色发展方式和生活方式,坚定走生产发展、生活富裕、生态良好的文明发展道路"。党的十九大报告提出:"从现在到二〇二〇年,是全面建成小康社会决胜期。要按照十六大、十七大、十八大提出的全面建成小康社会各项要求,紧扣我国社会主要矛盾变化,统筹推进经济建设、政治建设、文化建设、社会建设、生态文明建设","综合分析国际国内形势和我国发展条件,从二〇二〇年到本世纪中叶可以分两个阶段来安排。第一个阶段,从二〇二〇年到二〇三五年,在全面建成小康社会的基础上,再奋斗十五年,基本实现社会主义现代化";"第二个阶段,从二〇三五年到本世纪中叶,在基本实现现代化的基础上,再奋斗十五年,把我国建成富强民主文明和谐美丽的社会主义现代化强国。"

因此,我们要注重从习近平新时代中国特色社会主义思想、新时代中国特色社会主义的基本方略和新发展理念的高度,深刻把握党的十九大关于生态文明建设的重要论述。要从道路自信、理论自信、制度自信和文化自信的高度,深入探究习近平新时代中国特色社会主义思想、基本方略和新发展理念对人类文明发展的重要意义,探究和思考新时代中国特色社会主义生态文明建设的世界观、价值观和方法论等重大问题。

二、生态文明建设与新型城镇化的关联性

(一)生态文明建设与新型城镇化的相互关系

1.新型城镇化内在蕴合并推动生态文明建设

新型城镇化是以城乡统筹、城乡一体为核心,以产城融合、集约节约、生态宜居、和谐发展为特征,大中小城市、小城镇、新型农村社区相互促进协调发展的过程。新型城镇化是我国"四化同步"战略的龙头和结构调整的重点,是"未来几十年最大的发展潜力"。从生态文明建设的角度来看,新型城镇化至少在以下三个方面体现了生态文明建设的内容。

(1)新型城镇化建设有利于自然空间的集约高效利用。

新型城镇化必须在充分考虑资源环境承载能力的基础上,科学合理安排城镇的空间布局。中央城镇化工作会议提出,要"依托现有山水脉络等独特风光,让城市融入大自然,让城市居民望得见山、看得到水、记得住乡愁","把城市放在大自然中,把绿水青山保留给城市居民","慎砍树、不填湖、少拆房,尽可能在原有村庄形态上改善居民生活条件"。新型城镇化就是要依托自然资源、地理地貌和人文历史,体现区域差异性,提倡形态多样性,发展有历史记忆、文化脉络、地域风貌和民族特点的美丽城镇,形成符合实际、各具特色的城镇化发展模式,建设山水城镇、花园城镇、人文城镇。通过严格控制城镇建设用地规模,严格划定生态红线,合理控制城镇开发边界,来优化城镇空间布局和结构,促进城市紧凑发展,提高国土空间利用效率,从而实现"促进生产空间集约高效、生活空间宜居适度、生态空间山清水秀"的愿景目标。

(2)新型城镇化有利于生产要素的合理配置和集约节约。

新型城镇化就是改变传统的高消耗、高浪费、高排放的"大拆大建"式的城镇发展模式,始终把生态文明理念融入到城镇化发展的全过程,做到资源的集约节约,资金、技术、人力的高效利用,推进绿色发展、循环利用、低碳节能,推动绿色低碳的生产生活方式和城市建设运营模式。城镇化可以促使大量劳动力和其他生产要素在城镇及其周边地区集聚,为企业扩大生产规模提供便利条件,带来生产和市场的

集聚集中,产生集聚效应和规模效益,节约单位产出的成本,从而为自然资源的减量化、再利用和再循环提供条件和可能。新型城镇化带来的人口集中,使得更多的人共享同样数量的公共道路、水电煤气等基础设施,还可以共享医疗、教育、社会保障等基本公共服务,从而降低人均公共投入的成本。由于公共道路具有非竞争性、非排他性等特点,在一定限度内使用者的增多并不会增加或者只增加很少的成本,因此城镇化可以提高城市公共资源的使用效率,从而降低人均公共投入,减少社会总资源的消耗。

(3)新型城镇化有利于提升劳动力的素质,加快绿色技术的创新、推广和应用。

现代市场竞争背景下,人文素质的高低、思想观念的开放程度越来越成为影响城市竞争力的重要筹码,因此,提升非农劳动人口的素质和教育水平是提高城镇化发展质量的重要环节。城市具有发展高等教育、成人教育和开展职业技术教育、职业技能培训的便利条件,通过多渠道、多途径、多方式的学习培训,造就一支具有专业技术优势的劳动力后备队伍,一方面可以为劳动力资源通过市场机制达到最优配置创造条件;另一方面也可以增进人们对生态环境与身心健康之间关系的认识,提升人们对生态环境质量的需求,增强人们治理环境污染的动力,从而促进资源的高效使用。此外,城镇化使大量的企业、科研机构和劳动力集中在一个区域,可以为协同创新提供更好的平台,促进资本、技术和人才的有机融合,带来更多的低碳、循环技术的创新、推广和应用,促进传统产业的节能减排和改造升级,加快新能源、新材料等战略性新兴产业和高附加值产业的发展,从而促进全社会资源的节约和环境的保护。

2. 生态文明建设是新型城镇化的重要保障和内生动力

生态文明建设是新型城镇化的题中应有之义,是推进新型城镇化的关键所在。"着力推进绿色发展、循环发展、低碳发展",集约高效利用资源能源,控制温室气体的排放,提高居民的生态文明意识,同是推进新型城镇化的重要保障和内生动力。

(1)生态文明建设保障新型城镇化提质增效。

生态文明建设可以优化美化生产和生活环境,直接促进对青山绿水的保护、对大气污染和噪声的整治,提供良好生态产品,提升城镇的宜居水平。从长远来看,生产方式和消费模式向绿色低碳转型,不仅有助于通过培育具有绿色低碳发展能力的产业和企业来促进全社会集约节约利用资源,减轻自然资源短缺和生态环境问题凸显的压力,持续地优化人类系统、自然系统和社会系统组成的城镇复合系统,而且还可以培育良好的生态文化,使节能减排、保护生态成为人们和企业的日常行为和习惯,使节约资源和保护环境的理念深入人心,使人与自然和谐相处成为普遍的共识,从而全面地优化城镇及其周边环境,推进低碳城市、智慧城市、山水田园城镇、生态美丽城镇建设,提升城镇化的发展质量。

(2)生态文明建设是新型城镇化的内生动力。

从本质上讲,生态文明建设是一个关于社会如何发展的问题,而新型城镇化的终极目标是要实现经济效益、社会效益和生态效益的和谐统一,生态文明建设为这一愿景的实现提供了可持续发展的动力和保障。其一,生态文明建设要求生产方式生态化,这为新型城镇化创新了物质增长方式。生态文明的本质要求产业结构、生产方式、产品质量等方面的提高,正确引导城镇化往这些方面改善,开发环保产业、新能源产业、技术服务产业等,创造更多的绿色岗位,带动 GDP 的绿色增长,为城镇化的持续发展提供必要的经济保障。其二,生态文明建设为新型城镇化注入源源不断的环保投资。当前国家对生态文明建设的投资非常重视,要求交通的绿色化、建筑的绿色化、商贸的绿色化、旅游的绿色化,这些都需要投入大量的人、财、物。而这些环保投入和改造也是新兴城镇化所必需的,能够增强城镇的健康发展能力,保障新型城镇化沿着可持续的方向发展。其三,人们日益增长的对生态产品的需求也是新型城镇化有效的推动力。经过 30 多年的改革开放,人们的物质生活水平得到极大提高,对生活质量以及美好生活环境产生了更高的要求。因此,在新型城镇化过程中,投入大量的人力、物力和财力,实施重大生态修复工程,增强生态产品生产能力,成为推进新型城镇化健康发展的重要引擎。

(二)新型城镇化与生态文明建设的互动机理

1. 新型城镇化与生态文明建设的系统结构

从系统论的角度观察分析,新型城镇化是由经济系统、生态系统和社会系统构成的有机整体。中国特色的新型城镇化以人的城镇化为核心,以绿色发展为导向,以人口市民化和产业与城镇、生态与城市、人文与城市的多元融合为路径,以人与人、人与自然、人与社会的和谐统一为目标,实现经济效益、生态效益和社会效益的共赢。如图 5-1 所示,A 点、B 点和 C 点共同构成一个等边三角形,重心 O 点代表"人的城镇化",居于核心位置;AB 代表经济系统,BC 代表生态系统,AC 代表社会系统,三者共同构成新型城镇化的支撑体系和系统结构。

图 5-1　新型城镇化支撑体系

　　生态文明建设系统是由生态空间布局系统、生态产业系统和生态文化系统(生态意识、生态观念、生态认知)共同构成的有机整体,追求的目标是资源节约型和环境友好型社会,实现人与自然、经济发展与环境保护的和谐统一。具体而言,生态文明系统立足生态空间的合理布局,以生态文明制度体系建设为核心,着眼生态文化建设的引导,着重生态产业的绿色低碳发展。如图 5-2 所示,A_1 点、B_1 点和 C_1 点共同构成一个等边三角形,重心 O_1 点代表"生态文明制度体系",居于核心位置;A_1B_1 代表生态产业体系,B_1C_1 代表生态空间体系,A_1C_1 代表生态文化体系,三者共同构成生态文明建设系统。

图 5-2　生态文明建设系统

2.新型城镇化与生态文明建设的作用机理

　　新型城镇化的三个支撑体系所构成的等边三角形与生态文明建设系统所构成的等边三角形存在着相似的关系,两者相互发生作用的机理就在于两个三角形的三个边和重心之间的融合与贯通问题。

　　(1)城镇经济发展体系(AB)与生态产业发展体系(A_1B_1)、生态空间布局体系

(B_1C_1)的融合机理。新型城镇化经济发展体系（AB），是社会生产力发展到一定程度，工业化、农业现代化和信息化发展的必然趋势和根本要求。马克思曾经指出"农业劳动是其他一切劳动得以独立存在的自然基础和前提""商业依赖于城市的发展，而城市的发展也要以商业为条件，这是不言而喻的"。可以毫不夸张地说，产业发展是支撑城镇化持续健康发展最为重要的内生动力，城镇化需要产业发展来充实，通过产业发展促进就业和创业。在生态环境约束趋紧的情况下，一方面，新型城镇化必然要求城镇化空间布局结构的合理(B_1C_1)和经济发展方式的转型，实现大中小城市、城镇和新型农村社区的绿色、协调发展，大力发展低消耗、低污染、低排放和高效益的生态经济(A_1B_1)，新型城镇化的经济发展体系（AB）必然落脚到生态文明建设支撑系统的生态产业发展体系(A_1B_1)和生态空间布局体系(B_1C_1)上。另一方面，生态文明建设就是通过调整优化空间布局(B_1C_1)，大力推动生态产业发展(A_1B_1)，全面促进资源节约，加大自然生态系统和环境保护力度，提升经济、社会和城镇化发展的质量和水平，有力推动城镇绿色工业、绿色农业和低碳服务业等经济发展体系（AB）的绿色转型，助推新型工业化、新型城镇化、新型农业现代化和信息化"四化同步"发展。

（2）城镇化生态支撑系统（BC）与生态空间布局体系(B_1C_1)的作用机理。新型城镇化的生态支撑系统（BC）是提高城镇化质量的必然选择。当前，一些城市空间无序开发，人口过度集聚，重经济发展、轻环境保护，重城市建设、轻管理服务，交通拥堵问题严重，公共安全事件频发，城市污水和垃圾处理能力不足，大气、水、土壤等环境污染加剧，外来人口集聚区人居环境较差等问题日益凸显，根本原因就是忽视了城镇建设的空间布局体系(B_1C_1)。科学确立城市功能定位和形态，加强城市空间开发利用管制，合理确定城市规模、开发边界、开发强度和保护性空间，合理设定不同功能区土地开发利用的容积率、绿化率、地面渗透率等城镇化生态支撑体系（BC）的规范性要求，恰恰又是生态文明空间布局体系(B_1C_1)的具体体现。

（3）社会支撑系统（AC）与生态文化体系(A_1C_1)的作用机理。新型城镇化的社会支撑系统（AC）就是坚持以人为本的精神，彰显城镇的人文关怀和精神抚慰，让非农人口在身体和心理上真正融入城镇发展。因此，新型城镇化要使城市景观结构与所处区域的自然地理特征相协调，挖掘传承我国的生态文化和建筑艺术，体现城市的自然和文化个性，保留传统民居和田园风光。鼓励城市环保低碳生活方式和生态文化的多元发展，促进传统文化与现代文化、本土文化与外来文化交流融合，形成多元开放的现代城市生态文化。可见，新型城镇化社会支撑系统（AC）与生态文明建设生态文化体系(A_1C_1)也是一致的。

（4）"人的城镇化"（O）与"生态文明制度体系"（O_1）的作用机理。新型城镇化的核心是"人的城镇化"（O），生态文明建设的核心是"生态文明制度体系"（O_1），实现新型城镇化与生态文明建设的良胜互动和优化发展必须打通由"人的城镇化"（O）到"生态文明制度体系"（O_1）的阻塞通道。一方面，"人的城镇化"（O）必须全面考虑生态环境的支撑承载能力，坚持生态文明理念和原则，完善推动城镇化绿色循环低碳发展的体制机制（O_1），走"产城人"紧密结合和高度融合的绿色人文新型城镇化道路。另一方面，加强生态文明制度体系建设（O_1），必然要求完善促进生态文明建设的法律法规和政策体系，必然体现"以人为本"的内在价值，促进新型城镇化资源节约、环境友好，更好推动以"人的城镇化"（O）为核心的新型城镇化进程。

第二节　新型城镇化进程中生态文明建设的现状

一、新型城镇化进程中生态文明建设取得的成就

从本质上讲，城镇化是对城镇居民生产方式、生活方式以及居住方式进行逐步改善和优化的历史进程，同时也必然带来整个经济社会的变革和发展。任何一个国家和民族的城镇化都是一个较为漫长的历史发展过程，我国从城镇化探索到新型城镇化的提出也是经历了漫长的岁月。而对于城镇生态文明建设，我国从 20 世纪六七十年代开始作出了初步的尝试，在部分地区逐步实践了从生态县到生态市再到生态省的建设工作。在十七大、十八大之后，生态文明建设在全国范围内被提到了一个历史新高度，作为当前我国社会发展的重要主题和发展方向，新型城镇化中的生态文明建设也越来越受关注，党和国家在经过一定的探索和研究后，对其已经略有成就。

（一）生态文明建设制度不断完善

新型城镇化中的生态文明建设不是一句空口号，需要根据生产力水平和社会发展状况的变化而不断变化，与时俱进更新发展理念、进行科学规划，做到制度先行。我国的快速城镇化已经持续了 30 多年，面对当前的城镇发展状况和生态环境

问题,党和国家关于生态文明建设的相关政策、法律法规、条例等制度在不断健全和完善。

一方面,党和国家从顶层设计的角度对新型城镇化中的生态文明建设给出了越来越完备的政策制度。2002 年,在十六大报告中就开始对城镇化的规划和布局提出了要求,初显了生态建城的端倪。而后在十七大、十八大报告中,随着生态文明建设被提上新高度,关于城镇化中生态文明建设的意识也在不断增强。2013年,在中央经济工作会议上,中央政府直接而明确地提出了"城镇化的整体过程中必须全面融入生态文明的理念和原则,打造新型城镇化的智能性、集约性、绿色性以及低碳性"①。同时,在《十一五规划纲要》中强调了"通过改善人居环境,促进城镇的健康发展",在《十二五规划纲要》中用单独一章的篇幅进一步论述了"城镇化的健康发展",在《十三五规划》中更是强调"绿色城镇发展道路",提出严禁"大树进城",建设森林城市、海绵城市。

另一方面,直接针对新型城镇化中的生态文明建设的政策制度也在不断健全。2011 年,《全国主体功能区规划》为开发城镇的家园提出了新理念,提出了构建"国土空间开发格局应当沿着高效、协调、可持续的方向调整",并从宏观到微观的角度对功能区进行了详细的规划。2014 年,《国家新型城镇化规划(2014-2020 年)》出台,这是对之前我国城镇化的经验总结和政策完善,凝聚了自十六大报告以来有关城镇化生态文明建设的所有可持续发展政策。该规划突出强调了城镇化要体现生态文明的内涵和具体要求,提出了优化城镇化布局和形态、提高城镇可持续发展能力、强化城镇生态环境保护等方面的具体政策。2016 年 2 月,国务院发布《关于进一步加强城市规划建设管理工作的若干意见》,提出海绵城市建设,不断营造城市宜居环境。与此同时,地方各级政府也综合考虑地方实际情况,纷纷出台了新型城镇化中生态文明建设的相关规划。

此外,近年来关于生态保护方面的法律、法规的完善与颁布也健全了新型城镇化中的生态文明建设制度。2015 年 1 月 1 日新修订的《中华人民共和国环境保护法》正式实施,是我国经济由传统发展模式转向新常态的法制保障。其首次以法律条文的形式确立"保护环境"是国家发展的基本国策,改变了以往"发展优先、兼顾环保"的思维定势,在法理上给以牺牲环境为代价的传统城镇化发展模式画上句号,其确立的罚款制度、预警机制、监管手段、法律责任也为处理新型城镇化中的生态环境问题提供了法律依据。2018 年 3 月 11 日十三届全国人大一次会议第三次

---

① 2013 中央经济工作会议公报[N].人民日报,2013-12-16.

全体会议下午经投票表决,通过了《中华人民共和国宪法修正案》。"生态文明"写入宪法。生态文明内容写入宪法,顺应了新时代的需要和全社会的期盼,将有力推动新型城镇化进程中生态文明建设新的发展。同时,我国目前共有 9 部关于环境污染的法律、15 部关于资源保护的法律、1600 多项各级地方人大和政府颁布的环境保护法规,部门规章与条例更是数不胜数,这些构成了一套符合我国国情的环境保护法律法规体系,为推进新型城镇化中的生态文明建设提供了厚实的法律依据。

(二)生态保护参与力度不断增强

"以人为本"是新型城镇化的主体特征,城镇居民是新型城镇化的主体,也是其生态文明建设的主体。主体对城镇生态文明建设的响应和认知是保障城镇生态文明建设有效实施的关键,主体的参与意愿和参与力度也将直接影响城镇生态文明建设的实际成效和可持续性,是不断推进绿色城镇、生态城镇建设的前提和保障。伴随着城镇生态文明建设制度的不断健全和完善,当前我国新型城镇建设中城镇生态环境保护的参与力度也在不断加强。

一方面,城镇生态文明建设的参与主体不断得到丰富。在我国城镇化发展初期,经济增长是唯一的目标,"先发展后治理"的理念使得城镇环境保护几乎不被提上日程,更谈不上主体参与问题。但当西方国家一百多年的城镇环境问题短短几十年的时间就在我国城镇化进程中集中体现后,党和国家开始参与到对城镇生态文明建设的探索。各地政府开始加快对城镇绿色发展的科学规划、产业调整以及环境治理工作,鼓励社会各界参与到城镇生态环境保护中。而作为城镇化经济发展的主要推动者——企业也逐步参与到城镇生态文明建设中。越来越多的企业意识到推行清洁生产的重要性和受益性,主动承担起保护城镇环境的社会责任,开发生态产品,走可持续的企业发展道路。同时,城镇居民的生态意识也在逐渐被唤醒,民众开始关心城镇生态问题,从学校到社区再到民间组织纷纷开展各类环保活动,城镇生态文明建设的参与力度在不断增强。另一方面,城镇生态文明建设的财政投入也在明显增加,保证了参与主体的热情和信心不断提高。近年来,国家对推进新型城镇化中的生态文明建设给予了巨大的财政支持,通过财政投资、税收、财政补贴等经济政策的灵活运用,支持城镇生态基础设施的建设,惩罚排污量较大的污染企业,加强生态城镇的宣传工作,积极鼓励各类主体参与到城镇生态文明建设的实践中。

（三）生态城镇示范建设工作不断推进

新型城镇化中大力推进生态文明建设，其目的就是要在全国范围内建立起让人民宜居的生态城镇。在当前的现实环境下，要实现在全国范围内都建立起生态城镇还需要一定的时间和努力。但是，随着制度保障的健全完善和参与力度的明显加强，各地纷纷开始了对生态城镇的探索，重视生态示范，积极发挥生态城镇的引领作用，为全面推广奠定了基础。

目前我国生态城镇的示范建设覆盖面较为均匀，涉及中部、东部、西部各区域。示范性生态城镇的建设主要采取了以下几种实践类型：第一，择址新建的生态城区。这类地区得天独厚，推行新型城镇化的约束条件较少，容易将生态城镇的理念贯穿于整个建设过程，实践效果显著。在网上通过关键词"生态新区"检索可查知，目前至少已经建成 140 多个，多分布在发达地区以及一些西北、西南地区。第二，改造建成的生态城镇。相较于新区建设，这种在已有城镇进行的生态改造较为困难，见效也比较缓慢，目前主要在土地供需矛盾较强的地区开展，如上海、深圳等城市，但随着新型城镇化的不断推进，能够择址进行生态新区建设的空间将越来越少，这种实践模式将会成为生态城镇建设的主流。第三，灾后重建的生态城镇。我国生态环境较为复杂，近年发生了不少重大自然灾害，使城镇受到摧毁，如汶川、玉树、芦山等地。这类城镇的再建设选择了生态城镇的发展道路，因为"在受灾地域的重建规划中走生态化模式，能够改变受灾城市原有的不足条件，使受灾地区在重建中跳跃性地增强抵抗灾害的能力，并强化其生态系统的安全性，获得发展的可持续"①。当前这几类生态城镇的建设模式将为我国持续推进新型城镇化中的生态文明建设提供范本。

二、新型城镇化进程中生态文明建设存在的问题及原因

（一）新型城镇化进程中生态文明建设存在的问题

新型城镇化进程中，我国生态文明建设进入转型新阶段，环保理念深入人心、环保节约的新能源和新型材料得以大力推广应用，为我国未来的发展提供了坚实的基础。但同时必须清醒看到，生态文明建设仍存在不少瓶颈制约和突出问题，改

---

① 仇保兴.灾后重建生态城市纲要[J].城市发展研究,2008(3):1-7.

革攻坚任务更加艰巨。

1. 自然生态亟需治理

快速推进的城镇化过度着眼于经济建设,而忽视了自然生态的承载力和环境保护。城镇人口快速集聚,城镇建成区面积的急剧扩张,使得许多地区的生态环境处于亚健康或不健康的状态。一方面,粗放的发展方式、较快的发展速度,超出了城市自然生态的承载能力,造成了土地、水、能源等的过度消耗。2014 年年末,全国设市城市已达 653 个,城市建成区面积 4.98 万平方公里,较 2013 年增长 3.96%,而同期城镇化率增长仅为 1.93%。另一方面,城镇区域的大气、水体、土壤等环境污染加剧。据 2014 年统计,全国废水中化学需氧量排放,工业源占 13.56%,农业源占 48.04%,城镇生活排放占 37.67%;废水中氨氮排放,工业源占 9.72%,农业源占 31.65%,城镇生活排放占 57.9%。废气中二氧化硫排放,工业源、农业源、城镇生活排放分别占 88.14%、11.84%;废气中氮氧化物排放,工业源、农业源、城镇生活排放分别占 67.6%、2.17%、30.21%。城镇中基于人口集聚产生的污染物排放不容忽视。城市交通拥堵、城市内涝等"城市病"问题越发凸显,自然生态与生存环境急需治理。

2. 产业生态承载力低

农业人口向城镇的转移只是城镇化的一步,使转移人口"市民化"才是新型城镇化的根本。城镇经济和产业的发展是创造就业岗位的基础,是使城镇农业转移人口享有稳定工作和收入的根基,也是其实现享有固定居所,享受医疗、养老、教育、保障性住房等公共服务的根本。在经济发展新常态下,原有的不顾资源短缺、竭泽而渔、破坏性开采的粗放型发展,忽视环境保护的污染性发展,透支人口红利、社会保障体系建设滞后的透支性发展,难以实现产业生态的可持续发展,正在逐步被淘汰。遵循自然规律的可持续发展,遵循社会规律的包容性发展,在生态文明理念的引导下,对传统工业化生产方式进行生态化改造,形成生态化生产方式和产业结构,成为了支持城镇化发展的产业结构转型方向。

3. 居住生态有待提升

粗放发展的城镇化在城镇空间分布、城镇规模结构等方面存在诸多问题。部分老城区人口严重超载,新建城区却人口密度偏低,利用结构不合理。2014 年 9月,国土资源部下发了《关于推进土地节约集约利用的指导意见》明确鼓励城市建设向组团式、串联式、卫星城式发展,工业用地逐步减少,生活和基础设施用地逐步增加。交通拥堵、资源紧张、环境污染等城市病普遍凸显。2015 年,全国共出现 11 次大范围、持续性霾过程,11～12 月中东部雾霾持续时间长、范围广、污染程度重,覆盖我国的华北、黄淮、江淮等大部分区域(五)。高德地图《2015 年度中国主要城市交通分析报告》显示,在监测 45 个主要城市中,只有一个城市拥堵小幅缓解,其余 44 个城市拥堵都在进一步恶化。"城市病"的严峻形势,使得我国一些中心城市"逆城市化"的趋势逐步突出。越来越多的城市人口,特别是高收入群体,开始向往郊区生活、居住。据北京的一项调查显示,在被调查群体中,有 54.5% 的人近期有意到郊区投资,70% 的人有意到郊区购买第二居所。可见,城镇化中城市居住生态的建设需提升到一个新高度。

4. 文化生态延续不足

在物质文化方面,城镇化的"建设性"破坏不断蔓延,对历史遗迹、自然景观缺乏保护意识,致使不少物质文化遭到损毁。据 2012 年住建部与国家文物局联合开展的首次国家历史文化名城保护工作大检查显示,全国 119 个国家级历史文化名城中,13 个名城已无历史文化街区,18 个名城仅剩 1 个历史文化街区,一半以上的历史文化街区已经面目全非,与历史文化街区的标准相差甚远口。在非物质文化方面,伴随着城镇化的进程,城市文化逐步覆盖农村,起源于农村的众多传统文化面临断裂。村庄是传统文化的自然载体。附着农村的各种文化元素在城镇化进程中如何保护、如何传承,也成了一个重要问题。

5. 农村生态急需保护

城市的规划与建设对生态环境的质量要求越来越高。同时,为了发展农村经济,许多地方政府都在制定优惠政策,积极地进行招商引资。由于产业的梯度转移,一些高能耗、高污染的企业钻监管的漏洞,向农村转移。这部分企业以低技术含量的粗放经营为特征,虽然可以在短期内给农民提供就业机会,增加收入,但长远来看,必将对农村生态环境造成巨大危害。农业生产中种植业的化肥等形成的污染,农村生态保护和治理形势不容乐观。另一方面,城镇化步伐的加快和人口扩张,使城镇产生了大量的生活垃圾、污水等。由于基础设施配套滞后和农村监管体系不严,部分城镇垃圾被运到了邻近农村填埋或堆积。加之现代生活和消费方式的普及,农村居民产生的生活垃圾也与日俱增。外源性污染和自身生产、生活污染日趋严重,农村生态环境急需保护和治理。

（二）新型城镇化进程中生态文明建设的问题的成因

1.生态文明意识及生态城镇理念淡薄

辩证唯物主义认为，意识具有能动作用。意识不但能够反映人类的客观行为，而且可以指导人类的行为方式和行为方向，意识的形成过程也是对行为的不断认知和总结过程。生态文明意识的形成，是人类对过去自身一味追求经济利益、违反自然发展规律的行为带来严重后果的反思，是"根据自然和社会的发展规律，为解决人与自然的关系而提出的观点、理论和感情的总和"[①]。生态城镇理念是结合当前我国城镇化发展的现实需求，融入生态文明意识而形成的价值观念，是指导新型城镇生态化建设的科学认知。

当前，居民、企业、政府生态文明意识及生态城镇理念淡薄成为导致新型城镇中生态文明建设存在诸多问题的首要原因。

第一，居民的生活消费方式没有体现生态文明理念。由于我国传统城乡二元结构的长期存在，农村和城镇本身存在巨大差别，农村生态文明的教育和宣传力度都不够，使得大多数农村居民对生态文明的知晓度、认同度和践行度都处于一个比较糟糕的状况。当快速城镇化的浪潮将这一部分人大量市民化后，城镇人口的生态素质影响着其生活方式和消费方式。而没有体现生态文明理念的生活方式和消费方式使得城镇居民意识不到自己生活中不够低碳和环保的行为正在增加城镇生态环境的负担。对于一部分文化素质较高、生态文明意识较强的居民，由于受大环境和自身素质的影响，也并没有将生态意识融入自身行为中，积极参与城镇生态文明建设。

第二，企业对生态城镇建设的责任心与道德感不强。企业是城镇化经济建设的主体，不仅需要满足自身经济效益的需求，也肩负着为城镇建设和人居生活提供丰富物质来源的重任。但是，当前城镇化中，企业过多的强调自身的经济利益，认为经济增长才是企业的生存之道，在生产过程中无视自身的生态责任和生态道德，导致大量资源能源浪费及环境污染问题。即使有些企业已经意识到自身行为对生态城镇建设的影响，但由于高昂的排污治理成本会带来自身利润的直接减少，依然会忽视生态文明建设的责任。

第三，政府决策理念落后，对生态城镇建设认识不足。政府是政策的制定者、

---

① 余谋昌.生态文化论［M］.石家庄:河北教育出版社,2001.

实施者以及监管者,在城镇生态文明建设中扮演着重要角色。当前,全国性的城镇生态文明建设顶层设计理念很先进,但是下放到地方各级政府时,由于没有清晰明了的考核评价机制,多数政府部门依旧以"经济建设和 GDP 增长"作为决策的首要目标理念,忽视人与自然的协调问题,对如何进行城镇生态文明建设的科学内涵认识程度也非常肤浅,实施与监管仅仅停留在表面。政府在这样的情况下,想将生态文明意识和生态城镇理念转化为决策和居民、企业的日常行为准则是难以奏效的。

2.经济发展方式及产业结构粗放

生产力及生产方式决定着不同时期的文明形态,经济发展方式及产业结构是新型城镇化产生和发展的动力。新型城镇化进程中的生态文明建设必须要将生态文明的生产方式融入城镇经济建设,但当下城镇经济层面中生态文明融入不足,导致了城镇化中资源能源的消耗浪费。

第一,粗放型经济增长方式的长期存在。传统城镇化中,我国的城市经济发展模式呈线性的规律,主要以资源、能源的大量开采使用为主,且资源的综合利用率极低,生产各环节产生的"三废"未经处理直接排入城镇环境。这种经济增长方式,不仅导致资源能源的消耗速度远远超过了城镇经济增长速度,也成为了城镇环境污染的重要来源。同时,受粗放型经济增长方式的惯性影响,许多城镇企业至今未形成生态文明意识。这种模式下的 GDP 增长所带来的经济利益又有绝大一部分要用于支出生态环境治理的成本,导致一些地区呈现出经济虚假增长的形势。

第二,产业结构与布局不合理。在城镇化的经济发展中,第一产业占到了绝大数量的比例,且以高耗能、高污染的重工业为主,新型环保产业、现代农业以及第三产业比例严重不足,发展缓慢,尚未对城镇的生态经济发展形成有效拉动作用和聚集效益。同时,不合理的产业布局也影响着城镇工业的生态化发展。虽然目前一些城镇在规划时尽量将工业区外移,但工业在大部分城镇的集中仍然较为严重,没有进行生态工业园区的规划和设计,产业与产业之间未形成良吐循环,各产业间基本没有实质上的联系,导致资源能源的综合利用率极低。

第三,城镇经济发展的生态技术与生态投入较低。一方面,城镇的经济发展缺乏有力的生态科技的支撑。目前,我国尚未建立城镇生态文明建设技术研究的专门组织,虽然国家整体的科技水平在不断提高,但直接转化为经济发展中的技术成果还较为困难,对经济的生态支持也比较零散落后,对技术的创新也未得到重视。另一方面,对城镇经济发展中的生态投入较低。环保产业的发展、企业开展清洁生产以及生态工业园区的建设,都需要大量的资金支持,目前在这一领域的生态投入还不能与城镇经济发展方式的调整与转型相平衡。

3.生态文明建设制度及监管不足

制度与监管是新型城镇化中生态文明建设的重要保障。过去几十年,我国城镇化以"经济理性"作为基础,当前,新型城镇化要求以"生态理性"作为出发点和落脚点,而有待完善的制度和不够严厉的监管成为影响新型城镇化"生态理性"实现的又一重要原因。

第一,城镇生态文明建设的制度不足。直接、明确且良性的法律、法规和规章制度对于城镇化中的生态文明建设具有重要的维护作用,能够尽可能地把城镇各方面的发展朝生态文明建设的方向引导。目前,虽然关于加强城镇生态文明建设的相关制度在不断完善,但能有效针对新型城镇化进程中面临的生态文明建设问题的制度依然不足。首先,缺乏合理健全的城镇空间规划制度。空间利用关系着城镇发展的健康与否,新型城镇生态文明建设要求注重规划的前瞻性、整体性和长远性。当前城镇建设中缺乏规模的合理设计、功能区的总体规划、土地资源的规划利用,这严重影响其生态文明建设。其次,缺乏科学的城镇生态文明建设的评价制度。评价制度可以为城镇生态文明建设的各方面提供标准,但当前无论是在城镇经济方面,还是在监管部门政绩考核方面,亦或是在居民生活消费方面,均并没有科学的评价指标可供使用。再次,缺乏健全的城镇生态文明建设的法律制度。尽管,生态环境保护的法律法规体系在我国已经基本建立,但直接针对城镇生态文明建设的法律制度还不健全,对城镇生态环境破坏的行为处罚也过于轻微,不能满足当前城镇化的法律需求。

第二,城镇生态文明建设的监管不足。新型城镇化中生态文明建设的顺利推进离不开政府强有力的监管。当前城镇生态文明建设的监管不足主要表现在以下几个方面:首先,政府过分重视城镇的经济建设,重视硬性指标的完成,忽视了对城镇中生态文明建设的监管。在实际的管理工作中,经济利益与环境保护的博弈中经济利益站得上风,且各个职能部门之间鲜有交流、各自为政,监管工作缺乏统一与协调;其次,当前城镇化进程中生态文明建设的监管手段过于单一,主要以行政手段为主。虽然,行政手段也具有强制性的特点,但由于政绩与地方经济发展水平挂钩,政府多通过行政手段来提高短期的经济效益而忽略环境保护,同时也没有充分利用其他管理手段;再次,城镇生态文明建设的监管组织机构不够完善。虽然我国环境保护局成立较早,但由于我国行政机构大多实行"条块分割、双重领导"的组织形式,这导致城镇生态文明建设的监管工作在权力与责任划分上模糊不清,监管过程中常常出现责任不明、相互推诿情况。

第三节　新型城镇化进程中生态文明
建设的路径

一、发展生态文化,创新城镇生态文明的治理方式

任何一场重大变革来临之前,总是要首先进行意识形态领域的变革,而一定的社会意识形态又以一定的社会文化积淀作为基础。新型城镇化作为我国未来社会的发展方向,其生态文明建设需要以生态城镇的文化理念作为意识基础,通过提升政府、企业、公众三大行为主体的生态文明意识实现新型城镇化进程中社会价值观和发展观的转变,从制度建设、监管方式等方面创新城镇生态文明的治理方式。

(一)发展生态文化

1.培育生态价值理念

人类历史上每一次文化转型都是人的思维方式的全面深刻转变。向生态文化的转型需要正确把握与自然生态的关系,全社会应该牢固在尊重自然、顺应自然、保护自然的基本价值理念。其中,尊重自然主张的是一种关系上的平等,也就是说,自然界是客观存在的,人类和自然界其他一切生物一样,要在相互尊重的基础之上实现和谐共处;顺应自然是指自然界所存在的规律是客观的,人类活动要在遵循自然界客观频律的基础上进行;保护自然是指自然的承载力是有限度的,人类活动要控制在自然可承载的范围内。

2.加强生态文化教育

生态文化教育想要达到这样一种结果,即人类对于自身及自身文化与自然物理环境之间关系的理解能力及态度。它对于培养人类自身的生态价值观以及生态价值素养起着不可或缺的作用,同时它也是促进新型城镇化与生态文明实现良性互动的必然要求。加强生态文化教育,首要的是加强学校尤其是义务教育阶段的

生态文化教育,在现有国民教育体系中纳入生态文化内容,使学生从小接受生态观念意识,培育良好生态素养;其次,广泛开展社会生态文化教育,利用互联网、微博、微信、歌曲、戏剧、电影等样的手段和形式开展生态国情、生态生活、生态法制、生态人文等宣传教育,增强城镇文化底蕴,提高全民族生态文化素养,为新型城镇化与生态文明建设协调发展奠定坚实的文化基础。

3.保护区域文化,延续历史文脉

一个城镇的价值与影响力不仅体现在钢筋水泥、高楼大厦这些物质层面,更体现在其文化传统这些非物质层面。每个城镇都有其独特的历史文化传统与价值,发展生态文化迫切需要保护城镇特色、挖掘城镇特有的文化内涵,在新型城镇化过程中要特别重视对包括自然遗产在内的风景名胜、人文环境、传统民居等不可再生资源的保护,竭力保护文物古迹、自然遗产等不被破坏。加强对自然环境—社会环境—人文环境在内的城镇整体环境规划,加大对历史街区、传统文化风貌地带的保护力度,形成城镇传统文化保护的完整体系。同时,挖掘城镇地域文化资源,发挥城镇地域文化的优势,积极发展传统文化产业,实现城镇经济、社会、文化的可持续发展。

(二)创新城镇生态文明的治理方式

1.推进制度建设,完善生态城镇的治理机制

社会制度的建设和完善有助于改善生态环境的治理机制,保障人类生存要素转化为生产要素,进一步实现对它的利用和保护。因此,要实现良好的城镇生态文明建设,必须将"生态环境保护"作为一项重要因素纳入制度建设的考虑范围,通过建立城镇生态文明建设的法律制度,完善生态城镇的治理机制。

(1)建立城镇生态文明建设的法律制度。

法律具有强制性,"作为生态保护的最后一道屏障,生态法律制度的健全程度影响着生态文明的实现效果"[①],完善的法律制度能够保障城镇生态文明建设的顺利进行。由于我国生态法律体系尚不健全,城镇生态文明建设法律制度仍存在空白领域,因而除对已有的法律进行积极调整外,还需从以下方面推进:第一,完善城

---

① 杨卫军.新型城镇化进程中生态文明建设面临的困境与突破路径[J].理论月刊,2015(7):167-170.

镇水环境治理、大气污染防治、固体废弃物污染防治、城市噪声污染防治、清洁生产等与城镇生产、生活息息相关的环保法律、法规,做到城镇生态文明建设有法可依;第二,建立健全资源有偿使用制度和生态补偿机制,从法律层面明确界定生态补偿的主体与客体、责任与义务以及补偿标准;第三,建立生态文明建设突发事件应急法律制度,妥善应对生态安全事故等突发事件。

(2)构建公众参与城镇生态文明建设的机制。

让公众参与到城镇生态文明建设中来,除上文提到的广泛提高其参与的意识外,更重要的是要完善并建立公众参与城镇生态文明建设的机制,保障其参与的渠道,维护其参与的积极性。当前,可采取以下形式构建公众参与的机制:第一,建立健全城镇规划的公众参与听证制度。要深入论证密切关系生态环境的规划或政策措施,积极召开听证会,保障公众的知悉权和参与权。第二,建立健全城镇生态文明建设的监督机制。通过新媒体搭建监督的平台,使公众能够及时有效地反应情况,提出建议。第三,建立畅通的生态诉讼机制。生态诉讼机制可以赋予公众对破坏环境的行为提起诉讼的正当权利,能够有力的打击破坏城镇生态环境的行为,也能对政府、企业起到一定的监督作用。

2.转变管理观念,提高生态城镇的监管能力

针对过去城镇化进程中政府监管的越位、错位和缺位现象,新型城镇化要求政府在城镇生态文明建设过程中要发挥积极作用,改变过去以"GDP 增长"作为业绩指标的管理观念,将协调城镇居民与城镇生态环境的关系作为监管的出发点和落脚点,积极应对新型城镇化进程中的生态文明建设问题,运用宏观调控手段帮助促进新型城镇化经济效益、社会效益、环境效益的和谐一致。

(1)增强政府对城镇生态文明建设的管理职能。

增强政府的管理职能有助于提高对城镇生态环境的管理水平,提高环保执行能力,应当充分运用行政手段、经济手段以及法律手段进行综合地监管和调节。第一,依靠行政手段。各级政府要将城镇生态文明建设纳入工作日程,发挥行政命令的强制性作用,实行最严格的城镇生态文明建设问责机制。第二,依靠经济手段。经济手段是多数发达国家政府解决城镇化中生态文明建设问题更侧重的方式,不似行政手段的强制方式,经济手段可通过激励机制,采取"排污权买卖""污染税制"等各类灵活手段实现目的。第三,依靠法律手段。政府在监管过程中必须对城镇生态文明建设的法律制度做到有法必依、执法必严,针对污染和破环城镇生态环境的行为必须进行严格地惩戒。

(2)优化环保部门对城镇生态文明建设的监管组织机构。

除海关、国税等实行"垂直管理"的行政机构外,我国大多数行政部门的管理方式一般为"条块分割"模式,行政机构受到本级政府和上一级主管部门的双重领导,环保部门也不例外。所以在过去城镇化中,政府经常因经济业绩指标对环保部门的执法工作进行强制干预,导致环保部门不能对城镇化中的环境破坏行为进行独立地处理。新型城镇化中首先应当对环境监管部门的职能加以细化和明确,减少部门间的相互推诿、行政不作为现象。同时,对环保部门实行"垂直管理"的行政模式。目前,我国对生态文明建设的重视程度前所未有,环保部门作为生态环境监管的重要部门,应当尽量减少过去的政府干预,"垂直管理"更有利于城镇生态环境治理工作的决策和执行。

二、科学统筹规划,构建生态空间

城镇化水平反应了国家现代化的程度,城镇化是国家发展的总体战略,国土空间是城镇发展的土地资源条件。"无论哪种形式的城镇化发展模式及其生态文明建设发展战略,积极贯彻和实施科学的国土空间利用与规划都是并经之路"[①]。从内容上讲,国土空间布局包括经济发展空间,农业生产空间以及生态空间。过去,我国的城镇化过多强调经济发展空间的无序扩大,忽略了城镇化中农业发展空间以及生态空间的规划,使得城镇发展的布局和形态出现"病态"。因而,在构建新型城镇化过程中,首先需要从国家层面设计合理的城镇空间布局。

(一)统筹规划国土主体功能区

国土主体功能区规划是国家进行国土开发建设的总体方案,是城镇化开发建设的基本依据。划分国土功能区的理论依据在于,由于国土广裹,我国每个区域的自然生态环境、资源享赋和经济发展水平都会显现出区别于其他区域的特征,这些特征则体现着各区域自身的核心功能。主体功能区就是通过对不同类型的区域的主体功能的研究,进而作出以相应的主体功能为代表的类型区域。因此,划分国土主体功能区是最大程度地尊重和发挥了各区域的客观实际与优势,有利于避免城镇化过程中的盲目性、趋利性和无序性,同时,它以实现人口、资源与经济的协调运转为目标,力求在协调主体区域划分和分工协作的机制下,实现经济发展与资源环境的协调互动。现阶段,国土主体功能区分为四类,即优化开发区域、重点开发区

---

① 包双叶.论新型城镇化与生态文明建设的协同发展[J].求实,2014(8):59-63.

域、限制开发区域和禁止开发区域。具体来讲,四类主体功能区的功能各有侧重。

1.优化开发区域

优化开发区域是城镇人口最为集中的区域,相应地也是城镇化重点开发的区域。这是由历史发展和地理环境等因素共同作用的结果。在长期的城镇化进程中这一区域的自然环境是受人类活动影响最严重的区域,因此,其自然环境改变幅度最大,生态环境承载力非常脆弱。按照主体功能划分,优化开发区域重点在"开发",即集中优势资源发展二、三产业,生产丰富的工业产品和服务产品,为其他主体功能区提供生产生活的物质资料。而开发的目标是"优化",即在开发的过程中优化城镇化发展模式,实现产业布局、人口分布与生态环境资源的协调发展,促进城镇化与生态文明建设协调发展。

2.重点开发区域

重点开发区域的开发强度、发展水平相对不高,但其人口数量、自然环境等城镇化基础较好,因此,这是当前城镇化建设的重点区域。这一区域不仅有较为深厚的第二、三产业基础,可以向社会提供工品产品和服务产品,同时,其第一产业也相当发达,可以为经济社会发展提供丰富的农产品和生态产品。这一方面可以培育区域经济新的增长极,也可以缓解优化开发区域的资源和环境压力,促进城镇化与生态文明建设协调发展。当然,重点开发区域的城镇化建设更要强调城镇化建设与生态文明建设的协调并举,确保生态文明建设贯穿于经济建设的全过程。

3.限制开发区域

限制开发区域的自然环境比较脆弱,整体生态承载力很低。一般情况下,限制开发区域内往往农林牧副渔业的发展条件较为优越,主要以第一产业为主,为社会提供农产品及生态产品,与此同时,还发挥着生态服务的重要功能。因此,限制开发区域内必须限制大规模、高强度的工业化、城镇化开发,立足其生态服务的核心功能,有序引导人口转移,严格生态保育,扩大绿色空间,提高区域内生态效益。

4.禁止开发区域

禁止开发区域是在国土空间规划中明确标明的重点生态功能保护区。它一般是具有特殊价值的自然遗址、文化遗址的所在地,自然生态系统的分布区以及濒危自然物种的集中聚散地等。不言而喻,在这一区域内的所有实践都要以保护为中心,保护自然文化资源、保护珍稀动植物基因,确保国家整体的生态安全。

国土主体功能区划分是优化国土空间利用的重要途径,科学划分国土主体功能区是促进城镇化与生态文明建设协同发展的重要手段。国土主体功能区划分是国家层面的顶层设计,它从国家生态安全大局出发,以社会主义生态文明为理论指导,依据各区域生态环境承载力划定开发建设红线,确保国土空间的有序、科学利用,为推动城镇化与生态文明建设的协调发展提供良好的空间格局。

(二)优化城镇生产、生活和生态空间格局

国土主体功能区划分侧重于整体性、宏观性的规划,划定了国土开发的"红线",城镇化也必须在这一范围内展开。在此基础上,各地区在城镇化建设过程需制定具体的、微观的城镇空间规划,将国土主体功能区规划落实到城镇化进程中。这种具体的、微观的城镇空间规划就是城镇生产、生活和生态空间格局的规划。人类生产、生活需要一定的空间,它们和生态空间一起构成了人类生存和发展的空间环境。优化人类的生存和发展的空间环境布局是城镇化与生态文明建设良性互动,实现二者协调发展的有效途径。目前,我国城镇生产、生活、生态格局不尽合理,如生产空间不够集约,生活空间不够宜居,生态空间不够秀丽,"三生"空间之间以及空间内部划分严重失衡,生产空间侵蚀着人类的生活空间,同时它们又共同地侵蚀着生态空间,反过来,生态空间也在一定程度上限制了人类生产、生活空间的扩张。因此,我们需要"按照促进生产空间集约高效、生活空间宜居适度、生态空间山清水秀的总体要求,形成生产、生活、生态空间的合理结构。

具体而言,生产空间集约高效就是指以发展集群高效产业为目标,以集约发展理念为指导,以循环、低碳、绿色经济为发展路径,提高自然资源的综合利用效率。生活空间集约化发展就是以生态文明为导向,解决传统城镇现存的粗放的资源利用及发展方式,以达到舒适宜居的居住空间的目标。生态空间集约型发展就是要在生产、生活空间与生态空间之间构筑起一道安全的生态屏障,构建保证人民基本生态产品及服务的宜居的生态空间。对于城镇化建设来说,生产、生活、生态空间是一个有机整体,科学布局"三生"空间,实现三个空间的有机结合、良性互动,促进城镇化与生态文明建设协调发展。

就当下实际情况而言,当务之急是科学布局生产、生活、生态空间,合理的增加或者消减生产、生活和生态空间规模。一是减少生产空间。目前,我国的工业用地占国土开发面积还是偏多,"我国的工业化任务还没有完成,但下一步的工作重点不应是数量扩张,二是存量调整、产业升级,工业用地不应再按照过去的速度继续

扩张了。[①]确保农业生产空间,守住18亿亩的生态红线。二是增加生活空间。总体来讲,我国工业生产空间与城镇居民生活空间之间比例严重失调,城镇居民生活空间不足。在一段时期内,我国城镇化还会将继续快速发展,这就需要增加生活用地,特别是居住用地,以满足未来城镇人口转移需要,确保居民基本的生活空间。三是扩大生态空间。生态空间是人类生存的基础,而在城镇化进程中生态空间却往往在现实利益中被挤压、被侵占。因此,目前函需规定生态保护空间范围,促进城市及农村绿色生态区域发展,保护、恢复、扩大生态区域,保护现存生态空间的可持续性,恢复已经遭到破坏的生态空间(如工厂及农村废弃地),扩大已有生态空间(如湿地、湖泊等水域面积)等。

三、推进产业结构的调整和转型,积极倡导绿色、低碳的生活方式

(一)推进产业结构的调整和转型

1.创新技术,促进节能环保产业发展

作为国家发展的一种新兴战略产业,节能环保产业以节约自然资源能源为出发点、以发展循环经济为主要生产方式、以提供物质基础和技术保障来实现保护生态环境为最终目标。《国家新型城镇化规划(2014—2020年)》中强调,要完善推动城镇化绿色循环低碳发展的体制机制,引导节能环保产业快速发展。可见,节能环保产业的发展对于转变新型城镇化中的经济发展模式尤为重要,将为新型城镇化进入新的活力。

(1)发展再制造产业等新型环保产业。

再制造作为一种新型环保产业发展方式,以高效优质、节材节能、生态环保为基本特色,是改变资源的传统利用方式,实现资源可持续利用的途径之一,能够在保持产品原有价值的基础上最大限度增添附加值,这种产业正逐步深入当前生产生活之中。新型城镇化中应当从多角度大力发展再制造产业等新型环保产业,推动绿色城镇产业结构的升级和转型。一是以科技创新为本,增加科技投入资金,通过引进国内外高端科研人才和与高校科研机构合作等方式,加大对新型环保产业的深入研究。二是以新型城镇化发展之需为本,大力发展工程机械、建筑材料、居

---

① 杨伟民.将生态文明融入城镇化全过程[J].宏观经济管理,2013(5):4-5+15.

家设备等的再制造,在合理范围内扩大产业规模。三是配套建设再制造产业的服务体系,为这类新型环保产业的发展提供必要的服务。

(2)加快传统产业的转型和升级。

过去城镇化进程中,传统产业发展方式粗放且不可持续。要解决这一难题,必须加快传统产业的转型和升级。一方面,优化各大传统产业的比重关系,推动各产业内部结构的高度化集约化发展。一是发展绿色生态农业,巩固农业在城镇化经济中的基础地位,摒弃"城镇化即完全的工业化"的旧观念,通过生态种植业、生态林业、生态牧业、生态渔业的繁荣,实现现代农业向生态农业的转型。二是发展生态工业,集中资源优势,积极改造传统工业,推进重点产业振兴。三是加快发展现代服务业,运用信息技术改造提升传统服务业,保障服务产业在新型城镇产业比重中稳步上升。另一方面,科学调整传统制造业经济结构,淘汰落后专项行动,大规模改造提升冶金、轻工、纺织、建材等传统产业,大力发展以新能源、生物环保、新材料、软件信息等绿色低碳产业,推动传统产业从数量规模型向新型化工转变,推进产业层次向生态化、绿色化、高端化方向发展。

2.预防污染,推动企业开展清洁生产

从本质上讲,清洁生产就是对生产过程与产品采取整体预防的环境策略,在满足人类生活需求的前提下,最大限度地减少甚至消除生产活动对自然生态环境可能带来的危害,既满足经济效益最大化,又实现可持续发展。清洁生产着眼于全球生态环境的彻底保护,从节约资源和保护环境两个方面,在生产、服务上给予产品从使用到回收利用全过程的考虑,使工业废弃物得以有效的控制,为生产者、消费者、社会三方面谋求利益最大化。城镇企业作为生产主体,其环境行为对于推进新型城镇化中的生态文明建设尤为重要,因而必须以预防污染为主,推动企业在城镇化中开展清洁生产。

(1)在生产的各个环节开展污染预防,以实现废物最小化。

实行清洁生产,需要企业在原料选择、产品设计、工艺改革、设备更新、循环系统等各个环节开展污染预防,才能减少废物和污染物的排放,为城镇生活提供清洁产品。在选择原材料的时候,将少污染、低毒甚至无毒的原材料作为最优选择,防止原料对城镇居民和环境的危害;在设计产品功能的时候,设计理念中应当融入环境要素,降低产品本身对资源和能源的消耗。同时,掌握产品生产工艺、原材料及能源消耗情况,认真查清污染源、污染物种类、排放量及污染物的危害程度,及时进行工艺改革和设备更新,积极应用循环系统,"把治理污染与节能降耗综合利用结

合起来,采用费用低、效能高的净化处理设备对必须排放的污染物进行综合处理,提取可重复利用的物质,真正实现'三废'资源化"①。

（2）加强企业清洁生产的管理工作。

除了鼓励企业通过开发应用高新技术和绿色技术提高资源能源利用效率外,还要通过加强环境管理工作,促进企业的清洁生产。一方面,通过政策引导、宣传教育,使企业自觉树立起先进的城镇环境保护理念,通过对清洁生产和城镇生态经济发展模式的认同,自觉建立起完善的环境自我管理模式,使企业的日常生产管理中处处体现环保理念。另一方面,要加强企业的清洁生产的奖惩制度。清洁生产应当是企业的一项社会责任,更是新型城镇化中的生态文明建设必不可少的一环。对于严格完成清洁生产的城镇企业应该给予一定的奖励和生产投入补偿,对于未能履行清洁生产义务的企业则应当给予一定力度的惩戒,延伸生产者责任。

（二）积极倡导绿色、低碳的生活方式

绿色、低碳不单单是企业或社会组织的责任,它更是一种走在时代发展潮流尖端的生活方式。绿色、低碳的生活方式对新型城镇化进程中生态文明建设的道路有强大的推动作用。

1. 培养勤俭节约的生活习惯

提倡人们养成勤俭节约的生活习惯,坚决杜绝奢侈浪费的行为,因为习惯可以潜移默化地影响着人们的生活方式。在思想上要坚决抵制攀比之风和铺张浪费的享乐之风,以此引导人们在工作、学习、生活中的各方面行为。要如淮安市政府全方位节水的做法那样,通过加大宣传教育来积极提倡居民从点点滴滴的生活小事做起来节约用水、节约用电、节约用气。例如淘米水浇花、洗碗、冲厕所;再比如家电使用时多掌握省电小窍门,既节能环保又经济实惠。要鼓励人们减少或尽可能不使用一次性用品,如一次性筷子、纸杯等;要鼓励人们使用充电电池替代一次性电池;要继续鼓励和提倡人们外出购物自带盛装用具,尽量减少对塑料袋的使用和购买;要限制生产厂家对商品的过度包装,抑制浪费资源的不合理消费行为。勤俭节约不仅是中华几千年来的传统美德,还是一种以低成本过更舒适、更健康、更安全的生活方式。

---

① 李青.以清洁生产理念推进环境管理工作[J].化工管理,2013(18):9-10.

2.倡导绿色低碳的出行方式

城镇化发展带来的一个突出问题就是"堵车"和"停车难"。城镇居民生活水平的提高使人们追求享受,舒适方便的私家车出行方式当然也不例外。近年来,高速增长的城镇汽车保有量使得"堵车"和"停车难"成为我国目前绝大多数城镇的常态。由此带来的石油消耗和城镇空气污染问题也影响着城镇的可持续发展。因此,要积极倡导城镇居民选择绿色、环保、低碳的出行方式诸如公交车、地铁、轻轨、自行车或使用新能源汽车等。就拿中短途出行骑自行车的方式来说,抛开它节能、绿色、低碳的优点不谈,骑自行车对于那些迫于工作压力无暇健身的白领也是一种非常好的锻炼身体的方式。

3.倡导低碳合理的饮食方式

饮食方式的改善对碳排放量有效减少的作用也不容忽视。联合国政府间气候变化专门委员会主席帕乔里博士就曾呼吁全世界居民减少摄入肉食,这样可以有效遏制全球气候变暖的趋势。因为人们所食用的肉来自于畜禽,而畜牧养殖业产生的温室气体甚至比交通工具的尾气排放还要多。另外,"食"是用来"果腹"的,在我国战争年代、自然灾害频发年代人们曾有过"吃不饱"的经历,解决人民温饱问题也是当时我国领导人所关注的头等大事。而现如今人们物质生活质量的大大改善却在一定程度上助长了饭桌上铺张浪费、山珍海味、大吃大喝的奢靡之风,以致于我国每年浪费在餐桌上的资源就超乎想象。事实上,很多人们成口念叨的"减肥"过程本身就是一种资源浪费的过程,如果能在口程生活中注意以营养结构合理、绿色环保的饮食替代高热量、高脂肪、高碳排量食物,不仅可以促进居民的身体健康,还能减少碳排量、节约资源,在减少使用珍贵禽兽的同时还保护了自然生物的多样性。

4.倡导绿色文明的体闲方式

人们生活质量不断改善,生活水平也在逐步提高。在很多人眼里,"读万卷书,不如行万里路",这种生活观念的变革推动着他们在满足于眼下物质生活的同时,把旅游培养成为一种生活时尚。这不仅可以拉动一方消费,还有利于城镇居民在闲暇期开阔视野、放松心情。当然,在大力提倡生态旅游的体闲方式的同时必须加强对游客们的素质教育,坚决禁止在景区乱写乱画、乱扔垃圾、践踏草坪和折摘植物等不文明行为。另外,还可以倡导人们积极参加社区文体活动来促进邻里、社会的和谐,因为这也是符合生态文明建设基本要求的重要方面。城镇居民在工作生活之余多涉足图书馆、美术馆、科技馆、博物馆等公共场所,可以丰富自身文化知识和素养,对于提高城镇居民素质和全民生态保护行动也是一种非常好的方式。

四、加强城镇环境的保护和治理,营造生态和谐的城镇宜居环境

城镇环境是城镇化发展所依赖的空间,也是满足城镇化主体—广大人民群众物质以及精神生活需要的载体。作为"以人为本"的城镇化,新型城镇化力求通过生态文明建设为城镇居民提供适合居住的城镇环境,让广大农业人口不仅住进城镇里,而且要住得舒服,从本质上实现农业人口市民化。针对新型城镇化中出现的城镇环境污染问题、城镇生态安全问题,必须加强城镇环境的保护和治理,为城镇居民营造生态和谐的城镇宜居环境,实现"城市让生活更加美好"的愿景。

(一)提升科技水平,加强人居环境污染治理

习近平总书记曾指出:"人民群众对清新空气、清澈水质、清洁环境等生态产品的需求越来越迫切,生态环境越来越珍贵"。而正如西方发达国家曾经历过的一样,城镇化中的环境污染问题在我国也日益突出。目前,水污染、大污染、垃圾围城问题是城镇环境治理中需要解决的首要问题。

1. 推进城镇空气治理

城镇空气治理不可能毕其功于一役,需要经过较长时期艰苦不懈的努力,如英国伦敦摘掉"雾都"的帽子,美国洛杉矶治理光化学烟雾,都耗费了数十年时间,他们治理城镇空气污染的成功经验值得借鉴。因而针对当前我国的现实国情,必须加大科技投入,从以下方面推进城镇空气治理:一是加强对机动车尾气排放的综合治理。通过实行公共交通优先发展战略,投资发展新型节能、无污染公交车辆,减少民众对小汽车的依赖,提倡绿色出行方式。二是加强工业企业废气排放的综合治理。积极引导企业向清洁生产过渡,严厉惩处乱排乱放企业,重点治理大型污染源企业。三是建立监测预警体系,加强城镇空气治理的综合管理。具体包括:发展监控技术,建立大气监测网;建立专门的管理、咨询机构;制定完善应急预案和联动体系等。

2.推进城镇水污染治理

水是生命之源、生产之要、生态之基。清洁的水源是城镇宜居环境的必要构成要素,必须运用科技理念和技术,大力推进城镇水污染的治理工作。针对城镇污水问题,一是建立天然污染净化系统。利用自然环境的自净能力,恢复城镇水系的自然流动性,保障基本生态径流。二是完善城镇污水的集中处理设施。目前我国污水处理厂主要处理工业废水和生活污水的点源污染,要通过城镇污水处理设备建设与技术改造,强化城镇污水处理的硬件设施,城镇中的工业生产、车辆冲洗、非引用生活用水、绿化用水等用水方面要优先使用处理水,提高污水净化后二次利用的机率。三是重点处理城镇化中出现的黑臭水体。对城中村、老旧城区和城乡结合部的污水进行截流与收集,防止污染饮用水,保障城镇饮用水源的安全性。

3.推进城镇垃圾综合治理

面对城镇化中日益增长的工业垃圾和生活垃圾,必须树立起"垃圾是放错地方的资源和矿产"的生态理念,将分类投放收集、综合循环利用作为促进垃圾减量化、资源化、无害化的主要途径。具体而言:第一,实施贴近居民的回收方式。细化城镇垃圾分类,建立一套合理的垃圾分类回收系统,如日本在多个城市采用"垃圾回收日历"的方式完成垃圾的回收分类。第二,建立垃圾收运的企业和市场。通过企业化管理,使垃圾回收规范化,完成垃圾清运和再生资源回收的市场对接。第三,加强城镇环境的清洁工作。定期定时完成垃圾清理,并对垃圾的存放定点规划,解决垃圾围城问题。第四,加大垃圾处理设施的技术和财力投入。加强垃圾处理设施建设,利用新技术、新设备对不可再次利用的垃圾进行无害处理。

(二)实施生态修复,保障城镇生态系统安全

安全是主体存在的一种不受威胁、没有危险的状态。所谓生态安全就是指"人类活动必须依托的生态环境的各个要素和系统功能始终能维持在能够永久维系其经济社会可持续发展的一种安全状态"①。目前,我国面临的区域性生态安全问题主要包括:国土生态安全问题、健康生态安全问题、城市生态安全问题、人口生态安全问题、贫困生态安全问题、非可控生物入侵的生态安全问题、经济建设活动引发的生态安全问题多个方面。根据前文对城镇生态安全问题的研究,本文对城镇生

---

① 贾卫列等.生态文明建设概论[M].北京:中央编译出版社,2013.

态安全主要从人口和健康两个层面来讲。因而,对城镇生态系统安全问题也应从这两个方面进行保障。

1.合理完成人口转移和生态修复,缓解生态系统压力

城镇是生产—交换—消费的最集中区域,这使得人口不断在城镇聚集。城镇人口的增加伴随着环境污染、资源能源浪费等一系列问题,严重增加了城镇生态系统压力,因而,必须合理完成人口转移,通过实施生态修复,缓解生态系统压力。一方面,农村人口的转移要匹配城镇国土空间的规划和城镇建设的规模,针对城镇的容纳能力进行合理的市民化,不能盲目进行人口的无限移转。另一方面,对于已经被破坏的生态环境,要制定并实施生态修复工程,对在城镇化过程中被破坏的山体、湿地、河流、植被等生态要素按计划有步骤地进行修复,恢复城镇自然生态,缓解生态系统的压力。

2.建立防病防灾预警机制,预防健康生态安全问题

城镇人口的聚集除对环境生态安全带来巨大威胁外,也对健康生态安全带来了威胁。当前,因人口聚集而导致的食品卫生、流行性疾病正危机城镇安全。因此要建立完善的医疗体系和政策,对城镇居民进行医学常识的普及,提高人们对城镇食品安全和流行性疾病的认识,帮助城镇居民提高预防疾病的能力,从而达到预防城镇健康生态安全的效果。同时,针对因城镇化建设而引发的自然灾害也应当建立起完善的预警机制、监测机制、防治机制以及应急机制,形成一整套的科学管理机制。

第六章 乡村振兴背景下新型城镇化的道路选择

新型城镇化和乡村振兴不可割裂,两者均是推进现代化、解决"三农"问题的重要途径,是相互促进、相辅相成的。城镇化战略能够有力地支撑乡村振兴战略的实施,为乡村提供城市现代文明,促进城市现代化的要素更好地配置到农村和农业当中。我国现代化进程,必须是城镇化战略与乡村振兴战略同时发力、不可偏废。本章从推进城乡一体化发展,完善新型城镇化的体制机制,提升城乡治理水平以及构建新型城镇化的评价指标体系四个方面阐述了乡村振兴背景下新型城镇化的道路选择。

第一节 推进城乡一体化发展

一、城乡一体化的内涵

(一)城乡一体化的含义

城乡一体化是随着经济生活水平的不断提高,人类社会发展的必然选择和结果。其内涵是城市和乡村两个不同的经济社会单元和人类聚居部落,同一环境下寻求同样的发展,城乡发展趋向融合,生产生活方式相互渗透,实现人口、资金、信息和物质等要素的完全自由流动的过程。城乡一体化涉及社会经济,人口身份,生态环境,文化医疗,空间布局等各个方面。目前最需要打破的就是城乡二元结构,实现体制的一体化,消除由城乡二元结构衍生出来的城乡二元的就业培训制度,教育制度,社会保障制度和公共服务制度。要实现农民市民化,包括城镇务工的农民工和留守农民,要让他们享受到与城镇居民对待的基本公共服务。其次建立城乡互补的产业分工体系,因地制宜,加强城乡产业的联接和关联,促进城乡产业的优势互补,根据中心城市,小城镇,农村等不同的类型,发展不同的重点产业。再次要合理的布置好城镇和农村之间的空间位置,要形成城乡由点到线的拓扑结构,保证大城市、小城镇和农村的通畅便捷的交通信息网络,使得城乡布局有序化发展,达到城乡协调共进的目的。还要促进城乡社会发展水平的协调,在物质富裕的同时更要保证城乡居民能享受到相同的基础设施、教育、就业、医疗、文化、子女教育和基本公共服务,这是精神文明的重要标志,要让城乡居民融入社会事业的成果之中,达到城乡价值趋势和理念的一致。最后要实现城乡生态环境的和谐优美,城市发展的过程更要注重环境的治理和整顿,农村的发展则强调环境的保护和美化,要将城市与农村的生态环境纳入一个大系统之中,继续强化绿色发展的观念和健康生活的理念,建立起城乡有机融合环境协调系统和生态体系。

(二)城乡一体化的特征

城乡一体化是经济社会发展到一定阶段的产物,它具有十分丰富的内涵。城乡开放、城乡融合、城乡一体和城乡共享是城乡一体化的四个基本特征。

1. 城乡开放

打破城乡界限,实行城乡开放互通,全面开放城市,使城乡居民和城乡劳动力、资金、技术等生产要素都能自由迁徙和自由流动,是推进城乡融合发展和一体化的前提条件。这种城乡开放是双向的,既包括城市对农村的全面开放,也包括农村对城市的全面开放。通过城乡双向全面开放,逐步形成城市和农村互为市场、互为依托、相互联系、相互促进的互动局面,实现城乡之间劳动力、资金、技术、信息、生产资料、科技文化等社会经济要素的顺畅交流。为此,需要构建城乡通开的统一制度,包括土地、户籍、就业、资本市场等制度,打破城乡之间的各种人为篱笆和制度障碍,促进城乡人口、商品和要素自由流动。

2. 城乡融合

城乡开放是城乡融合的基础和前提,而城乡融合则是城乡开放的必然结果。从领域上看,城乡融合包括城乡经济融合、城乡社会融合和城乡生态融合。其中,城乡经济融合是城乡融合的关键内容,主要是通过城乡间现代工业产业链条、资源产业链条、现代服务业网络以及农业产业化等方面的建设,实现城乡间经济互动和顺畅交流,其核心是城乡产业融合互动。从内容上看,城乡融合则包括城乡居民融合、城乡市场融合、城乡要素融合和城乡空间融合等诸多方面。特别是,城乡居民融合要求消除城乡居民的身份差别,建立城乡统一的户籍登记管理制度,实现城乡居民的自由迁徙和双向流动。这种多领域全方位的城乡融合,是城乡发展一体化的重要特征。

3. 城乡一体

除了要求城乡开放和城乡融合外,还需要在此基础上,推动形成城乡一体的发展格局。这里所讲的城乡一体,是指城市与农村形成一个有机的整体,它是城乡开放和融合互动的结果。这样就要求在理念上,抛弃过去那种"重城轻乡"的做法,彻底改变城市偏向的政策,把农村与城市放在同等重要的位置上,坚持"多予、少取、放活",赋予农村居民与城市居民同等的权利,同时制定城乡一体的政策体系,完善城乡一体发展的体制机制,推动形成城乡一体的基础设施和公共服务网络,构建城乡一体的经济社会发展格局。

4. 城乡共享

推进城乡发展一体化,其根本目的就是要在坚持城乡地位平等的基础上,通过资源共享、发展机会共享、公共服务共享和发展成果共享,逐步缩小城乡差距,实现城乡的共同繁荣与进步。这种城乡共享发展,既是中国特色社会主义的根本要求,也是城乡发展一体化的重要特征。为此,必须彻底破除城乡分割的二元经济社会体制,取消城乡之间的种种不平等待遇,尤其要取消对进城农民的各种歧视和不公,使城乡居民和城乡各类经济主体都能享受公平的国民待遇,拥有平等的权利义务和发展机会,能够公平地分享改革发展的成果。

二、推进城乡一体化发展的策略

(一)推进城乡规划布局一体化

加快推进城乡规划布局一体化,是实现城乡发展一体化的重要基础和前提条件。在新的形势下,必须打破城乡界限,树立城乡统筹发展的理念,把城市与乡村作为一个有机整体,开展全域规划布局,推进城乡规划编制和管理一体化。

1. 城乡规划应体现城乡差别

城市与乡村是两种完全不同的空间单元,城与乡的差别不仅体现在聚落形态和产业发展上,而且体现在自然风貌、社会文化和生活方式上。城市应该有繁华、密集、多彩的城市现代化面貌,而乡村也应该有青山绿水的乡村田园风光。有学者提出,城乡规划应遵循规律、尊崇自然、尊重民愿,体现城与乡的差别,突出地方特色,规划出各具风貌的现代新城乡,推进城乡生产方式、消费方式、公共产品、景观文化、空间布局的差别化发展。江苏省苏州市在推进城乡一体化的进程中,较早就提出要使"城市更像城市、农村更像农村"。所谓"城市更像城市",是指一些县城和中心镇应按照中小城市标准进行规划建设;所谓"农村更像农村",是指从事农业生产的农村,应保持优美的田园风光和传统农耕文化。这一做法体现了一体化格局中的城乡差别发展思想。

2. 建立城乡一体的规划体系

城乡发展一体化涉及方方面面,需要从全局高度编制实施城乡一体化建设规划,对城乡经济社会发展、基础设施建设、公共服务配置、生态环境治理等进行统筹安排和部署。要按照城乡发展一体化的理念,把广大农村纳入规划范围,尤其要加强乡镇和村庄规划编制。截至 2011 年,中国 47.3% 的行政村和 77.1% 的自然村还没有建设规划。同时,要统筹整合城乡总体规划、经济社会发展规划、土地利用总体规划、环境保护规划和产业发展规划,建立完善规划统筹协调机制,构筑城乡一体的规划体系。

近年来,各地在规划体系建设方面进行了大胆探索,积累了丰富的经验。譬如,上海市开展了城市总体规划和土地利用总体规划"两规整合";苏州市开展了产业规划、城镇规划、土地利用规划和环境保护规划"四规叠合";重庆则在市级开展城乡总体规划、经济社会发展规划、土地利用总体规划和环境保护规划"四规协调",在区县级开展"四规叠合"探索。

3. 完善城乡一体的规划管理体系

针对过去城乡规划管理分割、建设分治、重城轻乡的状况,要加快推进城乡规划编制、实施、监督管理体制改革,理顺各层次规划管理关系,建立完善城乡一体的规划管理体系。

一是推进城乡规划编制体制改革。要将城乡规划编制统一纳入政府采购范围,通过招投标确定规划编制单位;借鉴国内外先进的规划理念、技术和方法,建立完善专家咨询制度和公众参与制度,积极听取专家意见,采取多种形式让公众参与到规划的全过程,切实提高规划的科学性,减少随意性,避免长官意志。

二是强化城乡规划的实施和监督管理。要完善城乡规划的实施和动态调整机制,加强规划实施效果评估和修编工作,建立城乡规划督察专员制度,完善城乡规划监督管理体系,加大违规处罚和责任追究力度。

三是建立健全城乡规划管理机构。按照"覆盖城乡、集中统一"要求,对城乡规划实行集中统一管理;进一步完善县级和乡镇级规划管理机构,加大资金投入和人员配备,逐步将规划行政职能延伸到乡镇,建立覆盖全域的城乡规划管理工作网络。此外,还应加强各部门之间的职责分工,在政府内部形成权力制衡机制。成都市按照"统一规划、分区管理、分级审批、加强监督"的原则,实行规划编制、实施、监督管理和决策、执行、监督两个"三分离"的做法值得借鉴。

4.统筹规划和优化全域空间布局

统筹城乡发展必须实行全域规划,对包括城市和乡村在内的全部空间进行统一规划布局,不断优化空间结构。2010 年 12 月,国务院颁布实施了《全国主体功能区规划》方案,明确了国家层面优化开发、重点开发、限制开发、禁止开发四类主体功能区的功能定位、发展目标、发展方向和开发原则。

目前,各省区市主体功能区规划已陆续上报国家发展改革委。为此,各地在推进城乡发展一体化的过程中,一定要按照国家和省级主体功能区规划的要求,进一步完善和细化主体功能区区划,明确各功能区的定位、目标和发展方向,制定差别化的发展导则、空间管控策略和考核指标体系,推动形成科学合理、规范有序的城乡空间格局。在城乡总体规划编制中,要科学确定生产空间、生活空间和生态空间的合理比例,划定各类生态红线,确保生态环境和粮食安全。

(二)推进城乡产业发展一体化

推进城乡产业发展一体化,就是要打破城乡分割的二元体制,把城市产业和农村产业作为一个整体统筹考虑,整合城乡各种资源,沟通城乡之间的产业联系,促进城市生产要素向农村流动,引导城市产业和企业向农村延伸,实现城乡产业互补互促、相互融合、共生互荣。

1. 大力推进城乡产业融合互动

城乡产业一体化是城乡发展一体化的核心和关键。城乡互动的起点是产业互动,城乡互促的关键是产业互促,城乡融合的基础是产业融合。因此,深入推进城乡发展一体化,必须坚持城乡融合互动的理念,促进城乡产业相互融合、互促共进。

首先,强化城乡产业分工协作。城乡产业一体化不是城乡产业发展一样化。城市与乡村因资源禀赋和功能定位不同,其产业发展应该实现差异化,防止城乡产业同构和低水平重复建设。要充分发挥各自的优势,突出城乡特色,通过资源互补、要素互补,促进城乡产业互补互促、合理分工、协调发展。

其次,推动城乡三大产业的融合。产业融合是当今世界产业发展的大趋势。要打破城乡界限和产业边界,推动农业、工业、服务业在城乡之间进行广泛渗透融合,促进城与乡、工与农之间双向产业延伸,实现城乡产业多层次、多领域的深度融合。

最后,构筑城乡一体的产业链。要整合城乡资源,培育龙头企业,延伸产业链条,推动城市产业向农村延伸、城市服务向农村辐射以及农村产业向城市扩展,实现城乡产业全面对接,尤其要鼓励龙头企业在农村建立稳定的良种培育、技术推广服务和原料生产基地,在城乡建立广覆盖、一体化的销售网络,逐步形成配套完善、分工合理、布局优化、特色鲜明、城乡一体的产业链体系。

2. 推动城市生产要素向农村流动

目前,中国城乡发展严重不平衡,资金、技术、人才等生产要素高度集中在城市。2010 年,全国乡村人口占总人口的 50.1%,而农村投资仅占 13.2%,全社会固定资产投资的 86.8%集中在城镇[①]。因此,要推动形成以城带乡、以工促农的良性发展格局,就必须充分发挥城市的辐射带动作用,引导城市资金、技术、人才、管理、品牌等生产要素向农村流动,加快城乡产业、项目和生产要素对接,促进城乡资源互通共融、合理配置。

一是鼓励城市资本、人才和企业下乡,参与农业和农村现代化建设,加快农业产业化进程;二是推动大中城市相关产业、机构和设施向郊区、工业园区和周边小城镇转移扩散,依靠园区和小城镇建设带动农村地区发展,增加农村就业机会,提

---

① 除房地产投资、农村集体投资、个人投资以外,投资统计的起点为 50 万元。若按投资统计起点为 500 万元(新统计口径)计算,城镇固定资产投资占 96.9%。

升农村发展能力;三是促进城市科技、信息、金融、教育、文化、商贸、旅游等服务网络向农村覆盖,实现城乡服务业发展一体化。尤其是要统筹城市与乡村旅游产业发展,打破体制束缚与制度障碍,促进城乡旅游要素合理、有序、顺畅流动,推进城乡旅游资源开发、旅游公共服务、旅游宣传、旅游管理一体化,实现城乡旅游产业无缝链接、共兴共荣、一体发展;四是通过引进城市资本、品牌、人才、营销和管理理念,加快农村服务业发展,推进各类公共服务平台建设,建立完善各种专业行业性协会和社会中介服务体系。

3.促进城乡产业布局一体化

按照"宜工则工、宜农则农、宜商则商、宜游则游"的原则,因地制宜,科学规划城乡产业布局,促进产业向优势区域集中,不断优化空间布局结构。要走出传统的"农村工业化"误区,以开发区、工业园区为载体,积极引导工业向园区集中,促进工业园区化和集聚发展。工业园区化是当今世界工业发展的共同趋势,也是改革开放以来各地实践探索的经验总结。工业进园和集聚发展,不仅可以集约节约利用土地、能源和其他资源,共享基础设施和公共配套服务,而且有利于污染的集中治理,充分发挥集聚的经济效应。

按照全国和各省区主体功能区规划,各地区承担的主体功能不尽相同。有的属于优化和重点开发区域,有的则属于限制和禁止开发区域。对于一些重要的生态功能区,其主体功能是保护生态环境,属于限制和禁止开发区域的范畴。为协调开发与保护之间的关系,可以采取"飞地经济"的模式,在有条件的地方共同建设工业园区,鼓励生态功能区招商引资来的企业向这些园区集中,实行产值等经济指标分割和税收分成。

在新形势下,产业园区发展还应与城镇建设有机结合起来,通过以产兴城、以城促产、产城互动,实现产城融合、共生共荣。产城融合是一种现代发展理念,其核心内涵是功能复合、配套完善和空间融合。如果城市没有产业支撑,即便再漂亮,也只是"空城";如果产业没有城市作为依托,即便再高端,也只能"空转"。此外,在广大农村地区,要按照"一镇一业、一村一品"的思路,加快推进专业镇和专业村建设,大力发展镇域经济和村域经济,不断提高农业产业化和现代化水平。

(三)推进城乡公共服务一体化

实现城乡公共服务的一体化可以提升农村居民的生活水平,并提升农村待业人员的就业,是当前进行城乡一体化建设的重要内容之一,体现了我国政府发展中以人为本的执政理念。在传统发展和建设中,农村建设的空白点之一就是公共服务的缺乏,造成城乡的居住质量存在较大的差异。因此,为了减少城市和农村的发展差距,实现城乡发展的一体化,政府应当提升国家财政对农村发展的支持力度,进而起到推进农村基础设施建设和农村公共服务发展的目的,扩大公共服务的覆盖面积,实现对公共资源的分配和合理配置,缩短城乡差距,提升国家财政对乡村差异的支持可以保证农村居民的生产收入,降低市场环境变化对农村的影响,使得农村居民可以享受与城市居民一致的社会公共服务。另外,在推进城乡公共服务的过程中,推进农村教育质量的提升是发展的基础,保证农村教育质量可以提升农村居民的整体素质,推进国家政策的执行力度。国家应当改善当前农村学校布局和结构,提升对教育发展的财政支持,加强农村教师队伍的整体素质。健全农村公共卫生体系,这一体系的监理直接体现社会的发展质量,影响民众的生活质量。公共卫生资源在城乡之间存在较大差异,因此,缩短城乡差距应当从农村的公共卫生资源建设开始。社会保障制度的缺乏和卫生资源的缺失影响了农村居民的生活质量,政府应当将农村纳入国家医药保障制度之中,建立城乡统一的社会保障和医药卫生制度。

(四)推进城乡环境保护一体化

城市环境与农村环境是一个有机联系的整体,两者不可分割。在生态环境保护中,必须把农村生态环境保护摆在同等重要的位置上,对城市与农村生态环境保护进行统一规划、建设和管理,全面改善和提高城乡生态环境质量,推动形成城乡一体化的生态环境保护新格局。

1. 构建城乡一体的生态网络

随着城镇化的快速推进,城镇空间不断向四周蔓延,吞噬着周围的村庄、湿地和农田,工厂、住宅、道路、广场等人工建筑面积不断扩大,甚至形成钢筋水泥丛林,造成城镇湿地面积锐减,生物多样性持续减少。特别是由于人工过度干预,城镇湿地往往被分割成面积狭小、环境破碎、孤岛式的斑块,湿地环境往往遭受破坏。

为此,必须坚持生态环境保护优先,以生态城市建设为导向,整合城乡生态资源,以生态廊道为纽带,以森林生态网络、湿地生态网络、农田生态网络和建筑生态网络建设为主体,构建自然、稳定、优美的生态景观网络,维护生物的多样性,逐步形成一个景观优美、生态优良、内涵丰富、功能完善、宜居宜业、效益持久的城乡一体化生态网络体系。

要以生态功能区划和主体功能区规划为指导,划定生态红线,统筹安排自然保护区、天然林保护区、风景名胜区、森林公园、地质遗迹保护区、饮用水源保护区、洪水调蓄区、重要水源涵养区、重要湿地等重要生态功能保护区,构建城乡一体化的生态安全格局。只有这样才能"让城市融入大自然,让居民望得见山、看得见水、记得住乡愁"。此外,还应借鉴广东增城等地的经验,规划建设覆盖城乡、多功能、多类型的绿化体系,为城乡居民提供绿色健康、安全便捷、人性化的生活、生态和休闲空间。

2. 推进城乡环境卫生一体化

针对当前农村环卫设施严重落后的状况,按照城乡一体化的理念,加快城市环卫设施向农村拓展,加快政府环保职能向农村延伸,加快环境监测监管队伍向农村覆盖,全面推进城乡环境卫生一体化。

一是推进城乡污水处理一体化。按照"宜建则建、宜输则输、城乡统筹、分区处理"的原则,加快农村污水处理厂、处理站和配套管网建设,逐步推进雨污分流改造,构建城乡一体的污水处理系统,对工业废水和生活污水实施统一集中处理。县城和建制镇应规划建设污水处理厂,农村中心社区应规划建设小型污水处理站,统一处理生活污水。

二是推进城乡垃圾处理一体化。重点是加强农村垃圾处理设施建设,按照市区、县城、镇区、村庄的次序,分步推进垃圾分类收集,建立完善户分类、村收集、乡镇转运、县市区处理的垃圾处理体系。在有条件的城市,要借鉴杭州的经验推广垃圾直运,逐步关闭城区垃圾中转站,避免二次污染。各级政府要对垃圾处理工作成绩突出的单位给予奖励,对违规单位给予处罚。

三是推进城乡环境监管一体化。要整合环保、农业、林业、水利、卫生、国土、气象等部门的生态环境监测资源,加强城乡环境监管队伍建设,完善乡镇级环境监察机构,建立村级环保监管员制度,构建覆盖城乡的一体化环境保护监管体系。

四是推进城乡环保政策一体化。要对城乡环境保护进行统筹规划,实行城乡环境保护并重的政策,彻底改变环境保护重城轻乡、城乡分治的状况,推动形成城乡环境同治、同建、同享的新格局。

第二节　完善新型城镇化的体制机制

一、健全城乡规划制度，形成规划先导机制

城乡规划实质是为保障社会公众利益而对人们的行为，尤其是开发建设行为的一种约束、限制和引导。科学的规划是推进城镇化全面健康可持续发展的基础。新型城镇化发展中，要坚持规划先行，创新规划思路，完善城乡规划体系，强化规划对城镇化发展的综合引导作用，促进城镇形态优化布局、资源要素优化配置，产业发展有力支撑、基础设施集约建设，形成城乡规划先导机制，引导城镇化科学发展。

（一）增强规划的全局指导性

在推进新型城镇化过程中，要打破各地区、各行业规划"各自为战"的局面，推进规划体制改革，增强规划的全局性、系统性。

从国家层面，要以科学发展观为指导，从国家发展战略的高度，着眼于城乡经济、社会、人与自然的协调发展，依据国情编制城镇化发展总体规划。2014 年 3月，中共中央国务院印发了《国家新型城镇化规划（2014—2020 年）》，要以此规划和国家主体功能区规划为依据，健全以国家新型城镇化规划为核心的规划体系，做好城镇体系规划、城市群发展规划、城乡建设总体规划、土地利用规划、各产业发展规划，建立各种规划相互衔接、相互融合、城乡一体的空间规划体系。规划体系要充分体现出新型工业化、城镇化、信息化与农业现代化的有机融合，体现经济、社会、生态、宜居功能的和谐共生。提升规划的法律地位，切实提高规划制定的科学性、全局性和持续性、实施的稳定性和协调性、调整的严肃性、监督的规范性。同时还要借鉴绿色 GDP 衡量标准，建立健全科学的城镇化测量指标体系，综合考察城镇化发展中城镇人口比重提高、城镇交通、住房、基础设施、公共服务、管理水平、环境容量、土地利用效率、生态平衡、社会和谐等方面的情况，促进城镇化实现内涵式科学发展。

从区域层面上，各地方要在国家总体规划指导下，依据自身资源、环境条件，科学估算城镇化进程中的资源环境承载能力，合理确定城镇建设规模。要明确城镇功能定位和产业发展重点，突出区域经济社会与生态发展的比较优势和特色，科学

编制区域范围内新型城镇化发展建设规划体系,做好区域城乡建设规划、产业规划、基础设施规划、公共事业规划、文化建设规划与新农村社区规划,注重区域各项规划间及其与国家整体规划的有机衔接。由于不同区域、不同城市和乡村城镇化的基础和条件不同,推进城镇化时要城镇化规划为蓝图,注重开发建设和保护的侧重点、时序性和渐进性,避免一哄而上,或是搞"一刀切"。

在城镇层面,坚持高起点规划,高水平设计,在国家和区域发展规划框架内,积极编制好城镇总体规划和各项详细规划的编制,控制性详细规划要和村镇建设规划相衔接,发挥城镇对周围乡村地区的辐射带动作用,促进以工促农、以城带乡机制的形成,推进城镇发展建设和城乡一体化进程。

(二)规划中突出人本理念

城镇规划要坚持以人为本,以促进社会公平、保障农民工平等权益、提高民生水平为主要目标,规划城乡基础设施和基本公共服务体系,满足人们对环境优美、绿色健康、舒适便利的社会生活空间的需求。在新型城镇化发展中要坚持建设紧凑型城市,充分利用城市存量空间,减少盲目大拆大建和无序扩张,坚持集约节约利用土地和其他资源,科学规划布局基础设施和城镇功能分区,使城镇建设相对集中,生活和就业单元混合布局,职住大体平衡,尽量缩短通勤距离和时间。城镇规划建设中要坚持公交导向,优先发展公共交通,同时给居民提供多样化的出行选择,在道路规划设计中建设适宜步行和自行车的绿色廊道,引导人们绿色健康出行。在住房建设规划中,要给居民更多选择,在不同社区,房型、面积、价格、功能等要能满足不同收入水平居民的差异化需要,促进不同阶层混合居住。城镇规划建设要着力提高城市运行效率,降低公共服务成本,为居民提供健康、舒适、便利、优美、宜居的生活环境,让城镇建设真正体现以人为本的科学发展理念。

城镇规划要坚持以人为本,还体现在规划制订、修编和实施过程中,坚持民主决策,广泛听取各方面意见,重视公众参与,保障人民群众的知情权、发言权。要通过信息公开和群众民主参与决策机制建设,拓宽民主参与平台,引导城乡居民参与到城镇化进程中来,让城镇化发展布局和建设更加体现人性化的价值取向,满足人们对美好舒适生活的需求。

(三)增强规划的刚性约束

城镇规划是指导城镇发展的纲领性文件,体现了城镇化发展的战略性目标和布局。在现实中,由于一些地方政府追求政绩,加之规划刚性约束不强,出现了"一任领导一张蓝图",不断修改既定规划的现象,规划的严肃性和政府的公信力受到损害。因此,城镇发展规划的制定和修编一定要做到科学、民主、规范,确定下来的规划,要有稳定性、权威性和严肃性,要坚持"一张蓝图干到底",不能因为任何个人意志或喜好随意决定或改变规划。要强化规划对城镇发展的刚性约束,还要加强对规划实施的监督,包括人大监督、社会监督和舆论监督。

在增强城镇规划刚性约束和严肃性的同时,也要重视规划的动态性和灵活性。要看到由于城镇化推进的环境复杂多变和发展水平、认识的局酿,城镇化规划不可能面面俱到,绝对科学合理。那种简单地认为"规划一经制定就不能改变"的看法,也是违背规划本质规律的。经济社会发展、人们认识水平的提高及城镇化发展的各种条件的变化,使得城镇规划也是一个动态的科学系统,经过广泛的民主参与和规范的法定程序,城镇化规划也要能够适时的进行灵活调整。

二、协调政府与市场关系,健全市场主导、政府引导的城镇化实现机制

新型城镇化发展既要发挥市场机制对推进城镇化发展、合理配置资源的作用,又要发挥政府的宏观调控作用,健全市场主导、政府引导的城镇化实现机制。

(一)厘清政府与市场关系,明确各自职责

过去的城镇化发展模式的一个重要特征就是政府主导,城镇化进程主要是由政府推动的,市场在其中的资源配置中发挥的作用有限。市场经济也是法治经济,要实现城镇化发展的现代转型,就要厘清政府与市场关系,正确划分政府与市场在城镇化进程中的职责,各司其职,完善社会主义市场经济体制,逐步形成市场主体"法无禁止即可行",政府"法无授权不可为"的市场化机制,激发市场活力,充分发挥市场在资源配置中的决定性作用,也更好地发挥政府在编制发展规划、创造制度环境、提供公共服务、进行环境保护、加强市场监管和提升社会管理等方面的作用。市场"无形之手"和政府"有形之手"协调配合,各司其职,既不能越位,也不能错位和缺位,共同推动城镇化健康发展。

特别是要改变过去政府主导下"以地谋发展"的城镇化模式。在某种意义上讲,过去政府主导权的实现,突出体现在政府在一级土地市场上的排他陛地位。在现行土地制度下,只有政府才可以通过征收的方式将农村集体土地转变为城镇国有土地。理论上讲,政府代表着社会公共利益,政府通过其在土地市场上的排他性地位,进行土地征收和出让,推动地方经济社会发展,实现地方社会利益的最大化,

似乎无可厚非的。然而,地方政府也有自身的利益,在推进城镇化发展中,既做裁判员、也是运动员,其在土地市场上的排他性地位势必会挤压甚至剥夺其他主体,如农民、企业等的权利和利益,同时也会将粮食安全、金融安全、社会稳定等相关的风险转嫁给中央政府。因此,打破地方政府在一级土地市场的排他性地位,通过土地制度和财税制度创新,摆脱"土地财政",规范政府行为,逐渐形成政府监管下的自愿、等价、有偿、规范的土地流转市场机制。只有在涉及公共性上地征收时,政府才能参与,从而让地方政府从经营土地的理念中跳出来,扭转"以地谋发展"局面,把工作重点放到相应规划和制度的制定、执行和监管上来,规范和引导城镇化健康发展。

(二)完善市场机制,促进生产要素的合理流动

要完善市场机制,充分发挥市场对资源配置的决定性作用,主要以市场的力量来引导要素流动和生产活动的集中。改变过去资源配置完全由行政权力来决定,用行政手段配置,资源主要集中在城市,特别是行政级别高的大城市的局面。要充分尊重市场规律,通过建立公平透明的市场规则,完善市场价格形成机制,促进统一市场建设,健全现代市场体系,不断完善市场机制,消除限制要素流动的体制和政策障碍,疏通地区间、城乡间的生产要素互动渠道,让市场这只"看不见的手"来引导生产要素自由流动,为城镇集聚和辐射功能的发挥创造有利条件,保障生产要素合理流动与生产活动有效集聚,实现城镇优化布局和资源合理配置。特别是要通过市场运作,调动社会资金参与,拓宽城镇建设投融资渠道,为统筹城乡基础设施建设和各项社会事业发展提供资金支持。

(三)加强政府制度供给,完善政府调控职能

市场机制虽然能激发城镇化发展的活力,但也有缺陷,不能自动地使城镇化实现高质量发展,如美国自由市场机制下出现的城镇无序蔓延,环境破坏等问题,就需要政府通过行政干预,加强城市规划和环境保护才逐步得以解决。市场失灵时就需要政府及时引导、补位。因此,在新型城镇化发展中,政府要转变职能,改变过去政府主导推动城镇化发展的局面,加强制度供给和公共服务,更好地发挥各级政府,尤其是中央政府的宏观调控作用。政府的作用主要是在两方面:一是制度供给,要把规划和制度设计做好,二是公共摊务,市场做不好的或是不愿做、做不了的,政府应该兜底,一旦市场有条件做好了,就要及时放手,让市场去做。政府要致力于在规划制定、制度设计、公共服务、环境保护、市场监管、社会管理等方面有所

作为。通过制度建设,运用法律手段和政策手段,强化政府规划和调控职能,构建以市场推进城镇化的机制,消除人口和生产要素自由流动和优化配置的制度障碍。

三、改革行政管理与财税体制,创新激励机制

要深化行政管理体制和财税体制改革,通过对各级政府间权力、利益与责任的重组,建立事权与财权相匹配的权责协调机制,拓宽地方政府城镇建设投融资渠道,改变"要地不要人"和"以地谋发展"的传统城镇化模式,解决"土地财政"问题,有序推进农民工市民化,提升城镇化质量。

(一)调整中央与地方关系,构建合理的事权分担机制

在行政管理方面,中国实行的是"条块结合"的管理体制,这里的"条条"实际就是中央政府各个主管部门一直到底,"块块"就是地方政府。现在的问题是"条块结合"中对事权与财权,尤其是涉及公共服务职责的承担方面,决策权与执行权之间存在着不相匹配、错位,甚至混乱的状况,很多公共服务职责的决策权在中央及其各主管部门,地方政府负责落实,但财政支出责任该如何划分却并不清楚。实行分税制以来,财权主要集中在中央,然后再通过转移支付方式解决地方政府财力匹配问题。由于决策权在中央,中央各部门集中了大量财力需要向下转移支付,导致地方政府在加强城镇建设,推进城镇化进程和促进公共服务均等化等方面的财力不足,表现得比较被动,制约了农民工市民化问题的解决和城镇化质量提升。同时,财权与事权不匹配也成为催生地方政府"土地财政"的一个最重要因素。因此,推进新型城镇化,就要全面深化改革,加强行政管理体制和财税体制改革联动,合理调整与界定中央与地方的权责关系,改革权责不清的"事权共担"机制,构建权责明确、事权与财权相匹配的"事权分担"机制,推进新型城镇化健康发展。

从宏观角度看,应该理顺中央和地方在推进城镇化发展中的关系,中央政府要依据国家和社会发展的总体战略,制定城镇化发展的大政方针、确定城镇化发展的总体规划和战略布局,地方政府则要从自身实际出发,因地制宜,贯彻落实总体规划,制定相应的地方规划,推进地区城镇化发展与建设管理工作。

从事权划分角度看中央与地方关系,要明确权责划分,各负其责,责权对等,权随事走,钱随事走,事权与财权相匹配、相协调。一方面,要从"人人平等"观念出发,明确城乡居民都应享有的最基本的公共服务权利,并由中央政府负责承担。如基本社会保障、义务教育、基本医疗等基本公共服务,应由中央政府财政支出,为每个人提供一个最基本的保障额度,只要是中国公民,无论在城在乡,还是在哪个地

区,享受的最基本公共服务水平是大体相当的。当然考虑到不同地区的具体情况,具体额度会略有差异,但获得的保障和服务水平应大致相当,从而在财政体制上为促进人口合理流动提供保障。另一方面,从城乡、区域发展中已经形成公共服务差异的现实出发,要允许并鼓励发达地区在中央提供的基本保障和公共服务之外,为居民提供更高水平的公共服务与社会保障。

(二)改革城镇管理体制,促进公共资源优化配置

要深化城镇管理体制改革,逐步消除城镇行政隶属关系和行政级别对公共资源配置的影响,形成设置科学、功能合理、管理高效的行政管理体制,提高城镇化发展质量。重点是要改革"市管县"体制,实行市县分治、"省直管县"体制,扩大县级政府行政管理权限。同时对于人口多、经济总量大的重点镇,要研究解决其"责大权小"的问题,积极探索"强镇扩权"试点,提高行政效率。可通过下放行政执法权限,提高其社会管理的控制力和执行力,推进镇级财政体制改革,研究按实际人口规模确定财政分配关系,减轻其在基本公共服务投入上的财政压力;根据城镇集中居住的常住人口及财政收入规模,解决其机构设置、干部配备、公共服务人员编制等问题。通过城镇管理体制改革,提高行政效率,加快县域经济和小城镇发展。

(三)改革财税体制,增强地方政府基本公共服务供给能力

要深化财税改革体制,调整财税收支结构,财力适当向地方下移,缓解推进基础设施建设和基本公共服务均等化的财政压力。要加大中央财政转移支付力度,逐步提高中央财政在义务教育、基本养老、基本医疗等基本社会保障和公共服务支出中的比重,建立农民工市民化的成本分担机制,采取中央、省、市、企业和个人分担的方式,有序推进农民工市民化进程。要完善地方税收体系建设,稳定地方政府税源,使地方政府摆脱对"土地财政"的依赖,增强地方政府对公共服务的供给能力,合理控制地方政府债务,防范财政风险。

(四)改进政绩考核体系,形成引领城镇化科学发展的激励机制

政绩考核就如同"指挥棒",对地方政府和领导干部的工作方向和经济社会发展方式具有重要的导向作用。过去的发展中,政绩考核体系中涉及经济增长速度的指标偏多,涉及民生、社会公平、生态文明、环境保护方面的的指标偏少,GDP导向的考核方式推动了中国经济高速增长和城镇化快速发展,但同时,也导致了环境

一边治理一边污染,生态一边保护一边破坏,土地城镇化快于人口城镇化等问题的出现。因此,要改进政绩考核体系,科学设置考核项目,加大对资源消耗、环境治理、产业转型、生态保护、社会公平、民生改善等方面发展评价指标权重,综合衡量地方政府和领导干部在经济、政治、文化、社会、生态文明建设的实成效,使评价体系更全面、更科学地反映以人为本的科学发展导向,扭转 GDP 导向,引领新型城镇化与经济社会的全面协调可持续发展。

第三节　提升城乡治理水平

一、提升城市治理水平

(一)构建促进城市治理良性发展的支撑体系

1.推动城市治理由依赖政府单一治理向多元主体共治转变

首先,加大培育社会复合主体的力度。社会复合主体是指行动过程中多个社会主体形成相互关联,各自主体性发生重叠或复合,使得这些原本不同的多个社会主体成为一个社会主体。"社会复合主体是多元社会主体用"求同存异"原则构建各种松散或紧密的实现共同利益的组织方式,是推进多元化社会主体合作治理的一种有效方式。例如,近年来杭州市将培育社会复合主体作为提升城市治理、打造品质生活之路的战略任务,几乎所有重大社会性、文化性项目和特色优势产业背后都有社会复合主体的支撑和运作,这种社会复合主体总体可以分为行业联盟组织、项目推进组织和市校联盟组织三类。其次,推动城市基层的社会管理和公共服务由政府单一主体向多元主体转变,在社会管理和公共服务过程中综合运用多种手段,如政府通过行政或市场方式提供公共服务,也可以发动城市居民、社会组织和企业通过市场化或社会公益性手段提供。

2.构建民意吸纳和利益表达制度化机制

当前,往往采取权益方式处理社会矛盾和冲突,治标不治本;采取运动式方式处理社会矛盾与冲突;制度性防卫过当,采取"严防死守"不惜成本地防比社会矛盾和冲突发生和升级；"机会主义"倾向，采用花钱买太平、高压等方式解决利益冲突。当前应构建民意吸纳与利益制度化表达机制，化解城市社会矛盾和冲突。一方面，在维护城市社会和谐稳定方面，跳出"刚柔轮回"困局，回归到维护法律尊严，加强法治社会建设；强化"有限政府"的观念，改变传统"父爱主义"的人包人揽治理模式，政府应定位于规则和程序制定者和实施保障者，社会冲突调节者和仲裁者。另一方面，以法治为依据健全完善处理社会矛盾与冲突的机制；实行政务公开，保障城市居民的知情权、咨询权和监督权；畅通城市居民表达利益诉求的渠道，采取听证、评议、监督、举报、人众媒体、行政效能考核等多种方式为公众提供表达诉求的渠道。

3. 加强城市社会建设，促进城市社会内在平衡和稳定机制形成

首先，改革社会体制，建立维护社会公平正义的制度体系，通过综合配套性的制度建设保障城市居民获得社会资源的起点和过程的公平性，同时通过社会保障体系建设和民生建设来保证城市居民获得社会资源的差异性和抵抗现代社会风险是在可承受的范畴内。其次，塑造不同阶层的城市居民在"求同存异"的基础上建立共生共存的共识信念，使城市居民成为城市和谐社会的建设者和维护者。参与并建立行政效能考核与问责制。

（二）创新城市治理机制

创新社会治理机制有利于提高基层社会治理效率。其中达到政府职能转变、促进政社合作的重要途径是全面推进政社合作互动的基层社会治理体制。

1. 创新社会参与机制

在当前的形式下，社会事务日益繁多，单纯的依靠政府来处理这些事物已经远远不够了，这就需要更多的公民与社会组织一同参与。创新社会参与机制，同时使社会参与逐步多元化、常态化。以利益整合为核心、以法律整合为主要手段、以政治整合为保障、最后以文化价值整合为重要途径，运用各种手段与方法，协调各种社会群体之前的关系，使得社会平衡稳定发展。

2. 创新民主决策机制

建立多层次与多学科的智囊网络，广泛听取专家学者的建议；针对民主处理重大事项，认真倾听和斟酌不同意见；同时使决策者应当走到群众中，积极听取民众

的意见,让决策更好的服务于民;坚持决策论证,没有通过科学论证的方案绝不能采纳。把人大代表与政协委员带到群众在去,提高信访事件的处理效率,积极鼓励媒体多报道有关于群众需求的报道,同时,积极发挥、工会、社区妇联等群众组织的引导作用,让公众能够更加理性的进行诉求的叙述。

3.全面推进政社合作互动

(1)要发挥政府的主导作用。理清政府、社会、市场这三大因素之间的关系,严格区分这三者之前的权限范围,把原本就由市场和社会承担的智能划分出来,交与他们全权处理。

(2)职能转移常态化。减少行政审批事项,将空闲出来的职能与工作事项向更好的转变为市场与社会转移委托或购买服务,并针对重点区域,有规划,有层次的实施。

(3)政府减少设立事业单位。对于那些以群众基本服务为导向的公共事业,政府不再设置专门的事业单位,交由市场与社会组织承担,逐步向公信力高的、有承接能力的社会组织转移职能。

(4)引入第三方咨询评价。为了保住公共服务的质量,可以借助第三方评级机构,公平公正的评价其质量;同时,打造出以政府为主导、多种社会主体共同参与的社会管理与公共服务供给格局。

(5)创新公共服务供给。引导社会组织与建立激励机制并存,通过提供优质高效的公共服务来弥补政府与市场的不足从而形成多元化、多层次的公共产品供给格局。财政对社会资本投入残疾人康复、社会养老等基本民生服务领域的给予配套扶持与政策优惠,构建新型的政社合作关系。

(三)发挥数字化在城市治理中的作用

1.加快基础信息整合

实现公共信息互通交换、数据共享、动态掌握、自主服务,定期分析研判,辅助科学决策,提供预警信息,做到党务政务网上公开、社会事务网上办理、群众诉求网上信访、干部作风网上监督等。

2.建设城市基层信息服务体系

加快推进以网络化、数字化、智能化为主要特征的城市基层信息服务体系,公共服务事项实现电子化、无纸化办理,加强城市基层信息化建设的保障力度,提升基层干部信息化素质与信息化水平。

3.提高城市基层干部信息应用能力

以网络技术为基础发展互联网新媒体,同时重视新媒体时代下的管理服务方式。尽管新媒体是一把双刃剑,但对于基层政府的职能部门而言,基层干部只有顺应新媒体发展趋势,敢用善用微博、微信等新媒体,如此才能够不断加快执政方式与提高服务治理能力。

二、提升乡村治理水平

(一)加强乡村文化建设,提高农民文化素质

乡村文化、价值观和理念建设直接关乎乡村治理现代化进程的推进。因此,在新型城镇化和国家治理现代化战略提出和实施的新时期,构建多元主体合作共治型乡村治理体制,要"以社会主义核心价值体系重塑乡村社会的向心力、凝聚力和归属感,同时传承优秀传统文化和传统美德,加强社会心态引导和社会诚信建设,全面提高公民道德素质,构建崇德向善、见贤思齐、全面发展的社区精神共同体,不断夯实基层治理的软实力。"①具体应该做到以下方面:

1.搞好乡村文化基础设施建设

乡村治理不仅要在经济上下功夫,精神文化建设也不可或缺。如果只片面的发展经济而忽视精神文化建设,乡村治理的发展之路也是不健康的。要重视乡村社会的文化基础设施建设,努力提升农民自身的文化素质。其一是积极完善级网络,让农民有更便捷的知识学习平台;其二是转变建设思路,创新文化传播方式。例如可以建立乡村流动书屋,让每个村的村民都能及时免费的阅读相关书刊,通过这种自身阅读和学习的方式,对农民科技文化素质的提高有直接作用。其三是在农闲时节,组织开展与农民生产生活相关的娱乐文化活动。例如,举办有农民参与的民间传统绘画、剪纸、书法等展览活动,让农民在活动中自觉接受先进文化的感染和熏陶,提高农民的文化生活品味。再如,组建农民广场舞宣传队,农民通过自编自排的方式,积极主动接受先进健康文化的学习,不仅使农民的文化生活得到了

---

① 李建.城乡一体化进程中基层治理现代化探析[J].江苏农村经济,2016(3):62-64.

丰富和充实,又让农民在从中接受了教育,最终达到提升农民素质的目的。由此一来,农民的精神文化生活丰富了,思想开明了,积极性调动起来了,也会大大提高乡村治理的效率。

2.完善和利用好乡规民约

2014 年习近平在第十三次集体学习时强调指出了完善乡规民约的重要性,乡规民约是法律法规、道德规范和其他文明成果相互融合的产物,具有自发性、灵活性和非强制性等特征。如今在乡村社会中,乡规民约不仅仅在农民的生产生活中发挥着重要的作用,更是协调和平衡农民与集体之间利益的重要依据[①]。同样,在乡村治理中,要更好地发挥乡规民约的积极作用,用以推动乡村治理更好地进行和开展,乡规民约几乎涵盖了乡村政治、经济、道德、习俗等方方面面的内容,在农民的生产和生活之中都有所体现,它的发展不仅可以提高农民思想道德素质,还对整个乡村社会的文明起着重要的指引和规范作用。要积极利用好乡规民约,对农民群众开展形式多样的教育培训和丰富多样的文化学习活动,全面提高广大村民的知识文化修养和道德修养。同时,基层领导干部还要积极引导农民群众对党中央惠民政策的领悟和学习,增强农民群众对乡村建设意义的认识,激发他们投身于乡村建设的热情和信心,充分发挥人民群众的创造性,推动乡村建设再上新台阶。

3.强化农民的自我教育

农民群众是乡村建设中的重要力量和群体之一,新型城镇化的建设和发展也为当今农民提出了新的、更高的要求。农民只有紧跟乡村建设发展的步伐才能更好的投身于乡村的建设之中,也能更好的享受城镇化建设的成果。就目前情况而言,教育是能够促使农民解放思想、调动其积极性的有效方法,而其中农民的自我教育又是效率最高、最便捷的一种渠道。农民可以通过网络学习、业余培训等方式加强自我学习和教育,通过自我教育,农民可以更好的发现自身的长处和不足,意识到自身在乡村建设中的重要性,更加用心的去投入到乡村建设中来。其次,农民通过不断地学习,还可以掌握农村建设中新的技能和知识,在提高自身修养的同时,更能利用自己掌握的技能去建设乡村。同时,在新型城镇化不断发展的今天,农民通过自身的提高,也可以成为符合社会发展潮流的新型农民,同时代进步、乡

---

① 周铁涛.村规民约的当代形态及其乡村治理功能[J].湖南农业大学学报(社会科学版),2017,(1):49-55.

村建设发展相适应。

（二）加大乡村治理建设的投入力度

1.及时调整企业生产结构

在美丽乡村的建设中,传统的"高消耗、高污染"的发展模式已经不再适合当下乡村建设的新要求,特别是在低碳经济发展的大背景下,我们更应该走一条绿色发展的乡村建设道路,村办企业在乡村建设中意义重大,它为乡村建设提供了坚实的物质基础。但是村办企业在发展中如果不改变旧的发展模式,不注重产业结构的调整和升级,而一味的只注重经济效益的提高,最终在城镇化发展的浪潮中必将被淘汰。城镇化的建设中乡村建设面临新的情况和要求,就要求村办企业要审时度势,放远眼光,积极转变自身的发展模式,根据乡村治理建设的新要求,加快产业结构的调整,及时淘汰落后的产能,既要注重经济效益,又要兼顾社会效益,充分发挥村办企业在乡村建设中的助推作用。此外,农业是乡村发展的基础,应加快乡村农业产业结构调整升级的步伐,积极发展现代农业,促进农业科技成果转化和推广,积极扶持乡村第三产业的发展,这些举措不但可以盘活乡村地区经济的发展,也间接促进了乡村地区城镇化的进程。

2.加大乡村基础设施的投入力度

当前,城乡之间的发展还有一定的差距,为了缩小两者之间的差距,要从宏观上把握乡村发展的形式和现状,特别是在公共服务基础设施建设上,乡村地区仍有很大的建设空间,应该加大对乡村地区的交通、医疗、通信等的投入力度,努力实现城乡基础设施的一体化。一方面,要从整体上进行规划建设。由于城郊地区离城市较近,应先建设和完善城郊地区的基础设施,在此基础上再完善偏远乡村地区的公共服务建设,循序渐进,最终实现乡村地区基础服务的改造。另一方面,要加大乡村地区交通等基础设施的建设,加快完善城乡之间的公路网络,拓宽乡村联系城市的道路,在此基础上,加大城市对乡村地区通信、医疗等基础设施的投入,努力实现城乡基础设施建设均衡发展。另外,要积极开辟新的资金投入渠道对乡村基础设施的建设,不仅政府要加大其投入力度,还要不断吸引民间资本的投资,为完善乡村地区的基础设施建设提供多层次的融资渠道。

3.发展乡村新型合作经济组织

随着乡村振兴战略的实施,乡村经济发展面临一个千家万户的小生产如何应对变化万千的大市场问题。改革开放初实行的家庭联产承包责任制,调动了广大农民生产生活的积极性,极大解放了农村的生产力,促进了农村地区经济的进步和发展。如今在城镇化快速发展的今天,要结合时代发展的形势,把从事同类农产品生产的村民,按照民主自愿的原则,把他们集中起来,建立一种新型农民合作经济组织,以实现利润最大化的效果。通过农村合作经济组织来发挥村民集体的作用,有针对性、有计划的组织农民进行农业生产,把农村劳动力组织起来进行大规模的农业产业化发展,一方面增加了农民的收入,提高了乡村生产的组织化程度;另一方面,发挥农民集体的作用也可以提高乡村治理和建设的效率。

(三)深入推进基层自治

1.加强对基层干部的教育培训

乡村治理离不开乡村干部的领导作用。但就目前乡村干部发展的现状来看,其素质和能力还有待提高,一些干部还不能适应新型城镇化建设的新要求,对当今市场经济发展的形势认识不足,对乡村的服务意识不足等问题都较大影响了我国乡村治理和建设的步伐。我们需要一批具有高素质和能力的干部队伍来领导人民群众进行乡村社会的建设,因此抓好基层干部的教育培训,提高基层干部队伍的领导能力和水平显得至关重要。

一方面,要积极创新培训内容。乡镇领导干部是乡村治理中较为特殊的群体,在对其教育和培训的时候要对症下药,把培训的内容与他们工作的实际相结合,培训的重点则要侧重对他们实际工作能力的提高上,这样才可以让培训工作最大化的适应乡村社会发展的要求。在培训的内容方面,要让培训的内容更加的实际化、生活化,在培训的过程中要多用基层干部喜闻乐见的形式,让群众干部对培训的内容有更加直观的了解和感悟,尤其是要加强乡村治理建设和新型城镇化建设的有关知识学习,最广泛的调动村干部建设乡村的热情和信心。

另一方面,创新培训制度,完善工作机制。制度、机制问题是加强村干部培训工作的制度保障,应该建立相应的基层领导干部队伍的培训制度,让培养更具有针对性和专业性,这样会更加有效的促进基层干部各种能力的提升。要尽快把对基层村干部的培训工作上升到制度层面,把村干部培训落实好、落实透,积极把对村干部培训费用纳入到地方各级财政预算的体系中,使得村干部培训资金有制度机制保障;此外,还要积极强化培训管理,完善多种培训形式的培训管理体系,定期聘请一些高级干部对基层村干部进行业务知识、政策法规、党政思想等方面的培训。

2. 健全和完善村务监督委员会制度

在乡村治理和建设中,如若缺乏对机关和相关工作人员的监督,则会使治理的效果和力度大大折扣,要加强对乡村治理过程中事务的监督,就要在工作实践中健全村务监督制度,强化村务监督委员会的职能。就目前发展的现状而言,应该加快制定正式性的法律文件,为村务监督委员会履行相应的职能提供法律依据和保障。其一要建立和完善村务监督委员会的惩戒制度,规范村务监督委员会内部成员的工作行为,依法对越轨行为进行惩罚,引导工作人员树立法制观念和意识,端正自身的行为作风和工作态度。其二要按照权责统一的原则,强化和落实村务监督委员会的职能,地方政府应该适当给予财政补贴和扶持,确保村务监督落实到位。只有把相关的监督机制落实到位,做到令行禁止,乡村的建设发展才能更扎实有效的推进。

3. 改革村委治理方式

随着城镇化进程的加快,乡村中的很多精英人才都到城市中谋求更好的发展,这就使得乡村建设中精英人才外流到城市中,再加上村民对村中事务参与的热情度不高,导致村干部很难有效的使村民自治发挥到最佳的效果。为了解决乡村治理中的这个难题,让村民自治的功能尽可能发挥更好的效果,可以扩大村干部的来源,通过引进村官的途径实现村民自治有效的治理,尽管村官大多数都是刚毕业的大学生,但是他们具有很强的学习力和适应力,能够很快的融入到乡村治和建设中来。此外,还可以外聘一些高素质的人才,他们有着先进的思想和服务为民的态度,不但可以让村民自治焕发生机与活力,也能够避免腐败在村委会中的发生,营造一种公平的乡村治理环境。

三、推进城乡治理一体化

当前,城乡分割依然是社会治理创新面临的主要障碍。现有的二元社会结构导致社会治理城乡断裂,不仅阻碍了农民融入城市和社会和谐,而且造成了城市"空心化",影响了城镇化质量。因此,深入推进城乡发展一体化,必须从根本上打破城乡分割的制度篱笆,消除二元管理体制对城乡社会融合的阻碍,统筹城市与农村社会治理,改进社会治理方式,完善社会治理和服务体系,加快推进城乡社会融合,及时化解各种社会矛盾和不和谐因素,推动形成城乡一体化的社会治理新格局。

(一)推进城乡人口管理一体化

长期以来,中国人口管理实行"城乡分治""人口分管"的体制。所谓"城乡分治",是指街乡行政组织和乡村自治组织以户籍属性为界,分别管理和服务城镇户籍人口(非农业人口)和农村户籍人口(农业人口);所谓"人口分管",是指在居住地层面.以户籍属地划线,对非本地户籍的流动人口实行单独管理。从中央到地方,各级政府均设有专门的流动人口服务管理机构。这种"城乡分治""人口分管"的体制,已经不适应经济社会发展的需要,严重阻碍了城镇化和城乡发展一体化进程。

为此,必须加快户籍制度和人口管理体制改革,建立城乡统一的户籍登记管理制度和实际居住人口登记制度,实现居住地实有人口的一体化管理。目前,全国大部分省份已经取消了农业户口和非农业户口划分,实行统一的居民户口。在此基础上,还必须建立完善覆盖全国人口的国家人口基础信息库,为跨地区人口流动服务和管理提供支撑。在新形势下,流动人口管理应坚持"以人为本",要将城际和城乡流动人口全部纳入管理服务范围,切实维护和落实他们的各项合法权益。同时,要依托社区管理服务平台,建立完善城乡一体的流动人口服务管理信息系统,全面加强流动人口管理和服务,以引导人口合理有序流动。

(二)推进城乡社区管理一体化

城乡社区作为一个基层自治组织,是基层社会治理的重要载体,是大多数居民生活的基本依托,是基层社会管理服务的综合平台,也是政府与居民沟通的桥梁和纽带。在社会治理中,城乡社区发挥着基础作用。长期以来,受城市偏向政策的影响,中国城市社区建设成效较为显著,而农村社区建设严重滞后。当前,农村社区普遍存在经费投入不足、公共设施落后、专业人员缺乏、管理体制不顺等问题。在促进城乡发展一体化中,必须抛弃过去那种"重城轻乡"的思想,调整城市偏向的社区政策,着力统筹城乡社区发展,建立城乡一体的社区管理服务体制,加快城乡社区管理一体化进程。

现阶段,重点是加强农村新型社区建设,促进农村社区化管理。在推进农村社区建设中,要尊重农民意愿,不能强迫农民上楼,搞大拆大建。正如中央城镇化工作会议所指出的,要"注意保留村庄原始风貌,慎砍树、不填湖、少拆房,尽可能在原有村庄形态上改善居民生活条件"。

有条件的地区,要按照地域相近、规模适度、有利于整合公共资源的原则,因地制宜、积极稳妥推进"撤村建居",分类分批建立农村新型社区,稳步推进镇、村体制向街道、社区体制转变。要借鉴城市社区的管理模式和服务理念,加强农村社区规划建设,加大公共服务设施投入力度,建立完善社区服务中心和"一站式"服务大厅,不断增强社区服务功能,逐步把社区服务延伸到自然村落,切实提高农村社区综合服务能力和水平。全面推行城乡社区网络化服务管理,推动社会管理权力下放、资金下拨、人员下沉、服务下移,实现"定人、定位、定责、定时"的精细化管理。

（三）建立城乡一体的公共安全体系

维护公共安全和社会稳定是创新社会治理的根本目标。近年来,随着经济社会的快速变迁,中国已经进入公共安全问题多发的高风险时期。这些公共安全问题主要集中在生产安全、食品药品安全、交通安全、建筑安全、网络安全等方面。从生产安全看,虽然近年来安全生产工作取得了积极进展,但形势仍不容乐观。

譬如,中国煤矿百万吨死亡率(即每生产 100 万吨煤炭死亡的人数比例)由 2002 年的 4.94 降至 2013 年的 0.293,但仍远高于先进国家。目前,美国煤矿百万吨死亡率已降至 0.03,澳大利亚也仅有 0.014 左右。在食品药品安全方面,近年来各种安全问题集中并频繁爆发,尤其是"毒胶囊""瘦肉精""农药废渣盐"冒充食盐、"染色馒头""毒豆芽""黑心北京烤鸭""地沟油""病死猪制作毒腊肠"等系列事件的出现,使城乡居民的消费风险系数大大提升。

在交通安全方面,全国道路交通死亡人数近年来虽有较大幅度下降,但 2012 年仍高达 6 万人,交通安全总体水平与发达国家差距明显。在建筑安全方面,近年来"楼歪歪""桥塌塌""楼脆脆"等事件也不断出现,建筑质量令人担忧。随着互联网的高速发展,网络安全问题日益凸显,现已成为一个重要的公共安全问题。

各种公共安全问题频发,除了职业道德缺失和安全意识不强外,更重要的是法律制度不健全,管理体系不完善,政府监管乏力。从城乡格局看,中国的公共安全问题基本上是城市"高风险"和农村"不设防"并存。特别是由于经费投入缺乏,交管、消防、治安警力不足,管理主体单一,责任划分不明确,广大农村地区的公共安全状况令人担忧。在很多农村基层尤其是村寨中,公共安全管理基本上无专人负责甚至无人负责。

为此,必须树立大安全观,统筹城乡公共安全工作,推动公安、司法、安监、计生、城管等领域的管理由城市向农村延伸,构建城乡一体、协调联动的公共安全体系,包括城乡一体的公共安全突发事件应急处置体系、公共安全行政管理体系、安全生产监管体系、公共安全法律体系、公共安全教育预防体系、公共安全资源保障体系、公共安全防控体系。

(四)充分发挥城乡社会组织的作用

与社会管理强调自上而下的单向垂直管理不同,社会治理更加注重公众参与、社会组织的作用、公民与政府间互动以及多元化主体的共同管理。社会组织来源于民间,由不同群体组成,具有非营利性、非政府性、自治性和公益性的特点,他们在承接公共服务、推进公共治理、反映公众诉求、维护群体利益、化解社会矛盾、推动公众参与、提供公益服务、引领行业自律等方面发挥着重要作用。因此,要创新社会治理,关键是激发社会组织的活力,促进公民与政府间良性互动。

首先,要鼓励城市社会组织将服务网络延伸到农村,支持建立城乡一体、形式多样的各种社会组织,如行业协会、科技服务、公益慈善、社区服务、环境治理等社会组织,不断增强社会组织的活力和服务能力。其次,要鼓励和支持社会组织、广大民众积极参与和共同管理社会公共事务。此外,还应加强社会工作者队伍建设,尽快建立一支符合新时期社会治理需要的年轻化、知识化、职业化的高素质社会工作者队伍。

第四节 构建新型城镇化的评价指标体系

一、新型城镇化的评价指标体系的内涵

所谓新型城镇化评价指标是用来评价新型城镇化发展状况以及目标实现程度所采用的尺度,它是对新型城镇化评价标准的细化和深化,是使新型城镇化评价具有实施性和可操作性的必备条件。建立新型城镇化的评价指标体系,一方面需要以现有的各项统计数据为基础;另一方面,评价指标的构成并不是对原有的经济、社会和环境等领域统计指标的简单照搬、相加和堆积,而是原有指标的有机综合、提炼、升华和一定程度上的创新。

（一）新型城镇化评价指标体系的特征

在建立新型城镇化评价指标体系时，为了科学、客观地评价新型城镇化的发展状况，充分发挥指标体系的最大效用，需要具备以下三个特征。

1. 面向使用者

指标只有面向使用者才具有实践意义。新型城镇化评价指标的建立必须明确谁是指标的使用者，其目的是什么。由于新型城镇化评价指标体系的最大使用者是政府及相关研究机构的决策者，其目的主要为其决策提供依据，所以指标要能够反映各阶段决策所试图达到的目标。

2. 政策相关性

指标要能够反映出政策的关注点或政府目标。也就是说，对于新型城镇化评价指标而言，它们需要以经济的高效发展程度、环境质量的提升程度以及城乡人民生活的改善程度等方面来说明政策所发挥的作用。

3. 高度综合性和数值定量化

评价指标体系中包含了众多的指标，只有经过大量的理论分析和实践研究，才能够把一些简单而又能概括新型城镇化本质的指标提炼出来，使其具有全面性和高度的综合性。同时，为了保证决策者以及相关机构的研究者对新型城镇化的发展进行客观的评价，需要对指标进行定量化的处理。

这三个特征不仅明确了评价主体、评价目的以及指标与政策的相关性，同时也提出了新型城镇化评价指标体系所应具备的综合性、定量化的要求。

（二）新型城镇化评价指标体系的功能

评价只是一种手段，而不是最终的目的。因此，建立新型城镇化的评价指标体系，必须首先确定其功能性导向。

1. 反映功能

评价指标体系中的各项指标具有客观反映新型城镇化发展运行状况的功能，它们定性或定量的描述新型城镇化的内涵和特点。通过评价，可以了解新型城镇化在发展过程中哪些方面的影响因素正处于良好的发展状态，哪些方面的因素正阻碍发展,为政府和公众了解目前城镇化发展的现状提供相对科学的判断依据。

2.评价功能

构建系统科学的新型城镇化评价指标体系可以便于对新型城镇化发展的各项目标系统,例如城乡发展动力系统、城乡发展质量系统等进行评价、分析和比较。评价功能中包含比较功能,通过量化的指标体系,使一些不具有可比性的影响因素,能够进行分析和比较。

3.监测功能

城镇化的发展是一个动态的过程,对应到新型城镇化的评价也是一个不断发展变化的动态过程,因此要客观评价新型城镇化的发展水平和状况,必须通过建立的评价指标体系,对各阶段新型城镇化的发展进行监测、跟踪,并及时予以修正和控制。

4.决策功能

通过新型城镇化的评价,可以全面反映新型城镇化在社会、经济、生态环境等方面的现状,并从中发现阻碍和影响新型城镇化发展的不利因素,提出改进措施,为优化政府决策提供科学的依据。

综上,反映功能是评价指标体系的支持功能,评价是其核心功能,监测是其反馈功能,决策是其应用功能。

二、新型城镇化的评价指标体系的构建

(一)新型城镇化评价指标体系构建的原则

1.评价指标体系构建的一般原则

本书研究的新型城镇化评价指标体系本质上属于一种评价指标体系,因此应该具备指标体系构建的一般原则。

(1)科学性原则。

科学性原则是选取新型城镇化发展评价指标的基础。科学性原则是指在选取指标时应当确保所选取的指标客观真实地反映目前城镇化发展的状况。一方面,在遵循新型城镇化发展的内涵的基础上,运用指标科学合理、相对全面地刻画城镇

化发展质量。另一方面,指标体系的各个维度应相互独立,反映的信息不重叠,选取的各评价指标应该具有典型代表性,不能过于繁琐,造成指标之间的信息重叠,也会带来数据收集工作的困难,指标的选取也不能过于简单,使得指标信息遗漏,无法全面反映新型城镇化的发展状况。

(2)全面性原则。

各评价指标之间应具备一定的逻辑关系,从不同的侧面反映城镇化的发展状况,从而对城镇化的发展给出全面的评价。从人口、经济、社会、环境、城乡关系这几个方面,以城镇集聚、经济高效、社会和谐、生态文明、城乡统筹五个维度作为一级指标,并通过二级指标对新型城镇化进行了较为全面的刻画。

(3)可操作性原则。

选取的各评价指标应尽量简单明了、含义明确、易于理解,便于数据收集,选取的新型城镇化评价指标大多可以直接从统计年鉴和政府公报中获得,个别无法获得的数据也可以经过合理的统计推算得到,尽量保证计算量度和计算方法一致统一。

(4)可比性原则。

构建新型城镇化评价指标体系是为了对新型城镇化发展状况进行客观真实地评价,从而找出新型城镇化发展过程中值得借鉴的地方与不足之处,以便于制定更加完善的措施促进新型城镇化的进一步发展。可比性原则就要求建立的指标体系能够满足对新型城镇化发展状况的横向比较和纵向比较。城镇化的发展是一个动态的历史过程,评价指标统计口径应保持一致,稳定性强,适用于不同地区、不同时期的城镇化测算,从而增强指标体系的应用价值。

2. 评价指标体系构建的特殊原则

新型城镇化的评价作为一种新兴领域的研究,其专业性和特殊性使评价指标体系的构建要有区别于其他评价指标体系的原则要求。

(1)以人为本原则。

传统城镇化发展以追求经济增长为核心,忽视了人的全面发展。而新型城镇化强调公平和谐的发展,让城市发展的成果惠及到每一位城乡居民,体现了以人为本的发展理念。所以评价指标的选取也应该充分考虑人的诉求,体现以人为中心的发展思想。

(2)可持续发展原则。

新型城镇化的提出是建立在可持续发展理论的基础上,深受经济、生态和社会可持续发展的影响，并且指标体系的建立基于城乡可持续发展的总目标。因此，新型城镇化的评价指标体系也应该在可持续发展原则的指导下，从可持续发展能力评估指标体系中选取与新型城镇化相关的要素和指标完善其评价指标体系。

（3）城乡统筹原则。

传统城镇化是一种"重城轻乡"式的发展，造成了城乡发展巨大的差距。而新型城镇化立足于缩小这种差距，实现城乡统筹式的发展，这其中包含了经济发展、公共服务、人民生活等多方面的城乡统筹。因此，新型城镇化的评价也需要从这些方面参考相关的指标构建其评价指标体系，重点突出城乡在各方面发展的和谐公平。

（4）时代性原则。

新型城镇化的评价指标体系不是一成不变的，随着社会经济的发展而不断更新和完善，因为新型城镇化的不同发展阶段所突显出来的问题和特征不同，所以相应设立的指标也应不同。

（二）新型城镇化的评价指标体系的设计

新型城镇化强调以人为本，注重人的全面发展，不仅包括拥有城镇户籍的人口，也包括居住在城镇中的和仍然在农村生活的农村人口。新型城镇化在发展过程一方面要提升城镇的发展质量，另一方面也不能忽视农村的发展。首先，城镇内部各项指标的发展一直是学者关注的重点，本书从城镇的经济、社会、环境等方面构建了反映城镇经济发展、城镇人民生活水平和生活环境、城镇生态环境等方面发展的指标。其次，新型城镇化强调促进整个社会人的全面发展，而城乡一体化是新型城镇化发展的最终目的，仅衡量城镇内部的发展水平无法全面的反映整个社会的发展水平，在城乡统筹理论的指导下，将衡量农村建设的各项指标纳入新型城镇化评价指标体系中，从农业现代化、新农村建设、城乡一体化等几个方面反映农村农业的发展以及农村与城镇的联系。

在解读新型城镇化内涵的基础上，结合目前城镇及农村发展现状，以科学发展观与城乡统筹理论为指导，从人口、经济、社会、生态、城乡关系五个方面，以"新型城镇化发展质量"为目标层，以"城镇集聚、经济高效、社会和谐、生态文明、城乡统筹"为一级指标层，选取了具有代表性的 19 个二级指标和 44 个三级指标，构建新型城镇化发展质量评价指标体系的层次结构。具体如下表所列。

表　新型城镇化评价指标体系

一级指标	二级指标	三级指标	指标性质
城镇集聚	人口流动	城镇人口占总人口的比重	正向
	城镇建设	建成区人口密度	正向
		城镇居民人均住房建筑面积	正向
		城镇棚户区改造完成比例	正向
经济高效	经济发展	人均 GDP	正向
	产业结构	第二产业与第三产业产值比	正向
		高新技术产业产值占 GDP 的比重	正向
	消费结构	城镇居民家庭恩格尔系数	逆向
	政府财政	人均地方公共财政预算收入	正向
	经济效率	单位 GDP 能耗	逆向
社会和谐	基础设施	平均每万人拥有道路面积	正向
		平均每万人拥有公交车辆	正向
		人均邮电业务量	正向
		城镇燃气普及率	正向
		城镇宽带入户率	正向
	医疗卫生	每万人拥有卫生技术人员数	正向
		每万人拥有卫生机构床位数	正向
	社会保障	城镇职工基本医疗保险参保比例	正向
	教育发展	高等教育毛入学率	正向
		普通高等学校每万名学生拥有专任教师数	正向
	科技投入	每万人发明专利拥有量	正向
		R&D 经费支出占 GDP 比重	正向
	精神文明	人均拥有公共图书馆藏书量	正向

续表

一级指标	二级指标	三级指标	指标性质
生态文明	环境质量	市区环境空气质量优良率	正向
	环境治理	城市生活污水集中处理率	正向
		城市生活垃圾无害化处理率	正向
		一般工业固体废弃物综合利用率	正向
	生态保护	建成区绿化覆盖率	正向
		人均公园绿地面积	正向
城乡统筹	农业现代化	单位粮食播种面积粮食产量	正向
		水土流失治理面积	正向
		单位农作物播种面积农业机械总动力	正向
		土地流转面积	正向
	新农村建设	农村宽带网络覆盖率	正向
		农村居民人均住房使用面积	正向
		农村从业人口占比	正向
		农民参加职业技能培训人数	正向
		新农村合作医疗保障覆盖率	正向
		农村最低生活保障覆盖率	正向
	城乡一体化	二元对比系数	正向
		城乡居民恩格尔系数比	正向

（三）新型城镇化评价指标体系构建的程序

新型城镇化评价指标体系的构建是一个系统工程，它包括新型城镇化评价的基础理论研究、新型城镇化评价要素和指标的确定、评价指标标准和权重的确定、评价模型和分级标准几个基本环节（见下图）。

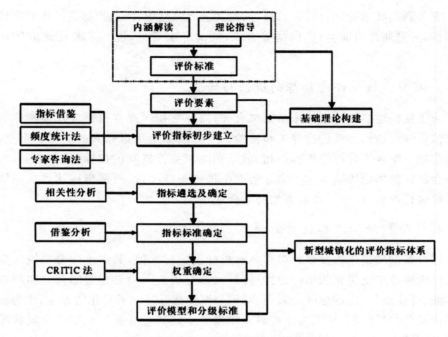

图　新型城镇化评价指标体系构建程序

1. 新型城镇化评价的基础理论研究

评价指标的设计首先要明确评价的标准,为指标体系的构建搭建基础。针对新型城镇化的评价建立一个理论解释系统,通过深入挖掘新型城镇化的内涵、与传统城镇化的区别,以可持续发展理论、城乡统筹思想为理论依据,形成新型城镇化的评价标准,并进一步整合评价标准形成评价系统。

2. 新型城镇化评价要素和指标的建立

评价指标的设计需要通过分解评价标准来形成指标体系。由于新型城镇化评价的复杂性,可以借助中间环节进行过渡,即先将评价标准分解为评价要素,再通过对评价要素的进一步分解,形成可测量的指标。

评价要素的确立主要根据评价标准中定性的内容,选择其中重要的、有针对性、能反映新型城镇化本质内涵的部分,进一步提炼出评价要素。

依据评价要素,在指标和因子的选取上主要有三个方面:一是借鉴可持续发展、城乡统筹等相关理论的评价指标体系中的评价指标;二是采用频度分析法,对目前有关新型城镇化评价研究的报告、论文进行频度统计,选择那些使用频度较高的指标;三是通过当面咨询、网络等方式,征求专家意见,进一步验证选取的评价指标。

3.新型城镇化评价指标的遴选与检验

为了使构建的评价指标体系更加合理,需要对初次建立的包含众多指标的新型城镇化评价指标体系进行筛选和检验。一方面为避免指标间的交叉和重复,通过判定同一维度下各评价指标的相关性,删除相关性较高的指标;另一方面,本文最终会将评价指标体系运用于实际案例中进行系统评价,根据指标体系运用结果的情况进行调整,使指标体系更加科学合理。

4.评价指标标准和权重的确定

评价新型城镇化的发展状态需要对指标设定标准值,其中小部分采纳新型城镇化评价标准中定量化的指标数据;另外大部分借鉴国内外相关的社会和城市发展标准、行业规范、先进地区经验等,对每个评价指标建立了量化的标准,作为新型城镇化发展的目标值,从而为评价对象建立了了解其自身新型城镇化发展状况的一把"尺子"。

新型城镇化的评价涉及城市发展中社会、经济、环境等诸多方面因素,因此在评价的过程中,要突出评价的重点和关键问题,使新型城镇化的评价在涵盖较广范围的同时,有针对性的突出评价的重点。权重就是用来区分各项指标的重要程度,通过数据收集,采用相对客观的 CRITIC 法,对各项指标赋予不同的权重。

5.评价模型和分级标准

结合每个评价指标标准的实现程度和以及它们的权重,通过构建综合指数模型和方法,得出评价对象最终的新型城镇化综合评价指数。对应于建立的分级标准,有助于从整体层面了解评价对象在新型城镇化发展过程中所处的阶段。

参考文献

[1]2013 中央经济工作会议公报[N].人民日报,2013-12-16.

[2]包双叶.论新型城镇化与生态文明建设的协同发展[J].求实,2014(8):59-63.

[3]鲍丹,孙秀艳,李红梅.大城市能否宜居?[N].人民日报,2010-11-15.

[4]陈锋.改革开放三十年我国城镇化进程和城市发展的历史回顾和展望[J].规划师,2009(1):10-12.

[5]陈龙,方兰.试论新常态下的农业供给侧结构性改革[J].西北农林科技大学学报(社会科学版),2017(6):25-31.

[6]陈炎兵.特色小镇建设与城乡发展一体化[J].中国经贸导刊,2016(19):44-46.

[7]城市中国计划.国家新型城镇化指标体系及若干问题研究[M].北京:人民日报出版社,2016.

[8]仇保兴.灾后重建生态城市纲要[J].城市发展研究,2008(3):1-7.

[9]樊雅丽.新型城镇化与生态文明建设研究[M].石家庄:河北人民出版社,2013.

[10]方创琳.中国城市群研究取得的重要进展与未来发展方向[J].地理学报,2014(8):1130-1144.

[11]方立,薛恒新.略论城市文明与市民道德素质[J].道德与文明,2009(1):68-71.

[12]方彦明.新型城镇化与农村剩余人口转移[M].长春:吉林人民出版社,2015.

[13]冯奎,黄曦颖.准确把握推进特色小镇发展的政策重点——浙江等地推进特色小镇发展的启示[J].中国发展观察,2016(18):15-18.

[14]耿明斋.新型城镇化与产业转型[M].北京:社会科学文献出版社,2013.

[15]辜胜阻.人口流动与农村城镇化战略管理[M].武汉:华中理工大学出版社,2000.

[16]广德福.中国新型城镇化之路[M].北京:人民日报出版社,2014.

[17]郭剑雄.人口生产转型与内生农业发展[M].北京:科学出版社,2015.

[18]国家统计局.中国统计年鉴 2013[M].北京:中国统计出版社,2013.

[19]国务院发展研究中心课题组.中国城镇化:前景、战略与政策[M].北京:中国发展出版社,2010.

[20]韩长赋.大力实施乡村振兴战略[J].紫光阁,2019(8):5-8.

[21]何芳,魏静.城市化与城市土地集约利用[J].中国土地,2001(3):25-27.

[22]胡锦涛.沿着中国特色社会主义道路继续前进 为全面建设小康社会而奋斗[J].人民日报,2012-11-16.

[23]胡小武.中国方向——新型城镇化战略新论[M].北京:光明日报出版社,2016.

[24]贾卫列,等.生态文明建设概论[M].北京:中央编译出版社,2013.

[25]简新华,何志扬,黄锟.中国城镇化与特色城镇化道路[M].济南:山东人民出版社,2010.

[26]李从军.迁徙风暴——城镇化建设启示录[M].北京:新华出版社,2013.

[27]李凤梅.新型城镇化进程中生态文明建设研究现状及其发展趋势[J].改革与开放,2017(14):107-108.

[28]李国祥.产业融合发展是乡村振兴的重要路径[N].上海证券报,2017-11-28.

[29]李红梅.新型城镇化进程中新农村生态文明建设研究[M].武汉:中国地质大学出版社,2015.

[30]李建.城乡一体化进程中基层治理现代化探析[J].江苏农村经济,2016(3):62-64.

[31]李杰义.新型城镇化与新农村建设协调发展研究[M].成都:电子科技大学出版社,2016.

[32]李青.以清洁生产理念推进环境管理工作[J].化工管理,2013(18):9-10.

[33]李少惠,赵军义,朱侃.农业公共服务多主体协同模式及合同治理研究[J].湖南农业大学学报(社会科学版),2016(6):70-75.

[34]李铁.新型城镇化路径选择[M].北京:中国发展出版社,2016.

[35]李雁争.全国近 400 个城市"喊渴"破解"水荒"须动真格[N].上海证券

报,2011-06-16.

[36]刘传江,徐建玲.中国农民工市民化进程研究[M].北京:人民出版社,2008.

[37]刘传江,郑凌云,等.城镇化与城乡可持续发展[M].北京:科学出版社,2004.

[38]刘海猛,石培基,潘竟虎,等.中国城镇房价收入比时空演变的多尺度分析[J].地理科学,2015(10):1280-1287.

[39]刘金伟.新型城镇化与社会发展[M].广州:广东经济出版社,2014.

[40]刘树成.现代经济词典[M].南京:江苏人民出版社,2005.

[41]刘舜,毋庆刚.新型城镇化进程中生态文明建设体系与对策研究[J].生态经济(中文版),2016,(6):205-208.

[42]陆学艺."三农论"——当代中国农业、农村、农民研究[M].北京:社会科学文献出版社,2002.

[43]吕丹,叶萌,杨琼.新型城镇化质量评价指标体系综述与重构[J].财经问题研究,2014(9):72-78.

[44]马海龙,陈学琴.新型城镇化空间基础[M].银川:宁夏人民出版社,2016.

[45]马克思恩格斯选集(第4卷)[M].北京:人民出版社,2012.

[46]马克伟.论我国土地管理制度的改革[J].中国土地,1998(8):23-27.

[47]邵宇,王鹏,陈刚.重塑中国:新型城镇化、深度城市化和新四化[J].金融发展评论,2013(1):1-37.

[48]沈和.提高城镇化质量需要五大突破[J].经济研究参考,2013(42):5-10+12.

[49]十八大报告辅导读本[M].北京:人民出版社,2012.

[50]宋伟.传统城镇化路径反思与河南新型城镇化路径选择[J].区域经济评论2013(3):125-129.

[51]孙杰光.吉林省金融支持新型城镇化研究[M].北京:中国金融出版社,2016.

[52]唐在富.新型城镇化与土地变革[M].广州:广东经济出版社,2014.

[53]唐志军,等.为什么中国的城市化进程滞后?——基于比较和历史的视角[J].云南财经大学学报,2011(1):12-19.

[54]陶希东.共享城市:城市规划的未来趋势[N].学习时报,2016-11-07.

[55]田雪原.以改革创新推动城镇化转型升级[N].人民日报,2013-07-17.

[56]王伟光,魏后凯,张军.新型城镇化与城乡发展一体化[M].北京:中国工人出版社,2014.

[57]王伟光.建设社会主义新农村的理论与实践[M].北京:中共中央党校出版社,2006.

[58]王艳成.论新型城镇化进程中生态文明建设机制[J].求实,2016(8):57-61.

[59]危旭芳.乡村振兴:新时代适应国情农情的战略考量[N].南方日报,2018-02-10.

[60]为了中华民族永续发展——习近平总书记关心生态文明建设纪实[N].人民日报,2015-03-10.

[61]魏后凯.如何走好新时代乡村振兴之路[J].人民论坛·学术前沿,2018(3):14-18.

[62]吴季松.新型城镇化的顶层设计、路线图和时间表——百国城镇化实地考察[M].北京:北京航空航天大学出版社,2013.

[63]吴江.城乡统筹视阈下中国新型城镇化的路径选择——基于重庆的实证[M].重庆:西南师范大学出版社,2014.

[64]武岩.全球化背景下的新型城镇化发展研究[M].北京:中国工人出版社,2017.

[65]习近平.决胜全面建成小康社会夺取新时代中国特色社会主义伟大胜利——在中国共产党第十九次全国代表大会上的报告[M].北京:人民出版社,2017.

[66]辛岭,胡志全,崔奇峰.农业现代化与新型城镇化研究[M].北京:中国农业科学技术出版社,2016.

[67]徐斌.中国新型工业化与新型城镇化研究——基于中部六省的视角[M].上海:复旦大学出版社,2015.

[68]宣晓伟.过往城镇化、新型城镇化触发的中央与地方关系调整[J].改革,2013(5):68-73.

[69]闫宇飞.新型城镇化发展质量评价指标体系构建及实证研究[J].福建质量管理,2017(12):135.

[70]杨慧.新型城镇化与金融支持[M].广州:广东经济出版社,2014.

[71]杨伟民.将生态文明融入城镇化全过程[J].宏观经济管理,2013(5):4-5+15.

［72］杨卫军.新型城镇化进程中生态文明建设面临的困境与突破路径［J］.理论月刊,2015(7):167-170.

［73］杨治.经济结构的进化与城市化［J］.中国人民大学学报,2000(6):82-88.

［74］叶林.中国新型城镇化发展与城市区域治理创新［M］.北京:中央编译出版社,2017.

［75］余谋昌.生态文化论［M］.石家庄:河北教育出版社,2001.

［76］翟鸿雁.我国城市环境污染问题与对策思考［J］.经济视角,2011(5):117-118.

［77］张汉飞.论农民工市民化的可持续发展路径［J］.中共中央党校学报,2013(6):74-78.

［78］张洪霞,吴宝华.新型城镇化进程中农民市民化评价指标体系建构及实证研究——以天津市为例［J］.江苏农业科学,2018(6):310-314.

［79］张开云.农民工保险制度:现实困境与发展策略［J］.广西民族大学学报(哲学社会科学版),2011(1):49-56.

［80］张占斌,冯俏彬,黄锟,等.我国新型城镇化进程中的城市行政体制创新［M］.北京:国家行政学院出版社,2017.

［81］赵晔."三产融合"是乡村振兴战略的主要抓手［N］.学习时报,2017-12-18.

［82］中共中央制定国民经济和社会发展第十二个五年规划的建议［J］.求是,2010(21).

［83］中央文献研究室.十六大以来重要文献选编(上卷)［M］.北京:中央文献出版社,2005.

［84］周铁涛.村规民约的当代形态及其乡村治理功能［J］.湖南农业大学学报(社会科学版),2017(1):49-55.

［85］朱孔来,李俊杰."半城镇化"现象及解决对策［J］.宏观经济研究,2012(9):70-71.